SOUVENIRS HISTORIQUES

ET

RÉCITS DE CHASSE

PAR UN ÉMIR SYRIEN DU DOUZIÈME SIÈCLE

AUTOBIOGRAPHIE D'OUSÂMA IBN MOUNKIDH

INTITULÉE :

L'INSTRUCTION PAR LES EXEMPLES

TRADUCTION FRANÇAISE D'APRÈS LE TEXTE ARABE

PAR

HARTWIG DERENBOURG

PARIS
ERNEST LEROUX, ÉDITEUR
LIBRAIRE DE LA SOCIÉTÉ ASIATIQUE
DE L'ÉCOLE DES LANGUES ORIENTALES VIVANTES, ETC.
28, RUE BONAPARTE, 28
1895

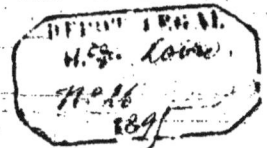

OUSÂMA IBN MOUNKIDH

(1095-1188)

SOUVENIRS HISTORIQUES ET RÉCITS DE CHASSE

SOUVENIRS HISTORIQUES

ET

RÉCITS DE CHASSE

PAR UN ÉMIR SYRIEN DU DOUZIÈME SIÈCLE

AUTOBIOGRAPHIE D'OUSÂMA IBN MOUNḲIDH

INTITULÉE :

L'INSTRUCTION PAR LES EXEMPLES

TRADUCTION FRANÇAISE D'APRÈS LE TEXTE ARABE

PAR

HARTWIG DERENBOURG

PARIS
ERNEST LEROUX, ÉDITEUR
LIBRAIRE DE LA SOCIÉTÉ ASIATIQUE
DE L'ÉCOLE DES LANGUES ORIENTALES VIVANTES, ETC.
28, RUE BONAPARTE, 28

1895

(Extrait de la *Revue de l'Orient latin*, t. II.)

AUTOBIOGRAPHIE D'OUSÂMA

AVANT-PROPOS

Quelques bons juges, MM. Barbier de Meynard, Hagenmeyer et Wellhausen, tout en manifestant leur sympathie pour mon essai de restitution historique dans la *Vie d'Ousâma*, ont exprimé le regret que je n'aie pas mis à leur disposition une traduction suivie, exacte, calquée sur l'*Autobiographie*, sans additions et sans omissions avec l'ordonnance originale du document authentique lui-même. Le reproche impliquait une invitation trop flatteuse pour ne pas être acceptée avec empressement par l'éditeur de l'*Autobiographie*. Il croyait avoir rompu pour quelque temps le lien qui l'a uni à l'émir de Schaizar pendant de longues années. C'est à recommencer, m'assure-t-on, au risque de quelques redites et de répétitions inévitables. Je me soumets, en saisissant cette occasion de mieux rendre les parties déjà connues de l'*Instruction par les exemples*, d'améliorer la forme de premier jet que j'avais adoptée, quand j'ai reproduit naguère en français un grand nombre de passages.

Lorsque je suis allé à l'Escurial en 1880, les feuillets du texte arabe étaient disséminés au hasard dans plusieurs liasses. Je les ai reconnus et rassemblés. Il ne subsiste plus de lacunes entre eux jusqu'à la fin, y compris la souscription. Mais le commencement, les quarante-deux premières pages, ont échappé à toutes les investigations. En conséquence, pas d'introduction, pas d'avertissement au lecteur. On entre dans le livre au milieu d'un récit de bataille, par la fin d'une phrase commencée. Ce début insolite ajoute encore à ce que la rédaction de l'auteur présente de décousu, d'incohérent, excepté peut-être dans le chapitre final sur les soixante-dix années de chasses, où se sont complus le jeune homme et le vieillard. Cette monographie si curieuse de pure cynégétique devait-elle être omise, comme un hors-d'œuvre sans intérêt pour la connaissance de l'Orient latin ? Après réflexion, je ne l'ai pas pensé. La faune ne doit pas être négligée par ceux qui étudient un pays à une époque donnée et certaines notices d'écrivains chrétiens seront utilement contrôlées par les assertions sincères et expérimentées d'Ousâma.

Je me suis demandé d'autre part si je ne donnerais pas plus de relief à l'ouvrage sauvé de l'oubli d'Ousâma Ibn Mounkidh, en y pratiquant d'habiles coupures, en l'allégeant de détails insignifiants, d'anecdotes notoirement indifférentes aux historiens qui s'occupent des croisades. Ma réponse à cette question ne pouvait être ni hésitante, ni favorable au système des éliminations. Il m'a paru qu'un choix, pour impartial et pour raisonné qu'il s'efforçât d'être, deviendrait forcément parfois embarrassé, souvent arbitraire, toujours inspiré par des tendances de goût personnel, et que les avantages d'une traduction intégrale, sans aucune mutilation, en dépasseraient de beaucoup les inconvénients. Bien loin de rien élaguer, j'ai tenu à être aussi complet que possible ; dans ce but, j'ai ajouté, sous forme d'appendice, trois morceaux que j'ai retrouvés ailleurs, fragments empruntés à la première partie, aujourd'hui perdue, de l'*Autobiographie*.

On excusera la sobriété de l'annotation : il a paru oiseux de refaire ou de reproduire ici le commentaire qu'avec l'index les amateurs curieux de détails et d'explications n'auront aucune peine à retrouver dans ma *Vie d'Ousâma*.

Vichy, ce 21 juillet 1891.

LIVRE INTITULÉ
L'INSTRUCTION PAR LES EXEMPLES

PAR

IBN MOUNḲIDH

ET C'EST AINSI QU'ON DÉSIGNE
MOU'AYYAD AD-DAULA ABOÛ 'L-MOUṬHAFFAR OUSÂMA,
FILS DE MOURSCHID,
DE LA TRIBU DE KINÂNA, DE LA VILLE DE SCHAIZAR,
DE LA RACE DES MOUNḲIDHITES.

. . . .

...[L'atâbek Zenguî] avait reconnu que le combat redevenait très meurtrier pour les musulmans. Or il était arrivé de la part de l'imâm Ar-Râschid, fils d'Al-Moustarschid Billâh (qu'Allâh les ait tous deux en pitié!) [1], un envoyé auprès de l'atâbek pour le mander. C'était Ibn Bischr. Il prit part à cette bataille [2]. Une cuirasse dorée le couvrait. Un cavalier Franc, nommé Ibn Ad-Daḳîḳ, le frappa de sa lance en pleine poitrine. L'arme lui ressortit par le dos (qu'Allâh l'ait en pitié!). En revanche, un très grand nombre de Francs furent massacrés. L'atâbek ordonna qu'on réunît leurs têtes dans un champ cultivé qui fait face à la citadelle. On pouvait les évaluer à trois mille têtes.

Plus tard, l'empereur des Grecs [3] avait de nouveau quitté le pays pour se rendre dans les contrées de Syrie en l'an 532 [4]. Ils avaient conclu un accord, lui et les Francs (qu'Allâh leur fasse défection!). Les alliés s'étaient concertés pour se porter

1. Le khalife 'Abbaside Ar-Râschid succéda à son père Al-Moustarschid Billâh le 7 septembre 1135 et fut déposé le 8 août 1136.
2. En septembre 1135.
3. « Le roi des Roûm » dit le texte. C'était Jean Comnène.
4. Entre le 19 septembre 1137 et le 7 septembre 1138. Le siège de Schaizar par les Grecs dura du 29 avril au 21 ou au 22 mai 1138.

vers Schaizar et pour l'assiéger. Ṣalâḥ ad-Dîn [1] me dit : « Ne sais-tu pas ce qu'a fait mon fils que j'ai subrogé en ma place [2] ? » Il désignait ainsi son fils Schihâb ad-Dîn Aḥmad. — « Eh bien, dis-je, qu'a-t-il fait ? » — « Il a envoyé, me répondit-il, un messager vers moi pour m'inviter à me pourvoir de quelque autre qui se charge d'administrer mon territoire. » — Je repris : « Et toi, qu'as-tu fait ? » — « J'ai, me dit-il, envoyé moi aussi un messager vers l'atâbek pour remettre en sa possession un endroit qui lui appartient. » — Je m'écriai : « Que tu as mal agi ! L'atâbek ne serait-il pas fondé à dire de toi : Lorsque ce sont des morceaux de viande, il les mange ; ne reste-t-il plus que des os, il me les jette ? » — « S'il en est ainsi, demanda-il, que me conseilles-tu ? » — Je lui répondis : « Je m'installerais dans la ville. Si Allâh le Tout Puissant lui apporte le salut, ce sera grâce à ta bienheureuse intervention, et tu pourras te présenter la tête haute chez ton maître [3]. Si la ville est prise et que nous soyons tués, ce sera un effet de nos destinées et tu n'auras encouru aucun reproche. » — Il se contenta de répliquer : « Personne ne m'a encore tenu pareil langage. »

Je m'imaginais qu'il écouterait mon avis. Je réunis les troupeaux, de la farine en quantité, de la graisse et ce qui nous était nécessaire pour supporter un blocus. J'étais dans ma maison, située à l'ouest de la ville [4], lorsqu'un messager vint me trouver de sa part et me dit : « Ṣalâḥ ad-Dîn te fait prévenir qu'après-demain nous nous mettrons en route vers Mauṣil. Prends tes dispositions en conséquence pour le départ. » Mon cœur se serra à la pensée d'abandonner mes enfants, mes frères et mes femmes dans une ville assiégée, tandis que je me rendrais à Mauṣil.

Le lendemain, à l'aurore, je montai à cheval et je me dirigeai vers la tente de Ṣalâḥ ad-Dîn. Je lui demandai l'autorisation de rentrer à Schaizar. C'était pour moi une nécessité absolue. Il me répondit : « Lorsque ta famille traverse une telle épreuve, ne t'attarde pas. » Mon cheval me transporta rapidement à Schaizar.

1. L'émir chambellan de Zengui, Ṣalâḥ ad-Dîn Moḥammad, fils d'Ayyoûb, Al-Yâguisiyânî.
2. Je ne suis sûr, ni du texte, ni du sens.
3. Mot à mot : « ton visage sera blanc auprès de ton maître. »
4. Texte et traduction me laissent des doutes.

Le spectacle qui s'y offrit à mes yeux attrista mon cœur. Mon fils [1] avait combattu bravement, puis était descendu de sa monture et avait pénétré dans ma maison. Il en avait enlevé tout ce qui s'y trouvait en fait de tentes, d'armes et de selles et s'était chargé de défendre les êtres aimés [2]. Mes compagnons poursuivirent sans relâche une lutte qui fut un malheur terrible, épouvantable.

Puis les circonstances déterminèrent mon départ pour Damas, tandis que les émissaires de l'atâbek [3] se succédaient pour me desservir auprès du prince de Damas [4]. Je restai dans cette ville pendant huit années [5], et j'y assistai à nombre de combats. Le prince (qu'Allâh l'ait en pitié!) m'octroya libéralement une redevance et un fief. Il me distingua en m'admettant dans son intimité et en me faisant des honneurs. Ces faveurs s'ajoutaient aux marques de bienveillance dont j'étais l'objet de la part de l'émir Mou'în ad-Dîn [6] (qu'Allâh l'ait en pitié!), aux obligations que je lui avais, à la sollicitude qu'il témoignait pour mes intérêts.

Diverses causes m'obligèrent ensuite à gagner l'Égypte. Il s'égara bien des ustensiles de ma maison, ainsi que beaucoup d'armes que je ne pus emporter avec moi, et les pertes que j'éprouvai dans mes possessions furent pour moi une nouvelle catastrophe. Et cependant l'émir Mou'în ad-Dîn me voulait du bien, m'aimait et était très affligé de me laisser partir, mais il avouait son impuissance à me soutenir. Ce fut au point qu'il m'envoya son secrétaire, le chambellan Maḥmoûd Al-Moustarschidî, qui me dit en son nom : « Par Allâh, si je disposais de la moitié des hommes, je me mettrais à leur tête pour battre l'autre moitié ; si je disposais seulement du tiers des hommes, je me mettrais à leur tête pour battre les deux autres tiers et je ne t'abandonnerais pas. Mais la population entière s'est coalisée contre moi, et je n'ai plus sur elle aucune autorité.

1. Ousâma veut parler de son fils préféré, l'émir 'Aḍoud ad-Daula Aboû 'l-Fawâris Mourhaf.
2. Traduction hypothétique, le texte étant très endommagé.
3. L'atâbek Zengui.
4. Schihâb ad-Dîn Maḥmoûd, fils de Tâdj al-Moulouk Boûrî, fils de Togtakîn.
5. Depuis la fin de 532 jusqu'à la fin de 538 de l'hégire (août 1138 à juin 1144 de notre ère). Cela fait en tout cas moins de huit années.
6. Mou'în ad-Dîn Anar, le vrai maître de Damas sous ce prince et sous ses trois successeurs.

En quelque lieu que tu sois, l'amitié que je te porte te restera fidèle. »

C'est à ce sujet que je dis :

Mou'în ad-Dîn, combien de colliers ta générosité attache à mon cou, ainsi que les colliers des colombes !

Tes bienfaits font de moi ton esclave volontaire : les cœurs généreux prodiguent la becquée de leurs bienfaits.

Ce n'est que de ton affection que je me réclame encore, si nobles que soient ma race et mes actions.

N'as-tu pas su que, pour avoir fait remonter mon origine à ta personne, chaque archer m'a visé au cœur ?

Sans toi, mon naturel intraitable n'aurait jamais subi de violence, que je ne l'eusse effacée avec mon sabre.

Mais j'ai redouté le feu allumé par tes ennemis contre toi, et pourtant j'avais agi pour éteindre l'incendie.

Mon arrivée à Miṣr [1] eut lieu le jeudi deux du second djoumâdâ, en l'an 539 [2]. Aussitôt Al-Ḥâfiṭh li-dîn Allâh [3] m'enjoignit de rester [4], ordonna qu'en sa présence on me revêtit d'un manteau d'honneur, me donna une riche garde-robe et cent dînârs, me fit introduire dans ses bains et m'assigna comme résidence une maison magnifique parmi les maisons d'Al-Afḍal, fils de l'Émir des armées (*amîr al-djouyoûsch*) [5]. On y avait laissé les nattes, les tapis et une installation complète, avec quantité d'ustensiles en cuivre. Tout cela m'était octroyé à titre définitif. Aussi restai-je longtemps à Miṣr, honoré, respecté, comblé de faveurs non interrompues, tirant les revenus d'un fief prospère.

Les nègres, alors fort nombreux, étaient animés de mauvais sentiments et ressentaient de l'aversion les uns contre les autres. On voyait, d'une part les Raiḥânites, fidèles serviteurs d'Al-Ḥâfiṭh, d'autre part les Djouyoûschites, les Alexandrins

1. Ousâma emploie indifféremment les noms de Miṣr et de Al-Ḳâhira « Le Caire ». Nous nous sommes chaque fois conformé rigoureusement au texte.

2. Le 30 novembre 1144.

3. Le khalife Fâṭimide régnant, qui mourut le 10 octobre 1149.

4. A moins qu'il ne faille lire comme je le propose dans la note 1 du texte et traduire « me manda ».

5. Al-Afḍal, fils de Badr Al-Djamâli « l'émir des armées », fut assassiné en décembre 1121 par ordre du khalife Al-Âmir bi-aḥkâm Allâh, après avoir dirigé comme vizir les affaires d'Égypte pendant vingt-huit années consécutives, sous trois khalifes.

et les Farḥites. Les Raiḥânites étaient seuls pour faire face à tous les autres unis contre eux. Une partie des jeunes gens de la garde particulière faisaient cause commune avec les Djouyoûschites. Les troupes affluaient dans les deux camps. Al-Ḥâfiṭh tenta une médiation; ses représentants allèrent et vinrent et il s'efforça d'amener la pacification; mais il échoua dans ses démarches auprès des combattants massés aux alentours de son palais. Dès le lendemain matin, la rencontre eut lieu au Caire. Les Djouyoûschites et leurs alliés remportèrent la victoire sur les Raiḥânites, qui laissèrent mille morts sur le Petit Marché de l'Émir des armées (*souwaiḳat amîr al-djouyoûsch*), au point que tout l'emplacement en fut chargé. Nous ne cessions pas d'être sous les armes nuit et jour, dans la crainte d'une attaque des Djouyoûschites, comme autrefois avant mon arrivée au Caire.

Après le massacre des Raiḥânites, on se figurait généralement qu'Al-Ḥâfiṭh, dans son mécontentement, sévirait contre leurs meurtriers. Mais Al-Ḥâfiṭh était malade, à toute extrémité, et mourut (qu'Allâh l'ait en pitié!) deux jours après. Il n'y eut pas deux chèvres pour se disputer à coups de corne sa succession. Le khalifat échut à Aṭh-Ṭhâfir bi-amr Allâh, le plus jeune de ses fils. Celui-ci prit pour vizir Nadjm ad-Dîn Ibn Maṣâl, un vieillard très âgé, tandis que l'émir Saif ad-Dîn Aboû 'l-Ḥasan 'Alî Ibn As-Sallâr était alors relégué dans l'administration d'une province. Celui-ci recruta et rassembla des troupes, marcha sur Le Caire et s'y rendit dans sa propre maison. De son côté, Aṭh-Ṭhâfir bi-amr Allâh convoqua les émirs dans le Palais du vizirat et envoya vers nous le régisseur des palais, chargé de nous dire : « O émirs, ce Nadjm ad-Dîn est mon vizir et mon représentant. Que quiconque m'obéit lui obéisse et se conforme à ses ordres. » — Les émirs s'écrièrent : « Nous sommes les esclaves soumis et fidèles de notre maître. » L'intendant rapporta cette réponse.

Ce fut à ce moment qu'un émir vénérable, nommé Lakroûn, prit la parole en ces termes : « O émirs, laisserons-nous massacrer 'Alî Ibn As-Sallâr? » — « Non, par Allâh, » répondirent-ils. — « Dans ce cas, dit Lakroûn, agissez. » Ils partirent tous, sortirent du Château, sellèrent leurs chevaux et leurs mulets et apportèrent leur concours à Saif ad-Dîn Ibn As-Sallâr.

Lorsque Aṭh-Ṭhâfir vit ce mouvement et qu'il eut essayé en vain de l'enrayer, il mit à la disposition de Nadjm ad-Dîn Ibn Maṣâl des sommes considérables et lui dit : « Rends-toi dans le Ḥauf, réunis des hommes, groupe-les, fais leur des distributions d'argent et repousse avec eux Ibn As-Sallâr. »

Ibn Maṣâl se mit en route pour exécuter ces instructions. Mais Ibn As-Sallâr entra au Caire et pénétra dans le Palais du vizirat. L'armée entière fut d'accord pour lui promettre obéissance. Il traita les troupes avec bonté. Il m'ordonna à moi, ainsi qu'à mes compagnons, de séjourner dans sa maison, et m'y assigna un endroit où j'habiterais.

Dans le Ḥauf, Ibn Maṣâl avait rassemblé en grande quantité des hommes de Lawâta, des soldats de Miṣr, des nègres et des Arabes. Roukn ad-Dîn 'Abbâs, beau-fils de 'Alî Ibn As-Sallâr, était sorti de la ville et avait établi ses campements en dehors de Miṣr. Le lendemain matin, une bande de Lawâta, commandée par un parent d'Ibn Maṣâl, apparut tout à coup et se dirigea vers la tente qu'il occupait. Un certain nombre d'hommes de Miṣr quittèrent 'Abbâs en fuyant. Quant à lui, il resta ferme à son poste avec ses officiers d'ordonnance et ceux de ses soldats qui tinrent bon jusqu'au soir de cette attaque par surprise.

Ibn As-Sallâr, informé de ce qui s'était passé, me fit venir pendant la nuit. J'habitais sa maison. Il me dit : « Ces chiens (il entendait par là les soldats de Miṣr) ont retenu l'émir (il désignait ainsi 'Abbâs) dans de vains amusements jusqu'au moment où une bande de Lawâta s'est élancée à la nage contre lui. Ils se sont alors enfuis, quelques-uns sont même rentrés dans leurs maisons au Caire, bien que l'émir s'y opposât. » — Je répondis : « O mon maître, à l'aube nous monterons à cheval pour attaquer cette engeance et, avant le milieu de la matinée, nous en aurons fini avec eux, si Allâh le Tout Puissant le veut. » — « C'est bien, dit Ibn As-Sallâr, monte à cheval au point du jour. »

Le lendemain, à la première heure, nous fîmes une sortie contre nos adversaires. Pas un seul d'entre eux n'échappa, excepté ceux à qui leurs chevaux firent traverser le Nil à la nage. Le parent d'Ibn Maṣâl fut fait prisonnier et eut le cou tranché.

L'armée toute entière, sous les ordres de 'Abbâs, fut alors dirigée contre Ibn Maṣâl. 'Abbâs le rencontra devant Dalâṣ, mit en déroute ses partisans et tua Ibn Maṣâl lui-même. Il n'y eut pas moins de dix-sept mille hommes tués, nègres et blancs. La tête d'Ibn Maṣâl fut apportée au Caire, et il ne resta plus personne qui s'obstinât ou qui se révoltât contre Saif ad-Dîn.

Aṭh-Ṭhâfir revêtit Ibn As-Sallâr du manteau du vizirat, et le surnomma *Al-Malik Al-'Âdil* « le roi juste ». Il fut chargé du pouvoir, malgré la répugnance et l'aversion qu'il inspirait à Aṭh-Ṭhâfir, qui nourrissait contre lui de mauvaises pensées et qui avait même conçu la résolution de le mettre à mort.

Le khalife convint avec quelques-uns des jeunes gens de sa garde particulière et avec d'autres personnes, dont il obtint le concours et qu'il soudoya, qu'on envahirait la maison d'Ibn As-Sallâr et qu'on le mettrait à mort. On était au mois de ramaḍân[1]. Les conjurés se réunirent dans une maison voisine de celle qu'occupait le vizir, pour attendre que la nuit fût à moitié passée et que les compagnons d'Al-'Âdil[2] se fussent dispersés.

J'étais ce soir-là dans sa société. Lorsque ses commensaux eurent fini de souper et qu'ils eurent pris congé de lui, le vizir, informé en toute hâte par un de ses fidèles de ce qu'on tramait contre lui, manda deux hommes d'entre ses gardes du corps et ordonna que ses gardes du corps feraient invasion en masse dans la maison où ses ennemis étaient réunis. Cette maison, par la volonté d'Allâh, qui avait résolu de ne pas les faire périr tous, avait deux portes, l'une voisine, l'autre éloignée de la maison d'Al-'Âdil. Une première troupe pénétra par la porte la plus rapprochée avant que les autres fussent parvenus à la seconde porte par laquelle passèrent et sortirent nombre de fuyards, entre autres environ dix jeunes gens de la garde particulière du khalife, amis de mes officiers d'ordonnance, qui vinrent à moi pendant cette nuit pour que nous les cachions. Le lendemain matin, la ville entière était occupée à rechercher les fuyards. Tous ceux sur lesquels on réussit à mettre la main furent tués.

1. Le 26 de ramaḍân 514, c'est-à-dire le 27 janvier 1150.
2. C'est-à-dire du vizir Al-Malik Al-'Âdil Ibn As-Sallâr.

Une des choses étonnantes que je vis en ce jour fut la fuite d'un nègre d'entre les conspirateurs qui chercha une retraite à l'étage supérieur de ma maison, tandis qu'on le poursuivait l'épée à la main. Il s'éleva au-dessus du sol à une hauteur considérable. Dans la cour de ma maison était un grand figuier. Du toit en terrasse, il sauta dans la direction de cet arbre, y tomba juste, puis descendit, entra par un couloir étroit qui était là tout près et qui aboutissait à un salon, marcha sur un flambeau de cuivre, le brisa, et alla se cacher derrière un tas de bagages amoncelés dans le salon. Ceux qui le poursuivaient étaient montés après lui. Je poussai un cri retentissant pour les effrayer, et je les fis rejoindre par mes officiers d'ordonnance, qui les éloignèrent. J'allai trouver ce nègre. Il avait ôté un riche costume qu'il portait et me dit : « Prends-le pour toi. » — Je répondis : « Qu'Allâh te comble de ses faveurs ! Je n'en ai pas besoin. » Je fis sortir cet homme sous bonne escorte, et il fut sauvé.

Je m'assis alors sur un banc de pierre dans le vestibule de ma maison. Voici qu'entra vers moi un jeune homme qui salua et s'assit. J'admirai sa conversation et ses reparties. Nous étions en train de causer, lorsqu'on vint l'appeler ; aussitôt il se laissa emmener. J'envoyai l'un de mes officiers d'ordonnance que je chargeai de le suivre et de me rapporter la cause de cet appel pressant. L'endroit où je me tenais était voisin du palais d'Al-'Âdil. Dès que le jeune homme eut été introduit devant le vizir, celui-ci ordonna de lui couper le cou, et incontinent il fut mis à mort. Mon officier d'ordonnance revint vers moi, il s'était informé de la faute si cruellement punie. On lui répondit : « Ce jeune homme écrivait de faux firmans [1]. » Gloire à Celui qui fixe la durée des existences et l'heure des trépas !

La guerre civile avait fait de nombreuses victimes parmi les soldats de Miṣr et parmi les nègres.

Le vizir Al-Malik Al-'Âdil me donna comme instruction de m'équiper pour me rendre vers Al-Malik Al-'Âdil Noûr ad-Dîn [2] (qu'Allâh l'ait en pitié !) et me dit : « Tu emporteras de

1. Littéralement : « contrefaisait les *tauḳî'*. »
2. Il s'agit du grand Nour ad-Din, fils de Zengui.

l'argent et tu te rendras vers lui pour qu'il mette le siége devant Tibériade et pour qu'il détourne de nous l'attention des Francs. Cette diversion nous permettra, en partant d'ici, d'aller ravager Gazza. » Or les Francs (puisse Allâh leur faire défection!) avaient commencé à reconstruire Gazza [1] pour se mettre en mesure de bloquer ensuite Ascalon. Je répondis : « O mon maître, si Noûr ad-Dîn allègue des excuses, ou que d'autres préoccupations l'arrêtent, que m'ordonnes-tu? » — Il me dit : « Dans le cas où il dresserait ses tentes devant Tibériade, donne-lui la somme qui sera entre tes mains. Si, au contraire, il est empêché par un obstacle quelconque, enrôle autant de soldats que tu le pourras. Monte alors vers Ascalon, restes-y pour combattre les Francs et annonce-moi ton arrivée pour que je te transmette des ordres en conséquence. »

Al-'Âdil me remit six mille dînârs de Misr et toute une charge de bête de somme en étoffes de Dabîk, en soie brochée d'or, en fourrures de petit-gris, en brocart de Damiette, en turbans. Il mit à ma disposition des guides arabes, sous la conduite desquels je partis. Il ne m'avait laissé aucun prétexte de ne point voyager, en me fournissant tout ce dont j'avais besoin, gros et menu.

Lorsque nous fûmes arrivés près d'Al-Djafr, les guides me dirent : « Voici un endroit qui ne peut pas manquer de contenir des Francs. » Sur mon ordre, deux d'entre les guides montèrent sur deux dromadaires, pour nous précéder à Al-Djafr. Au bout d'un moment, ils revinrent, leurs dromadaires les ramenant au grand galop. « Les Francs, s'écrièrent-ils, sont près d'Al-Djafr. » Je ne bougeai pas, je réunis les chameaux chargés de mes bagages et quelques hommes de ma caravane, et je les ramenai vers l'ouest. Puis j'interpellai six cavaliers qui étaient à mon service, et je leur dis : « Précédez-nous, je m'avance sur vos traces. » Ils se mirent à trotter, tandis que je les suivais. L'un d'eux revint vers moi et me dit : « Pas âme qui vive près d'Al-Djafr. Peut-être les guides ont-ils pris des corbeaux pour des hommes. » Les guides et lui se disputèrent.

1. Ce fut à la fin de 1149 ou au plus tard en 1150 que Baudouin III, roi de Jérusalem, entreprit la restauration de Gazza, qui était en ruines, pour en confier la garde aux Templiers.

Je fis alors revenir ceux qui avaient ramené les chameaux en arrière et je continuai ma route. Parvenu à Al-Djafr, j'y remarquai de l'eau, des herbes et des arbres. Voici que tout à coup il surgit de cette prairie un homme vêtu de noir que nous fîmes prisonnier. Mes compagnons, qui s'étaient disséminés, s'emparèrent d'un autre homme, de deux femmes et de plusieurs jeunes gens.

Une de ces femmes vint à moi, s'accrocha à mon vêtement et dit : « O maître, je dépends de ta générosité. » — Je répondis : « Tu peux être sans crainte ; qu'as-tu ? » — « J'ai, dit-elle, que tes compagnons m'ont enlevé un morceau d'étoffe, un animal qui brait, un animal qui aboie, enfin un objet précieux. » — Je dis à mes officiers d'ordonnance : « Que celui qui a pris quoi que ce soit le rende. » L'un d'eux apporta un morceau d'étoffe, long à peine de deux coudées. « C'est le morceau d'étoffe, » dit la plaignante. Un autre apporta un fragment de sandaraque. « C'est, dit-elle, l'objet précieux. » — Je demandai : « Où sont restés l'âne et le chien ? » — On me répondit : « Quant à l'âne, on l'a jeté dans la prairie, après lui avoir lié les pieds de devant et les pieds de derrière. Le chien a été lâché, il court d'un endroit à l'autre. »

Je réunis mes prisonniers, et je fus frappé de leur état lamentable d'affaissement physique. Ils avaient la peau desséchée sur les os. Je leur dis : « Qui êtes-vous donc ? » — « Nous sommes, répondirent-ils, des rejetons d'Oubayy. » Or, les Banoû Oubayy sont une tribu d'Arabes Ṭayyites ; ils ne mangent que des charognes et disent : « Nous sommes les plus parfaits des Arabes. Il n'y a parmi nous ni mutilé, ni lépreux, ni malade atteint d'une maladie chronique, ni aveugle. » Lorsqu'un hôte s'assied à leur foyer, ils égorgent pour lui un animal vivant, et lui font préparer une nourriture à part. Je leur dis : « Quelles circonstances vous ont amenés jusqu'ici ? » — Ils répondirent : « Nous avons à Ḥismâ plusieurs tas de grand millet (*dhoura*) enfouis, que nous sommes venus prendre. » — J'insistai : « Depuis quand êtes-vous arrivés ? » — Ils répondirent : « Depuis la fête qui a suivi le ramadân [1] nous sommes ici, sans avoir vu de nos yeux la moindre pro-

1. Depuis le 1er février 1150.

vision. » — « De quoi vivez-vous alors? » demandai-je. — « D'os cariés, répondirent-ils en désignant ainsi les os gâtés qu'ils ramassaient; nous les pilons, nous y ajoutons de l'eau et des feuilles d'arroche, plante répandue dans cette région. Cela suffit à notre subsistance. » — Je repris : « Mais comment nourrissez-vous vos chiens et vos ânes? » — Ils dirent : « Les chiens mangent comme nous; quant aux ânes, on les bourre d'herbe sèche. » — Je leur dis encore : « Pourquoi donc n'êtes-vous pas entrés à Damas? » — Ils reprirent : « C'est que nous avons craint la peste. » Or, jamais peste ne mit les gens aussi bas qu'étaient ces malheureux. Cela se passait le jour après la Fête des victimes [1]. Je m'arrêtai jusqu'à l'arrivée de mes chameaux et je distribuai une partie des provisions qui nous accompagnaient. Je coupai en deux un morceau d'étoffe rayée, qui était roulé autour de ma tête, et je le partageai entre les deux femmes. La joie causée par les provisions faillit troubler la raison d'hommes affamés; je leur dis : « Ne restez pas ici; car les Francs vous feraient captifs! »

Une aventure singulière de ce voyage fut ce qui m'advint un soir, alors que j'avais fait halte pour réciter les prières du coucher du soleil et de la nuit [2], en les abrégeant et en les confondant [3]. Les chameaux étaient partis. Je m'arrêtai sur une hauteur et je dis à mes officiers d'ordonnance : « Allez dans tous les sens à la recherche des chameaux, puis revenez vers moi. Je ne bougerai pas d'ici. » Ils galopèrent de tous côtés, mais sans résultat. L'un après l'autre, ils me rejoignirent et me dirent : « Nous n'avons rien aperçu, et nous ne savons pas quelle direction ils ont prise. » — Je répondis : « Nous implorerons le secours d'Allâh le Tout Puissant et nous nous laisserons conduire par le coucher des étoiles. » Notre abandon dans le désert, loin de nos chameaux, avait rendu notre situation très pénible. Or il y avait parmi les guides un certain Djizziyya, plein de vigilance et de sagacité. Lorsqu'il

1. En arabe *'îd al-adhâ*. Cette fête tombe le 10 du douzième mois, du dhoû 'l-hidjdja. Ces Arabes erraient donc dans le pays depuis soixante-dix jours environ, lorsque Ousâma les rencontra le 11 avril 1150.
2. Les quatrième et cinquième prières de la journée musulmane.
3. Lecture et traduction douteuses.

s'aperçut de notre retard, il comprit que nous nous étions égarés à distance, sortit un briquet, monta sur son chameau et fit jaillir dans l'air des étincelles qui se répandirent par-ci par-là. Si loin que nous fussions, ce spectacle nous frappa. Nous avions bientôt pris le chemin du feu, qui nous ramenait directement à eux. N'était la faveur d'Allâh et ce qu'il inspira à ce guide, nous étions perdus !

Voici une autre péripétie de ce voyage. Avant de partir, le vizir Al-Malik Al-'Âdil[1] m'avait dit : « Tu ne feras rien savoir aux guides que tu amènes de la somme que tu emportes ! » En conséquence, je plaçai quatre mille dînârs dans une sacoche sur un mulet de selle tenu en laisse près de moi par un de mes écuyers ; je plaçai les deux autres mille dînârs, de l'argent pour mes frais d'entretien, une bride en or et des dînârs magrébins dans une autre sacoche sur un cheval conduit en laisse à ma suite par un de mes écuyers. A chaque station que je faisais, je plaçais les sacoches au centre d'un tapis dont je ramenais les extrémités sur elles ; j'étendais ensuite un deuxième tapis sur le premier et je dormais sur les sacoches. A l'heure du départ, je me levais le premier ; les deux écuyers venaient recevoir leur dépôt, et ce n'est que lorsqu'ils avaient serré les deux sacoches sur les animaux maintenus à nos côtés que je montais à cheval, que je réveillais mes compagnons et que nous nous préoccupions de poursuivre notre route

Un soir nous fîmes halte dans le Désert des fils d'Israël (*tîh banî Isrâ'îl*). Lorsque je me levai pour donner le signal du départ, l'écuyer chargé de tenir en laisse le mulet vint, prit la sacoche, la jeta sur les hanches du mulet et tourna autour de l'animal pour le sangler. Le mulet lui glissa des mains et partit au galop, emportant la sacoche. Je montai aussitôt sur mon cheval que mon valet tenait tout préparé et je dis à l'un de mes écuyers : « En avant ! en avant ! » Je galopai à la poursuite du mulet, sans parvenir à l'atteindre ; il courait comme un onagre, et mon cheval était épuisé par la longueur de la route. L'écuyer me rejoignit. Je lui dis : « Cours par ici, tu rattraperas le mulet. » Il revint en disant :

1. Le vizir Ibn As-Sallâr.

« Par Allâh, ô mon maître, je n'ai pas vu le mulet, mais j'ai rencontré sur mon chemin cette sacoche que j'ai ramassée. » — Je répondis : « C'était précisément de la sacoche que je m'étais mis en quête. La perte du mulet m'importe peu. » Je retournai au campement. En attendant, le mulet était rentré au galop dans l'écurie et y occupait sa place. Il n'avait voulu en fuyant que se débarrasser des quatre mille dînârs.

Après plusieurs étapes, nous étions arrivés à Boṣrâ et nous avions trouvé Al-Malik Al-ʿÂdil Noûr ad-Dîn devant Damas. L'émir Asad ad-Dîn Schîrkoûh [1] (qu'Allâh l'ait en pitié !) venait aussi d'arriver à Boṣrâ. Ce fut avec lui que j'allai rejoindre l'armée. J'y parvins le dimanche soir. Le lendemain matin, j'eus un entretien avec Noûr ad-Dîn sur l'objet de ma mission. Il me dit : « O Ousâma, sache que les habitants de Damas sont nos ennemis et que les Francs sont nos ennemis. Il n'y aura de sécurité d'aucune part, si je m'avance entre les uns et les autres. » — Je lui dis : « Tu me permettras bien d'enrôler quelques-uns de ceux qui n'ont pas été admis dans les troupes régulières. Je les prendrai et je te les ramènerai. Tu m'associeras l'un de tes chefs à la tête de trente cavaliers, afin que tout se passe en ton nom. » — Noûr ad-Dîn répondit : « Fais à ta guise. » Jusqu'au lundi suivant, j'avais enrôlé huit cent soixante cavaliers, avec lesquels je me dirigeai au cœur des régions occupées par les Francs. Les cors retentissaient lorsque nous faisions halte et aussi lorsque nous partions en campagne. Noûr ad-Dîn avait envoyé pour m'accompagner ʿAin ad-Daula Al-Yâroukî, à la tête de trente cavaliers.

A mon retour, je passai devant Al-Kahf et Ar-Raḳîm. Je m'y arrêtai et j'entrai prier dans la mosquée. Mais je ne m'engageai pas dans le défilé qui y débouche. Un des émirs Turcs qui étaient avec moi, nommé Berschek, arriva avec l'intention de pénétrer dans cette passe étroite. Je lui dis : « Que vas-tu faire là-bas ? Prie plutôt au dehors. » — Il répondit : « Il n'y a de Dieu qu'Allâh ! Suis-je donc un bâtard, que je ne puis pénétrer dans cette gorge resserrée ? » — « Que dis-tu là ? » lui répliquai-je. — Il reprit : « Cet endroit est de

1. Asad ad-Dîn Schîrkoûh, fils de Schâdhî, était le frère de Nadjm ad-Dîn Ayyoûb, père de Saladin.

ceux où jamais le fils d'une femme adultère ne pénétrera, dont il ne pourra jamais forcer l'accès. » Sa parole eut pour effet que je me levai aussitôt, que j'entrai aussi dans cette passe, que j'y priai et que j'en sortis. Et pourtant, Allâh le sait, je n'ajoutais pas foi à ses paroles. La plupart des soldats vinrent, entrèrent et accomplirent leurs dévotions.

Un de mes officiers, Barâk Az-Zoubaidî, se faisait servir par un esclave noir très dévôt, assidu à la prière, un homme des plus minces et des plus longs. A son tour, cet esclave, arrivé au même endroit, fit avec persistance des efforts pour entrer. Mais il n'y réussit pas. Le malheureux se mit à pleurer, s'affligea, soupira de regret et s'en retourna en voyant son incapacité d'entrer.

Un matin, nous arrivâmes enfin au point du jour à Ascalon. A peine avions-nous installé nos armes et nos bagages près de la place publique destinée à la prière (*al-mouṣallâ*), que les Francs nous saluèrent en nous attaquant dès que le soleil fût levé. Nâṣir ad-Daula Yâḳoût, gouverneur d'Ascalon, accourut vers nous, en disant : « Enlevez, enlevez vite vos bagages ! » — Je lui répliquai : « Tu as donc peur ? Les Francs ne nous les prendront certes pas. » — « Il est vrai, dit-il, que j'ai peur. » — Je le rassurai en disant : « Ne crains rien. Ils nous voyaient nous avancer dans la plaine et s'efforçaient de nous barrer la route, lorsque nous n'étions pas encore parvenus dans Ascalon. Nous ne les avons pas redoutés alors. Pourquoi les redouterions-nous, aujourd'hui que nous sommes près d'une ville qui nous appartient ? »

Les Francs restèrent immobiles à peu de distance pendant un certain temps; puis ils retournèrent dans leurs régions, rassemblèrent une armée contre nous et vinrent nous assaillir avec cavaliers, fantassins et objets de campement, afin de cerner Ascalon. Nous étions sortis pour les atteindre et les fantassins d'Ascalon avait aussi opéré une sortie. Je fis le tour de cette troupe de fantassins et je leur dis : « O nos compagnons d'armes, retournez derrière vos murailles et laissez-nous aux prises avec les Francs. Si nous sommes vainqueurs, vous nous rejoindrez. S'ils sont victorieux, vous serez là en réserve sains et saufs dans l'enceinte. Dans ce cas, gardez-vous bien de revenir à la charge. »

Je les quittai et je me dirigeai vers les Francs. Déjà ceux-ci avaient fait le tracé de leurs campements et se préparaient à dresser leurs tentes. Entourés et pressés par nous, ils n'eurent pas le temps de replier les toiles. Ils les abandonnèrent déployées comme elles l'étaient et reculèrent.

Lorsque les Francs se furent éloignés de la ville, un certain nombre des habitants, qui étaient rentrés dans leurs foyers, les poursuivirent, renonçant aux défenses de la place et à leur sécurité. Les Francs se retournèrent, fondirent sur eux et en tuèrent plus d'un. Les fantassins, que j'avais tenus à l'écart, furent mis en déroute, ne purent pas battre en retraite et jetèrent sur le sol leurs boucliers. A notre tour, nous reprîmes le combat contre les Francs, qui furent vaincus et rentrèrent dans leurs régions, situées aux environs d'Ascalon. Quant aux fantassins mis en déroute, ils s'empressèrent, en revenant, de récriminer l'un contre l'autre et dirent : « Ibn Mounkidh a fait preuve de plus d'expérience que nous. Il nous avait conseillé de rebrousser chemin. Nous n'en avons rien fait avant d'avoir été repoussés et d'avoir essuyé un affront. »

Mon frère 'Izz ad-Daula Aboû 'l-Ḥasan 'Alî (qu'Allâh l'ait en pitié !), avec ses compagnons d'armes, se trouvait parmi ceux qui étaient venus avec moi de Damas à Ascalon. Il était un des plus brillants cavaliers entre les musulmans. Il combattait pour les intérêts de la religion, non pour ceux de ce monde. Nous étions un jour sortis d'Ascalon pour faire une incursion et tenter la lutte contre Bait Djibrîl. Lorsque, après y être arrivés et l'avoir attaqué, nous fûmes sur le retour, je vis qu'il devait se passer quelque chose de grave devant Ascalon. J'ordonnai à mes compagnons de faire halte. Du feu fut allumé et jeté sur les piles de blé fauché. Alors, nous changeâmes nos positions. Je restai en arrière de nos troupes. Les Francs (qu'Allâh les maudisse !) avaient quitté toutes les forteresses du voisinage, où était massée leur nombreuse cavalerie, et s'étaient concentrés pour assiéger Ascalon sans trêve, jour et nuit. C'étaient eux qui, cette fois, avaient pris l'offensive contre nos compagnons.

L'un de ceux-ci vint à moi au galop et me dit : « Les Francs sont là. » Je rejoignis nos compagnons, et déjà ils avaient devant eux les avant-gardes des Francs, qui sont (qu'Allâh les maudisse!) les guerriers les plus prudents du monde. Ils avaient gravi une éminence, où ils s'étaient postés ; nous, de notre côté, nous étions montés sur une éminence leur faisant face. Au milieu, une foule de nos compagnons débandés et les gardiens de nos montures conduites en laisse passaient au-dessous des Francs. Aucun de leurs cavaliers ne descendait vers eux par crainte d'une embuscade ou d'une ruse de guerre. S'ils étaient descendus, ils auraient capturé nos compagnons jusqu'au dernier.

Nous faisions face aux Francs avec des forces inférieures, nos troupes ayant été précédemment mises en déroute. Les Francs restèrent immobiles sur l'éminence qu'ils occupaient jusqu'au moment où nos compagnons cessèrent de défiler. Alors, ils se ruèrent sur nous et nous fûmes repoussés devant eux, la lutte étant circonscrite entre nous. Ils n'avaient pas besoin de grands efforts pour nous atteindre. Car ceux dont les chevaux ne bronchèrent pas furent tués; ceux dont les chevaux s'affaissèrent furent emmenés comme prisonniers. Ensuite les Francs quittèrent le champ de bataille.

Allâh (qu'il soit exalté!) décréta pour nous le salut, grâce à leur système de temporisation. Si nous avions été en nombre comme ils l'étaient et que nous eussions remporté la victoire sur eux, comme ils la remportèrent sur nous, nous les aurions exterminés.

J'étais resté quatre mois dans Ascalon pour combattre les Francs. Dans cette campagne, nous avions surpris Youbnâ, nous y avions tué environ cent hommes et fait des captifs. Au bout de cette période, je reçus une lettre d'Al-Malik Al-'Âdil, pour me rappeler. Je retournai à Miṣr. Mon frère 'Izz ad-Daula Aboû 'l-Ḥasan 'Alî resta dans Ascalon jusqu'au moment où l'armée de cette ville partit pour conquérir Gazza. Ce fut là que mon frère fut tué en martyr. Il avait compté parmi les savants, les cavaliers et les dévôts d'entre les musulmans.

Et, quant à la sédition dans laquelle fut tué Al-Malik Al-'Âdil Ibn As-Sallâr (qu'Allâh l'ait en pitié!), celui-ci avait envoyé à Bilbîs des troupes commandées par le fils de sa femme, Roukn ad-Dîn 'Abbâs, fils d'Aboû 'l-Foutoûh, fils de Tamîm, fils de Bâdîs, pour protéger la région contre les

Francs. 'Abbâs avait amené son fils Nâṣir ad-Dîn Naṣr (qu'Allâh l'ait en pitié!), qui resta quelques jours avec son père à la tête des troupes, puis rentra au Caire sans avoir reçu d'Al-'Âdil ni autorisation ni congé. Al-'Âdil désapprouva son retour et lui ordonna de rejoindre l'armée, dans la pensée où il était que le jeune homme était revenu au Caire pour s'amuser, pour se distraire et par ennui d'un séjour prolongé dans une garnison.

Mais le fils de 'Abbâs s'était concerté avec Aṭh-Ṭhâfir et, d'accord avec lui, il avait enrôlé quelques jeunes écuyers du khalife par lesquels il ferait assaillir Al-'Âdil dans son palais, au moment où, après être entré le soir dans son harem, il se serait endormi. Naṣr se réservait alors de le tuer, et s'était entendu avec un des ostâdârs du palais pour qu'il l'informât aussitôt que son maître sommeillerait. La maîtrise de la maison appartenait à la femme d'Al-'Âdil, qui était la grand'mère de Naṣr, et auprès de laquelle celui-ci était admis sans avoir à demander audience.

Lorsque Al-'Âdil s'endormit, l'ostâdâr en apporta la nouvelle à Naṣr qui, avec six de ses hommes, fondit sur lui dans la maison, où il reposait. Ils le tuèrent. Naṣr lui coupa la tête, qu'il apporta à Aṭh-Ṭhâfir. Cet événement eut lieu le jeudi 6 de mouḥarram, en l'an 548 [1].

Al-'Âdil avait dans son palais ses mamlouks et les troupes en faction, environ mille hommes, mais ils étaient dans le Palais du Salut (*dâr as-salâm*), et il fut tué dans le gynécée. Ils sortirent du Palais et la lutte se déchaîna entre eux et entre les partisans d'Aṭh-Ṭhâfir et de Naṣr. Mais elle s'apaisa dès que celui-ci eut apporté la tête d'Al-'Âdil sur la pointe de sa lance. Les fidèles d'Al-'Âdil, en la voyant, se partagèrent en deux partis : les uns sortirent du Caire pour offrir leurs services et jurer obéissance à 'Abbâs; les autres jetèrent leurs armes, se présentèrent devant Naṣr, fils de 'Abbâs, baisèrent la poussière et s'attachèrent à sa personne.

Quelques jours après, son père 'Abbâs rentra un matin au Caire et s'installa dans le Palais du vizirat. Aṭh-Ṭhâfir le revêtit du manteau d'honneur et lui confia la direction des affaires.

1. Le 3 avril 1153.

Quant à Naṣr, il fréquentait sans cesse le khalife et avait des relations intimes avec lui, au grand déplaisir de 'Abbâs, qui s'indignait contre son fils, parce qu'il n'ignorait pas le système qui consiste à frapper les hommes les uns par les autres, pour que les uns réduisent à néant et dépouillent de tout ce qu'ils possèdent les autres, jusqu'à ce que les deux adversaires s'entre-détruisent.

Un soir, 'Abbâs et Naṣr me firent appeler auprès d'eux. Ils étaient en tête-à-tête, s'adressant l'un à l'autre des reproches. A plusieurs reprises 'Abbâs apostrophait son fils qui baissait la tête avec la grâce du léopard, réfutant chaque point successivement. A chaque réponse, 'Abbâs, qui s'échauffait, se mettait à le blâmer et à le réprimander de plus belle. Je dis à 'Abbâs : « O mon maître Al-Afḍal [1], pourquoi accuser ainsi mon maître Nâṣir ad-Dîn et lui adresser des objurgations qu'il écoute patiemment ? Fais retomber sur moi ton blâme ; car je suis associé à tout ce qu'il fait, j'ai ma part dans ses péchés, comme dans ses nobles actions. Mais, du reste, quelle est sa faute ? Il n'a lésé aucun de tes compagnons, n'a montré aucune négligence dans l'administration de ton bien, et aucune pensée de son âme n'a porté atteinte au prestige de ta puissance, puisque tu as atteint ce haut rang. Sa conduite ne mérite pas ton blâme. » 'Abbâs ne s'entêta pas, et son fils me tint compte de mon attitude.

Aṭh-Ṭhâfir conçut alors le projet de pousser Naṣr à tuer son père, dont il deviendrait le successeur comme vizir. Le khalife combla Naṣr des plus riches présents. Un jour, j'étais chez Naṣr, lorsqu'il reçut de la part d'Aṭh-Ṭhâfir vingt plateaux en argent, contenant vingt mille dînârs. Quelques jours s'écoulèrent sans cadeaux ; puis un nouvel envoi réunit en vêtements de tout genre une collection telle que je n'en avais jamais vu auparavant de pareille. Après une interruption de quelques jours, le khalife lui fit porter cinquante plateaux d'argent, contenant cinquante mille dînârs. Après un nouveau délai fort court, il lui fit amener trente mulets de selle et quarante chameaux avec leur attirail, leurs sacs à grains et leurs brides.

Entre Aṭh-Ṭhâfir et Naṣr circulait sans cesse un messager,

1. Surnom de 'Abbâs.

nommé Mourtafi', fils de Faḥl. Telle était mon intimité avec le fils de 'Abbâs qu'il ne me permettait de le quitter, ni pendant la nuit, ni pendant le jour. Je dormais, la tête appuyée sur son oreiller.

Un soir, j'étais avec lui dans le Palais de la *schâboûra*, lorsqu'arriva Mourtafi', fils de Faḥl. Ils causèrent ensemble pendant le premier tiers de la nuit, tandis que je me tenais à l'écart. Puis Naṣr se retourna, m'invita à m'approcher et me dit : « Où étais-tu donc? » — « Près de la fenêtre, lui répondis-je, occupé à lire le Coran; car aujourd'hui je n'avais pas eu le temps de terminer ma lecture quotidienne. » Alors Naṣr commença à me révéler quelques points de leur entretien pour voir ce que j'en penserais; il désirait être fortifié par moi dans la résolution coupable qu'Aṭh-Ṭhâfir cherchait à lui faire prendre. Je lui dis : « O mon maître, puisse Satan ne pas te faire trébucher! Puisses-tu ne pas te laisser tromper par qui veut t'égarer! Car le meurtre de ton père est une autre affaire que le meurtre d'Al-'Âdil. Aussi ne fais pas une chose pour laquelle tu serais maudit jusqu'au jour du jugement dernier. » Naṣr baissa la tête, coupa court à notre conversation, et ce fut pour nous deux le moment de nous endormir.

'Abbâs connut les projets que son fils avait ourdis contre lui. Il le cajola, chercha à le gagner et se concerta avec lui pour mettre à mort Aṭh-Ṭhâfir. Le khalife et Naṣr étaient des compagnons du même âge. Ils sortaient ensemble la nuit en gardant l'incognito. Naṣr invita un jour le khalife à venir dans sa maison, située au Marché des fabricants d'épées (*soûḳ as-souyoûfiyyîn*). Il avait disposé dans une des ailes de sa maison une poignée de ses compagnons. Lorsque la compagnie eut pris place, ces hommes s'élancèrent sur le khalife et le tuèrent. Cet événement eut lieu la veille au soir du jeudi, dernier jour du mois de mouḥarram, en l'année 549 [1].

Naṣr jeta le cadavre d'Aṭh-Ṭhâfir dans un souterrain de sa maison. Le khalife était venu, accompagné d'un esclave noir, qui ne le quittait jamais, et qu'on appelait Sa'îd ad-Daula. On le mit également à mort.

Le lendemain matin, 'Abbâs se rendit au palais selon son

1. Dans la soirée du 15 avril 1154.

habitude, afin d'apporter ses salutations pour la journée du jeudi. Il s'assit dans un salon de la partie du palais où siège le vizir, comme s'il attendait le moment où Aṭh-Ṭhâfir accueillerait ses hommages. Lorsque l'heure où le khalife lui donnait audience chaque jour fut passée, 'Abbâs manda le régisseur du palais et lui dit : « Qu'a notre maître pour avoir manqué l'audience du salut? » Le régisseur ne savait que répondre. 'Abbâs s'emporta contre lui et lui dit : « Pourquoi ne me réponds-tu pas? » — Il répliqua : « O mon maître, notre maître, nous ne savons pas où il est. » — « Les pareils de notre maître, reprit le vizir, ne sont jamais égarés. Retourne pour faire une nouvelle enquête. » — Le régisseur partit, revint et dit : « Nous n'avons pas trouvé notre maître. » — 'Abbâs s'écria : « Le peuple ne saurait rester sans khalife. Entre chez les princes, frères d'Aṭh-Ṭhâfir. Qu'un d'entre eux sorte! Nous lui prêterons le serment de fidélité. » — Le régisseur revint presqu'aussitôt lui dire : « Les princes te font savoir : Nous n'avons aucune part au pouvoir, le père d'Aṭh-Ṭhâfir nous en ayant déshérités, lorsqu'il l'a transmis à notre frère Aṭh-Ṭhâfir. Après lui, c'est à son fils qu'appartient l'autorité. » — « Eh! bien, dit alors 'Abbâs, amenez-le, ce fils, que nous le proclamions khalife. »

Or 'Abbâs avait tué Aṭh-Ṭhâfir et s'était proposé de dire que celui-ci avait été tué par ses frères et de punir leur crime par leur mort. Le fils d'Aṭh-Ṭhâfir parut. C'était un enfant, qu'un des eunuques du Château portait sur son épaule. 'Abbâs le prit et le souleva dans ses bras. L'assemblée pleura. Puis 'Abbâs, sans abandonner son fardeau, entra dans la salle d'audience d'Aṭh-Ṭhâfir, où se tenaient les fils d'Al-Ḥâfiṭh, l'émir Yoûsouf et l'émir Djibrîl, ainsi que le fils de leur frère, l'émir Aboû 'l-Baḳâ.

Nous étions assis dans le portique. Le palais contenait plus de mille hommes des troupes de Miṣr. Nous n'éprouvions aucun trouble, lorsque, tout à coup, une troupe sortit de l'audience vers la salle, et l'on entendit le cliquetis des épées s'acharnant sur une victime. Je dis à un écuyer Arménien qui me servait : « Regarde qui l'on vient de tuer. » Il revint immédiatement et me dit : « Ces gens ne se conduisent pas en musulmans. C'est mon maître Aboû 'l-Amâna (il désignait ainsi l'émir Djibrîl) qu'ils ont tué. L'un d'eux a fendu le ventre du cadavre pour en retirer les intestins. Ensuite 'Abbâs sortit, portant sous son aisselle la tête de l'émir Yoûsouf découverte, labourée par un coup d'épée, laissant ruisseler des flots de sang. Aboû 'l-Baḳâ, le fils du frère de l'émir Yoûsouf, se trouvait avec Naṣr, fils de 'Abbâs. On fit entrer l'oncle et le neveu dans un salon du Château, où ils furent tués. Il y avait dans le palais mille épées nues!

Ce jour fut un des plus pénibles que j'aie endurés. Car je vis les hommes se vautrer dans les hontes d'une impiété telle que la réprouvent Allâh et toutes ses créatures.

Une curieuse aventure, qui advint en ce même jour, fut que 'Abbâs, voulant entrer dans la salle du conseil, en trouva la porte verrouillée à l'intérieur. Or, il y avait un vieil eunuque, chargé d'ouvrir et de fermer la salle d'audience. Il était surnommé Amîn al-Moulk. Après de nombreux essais, on finit par forcer la serrure. On entra et l'on trouva le gardien derrière la porte. Il était mort subitement et tenait la clef dans sa main.

Quant à la guerre civile, qui éclata dans Miṣr et où 'Abbâs vainquit les troupes de la ville, elle eut pour cause le malaise ressenti par tous les cœurs, lorsque 'Abbâs eut fait aux enfants d'Al-Ḥâfiṭh (qu'Allâh l'ait en pitié!) ce qu'il leur fit. L'hostilité et la haine restèrent d'abord à l'état latent. Celles des filles d'Al-Ḥâfiṭh, qui se trouvaient encore dans le palais, écrivirent au champion des musulmans [1], à Aboû 'l-Gârât Ṭalâ'i' Ibn Rouzzîk (qu'Allâh l'ait en pitié!) pour implorer son secours. Celui-ci enrôla des combattants et sortit de son gouvernement pour se diriger vers Le Caire. 'Abbâs donna des instructions pour qu'on équipât la flotte et pour qu'on y apportât des provisions, des armes et de l'argent. Il prit le commandement de l'armée de mer et de terre, le jeudi 10 de ṣafar, en l'an 549 [2]. Il ordonna à son fils Nâṣir ad-Dîn Naṣr de rester au Caire et me dit : « Tu resteras avec lui. »

Lorsque 'Abbâs fut sorti de son palais pour arrêter la marche d'Ibn Rouzzîk, ses soldats le trahirent et fermèrent les

1. Littéralement « au cavalier des musulmans ».
2. Le 26 avril 1154.

portes du Caire. La lutte s'engagea entre nous et eux sur les routes et dans les avenues, leurs cavaliers nous combattant pour nous barrer le passage, et leurs fantassins nous atteignant avec des flèches en bois et avec des pierres du haut des terrasses, tandis que les femmes et les enfants nous jetaient des pierres par les fenêtres. La lutte ne dura entre nous et eux qu'un seul jour, depuis le matin jusqu'au coucher du soleil. 'Abbâs remporta la victoire. Les rebelles ouvrirent les portes du Caire et s'enfuirent. 'Abbâs s'attacha à leurs pas tant qu'ils restèrent sur le territoire de Miṣr et en fit périr un grand nombre. Puis il retourna dans son Palais et reprit son droit d'ordonner et d'interdire. Il résolut d'incendier la Barkiyya parce que les maisons des soldats étaient groupées dans ce quartier du Caire. Je cherchai par la douceur à modifier ses idées, et je lui dis : « O mon maître, lorsque le feu brûlera, l'incendie consumera ce que tu veux, mais aussi ce que tu ne veux pas, et tu ne sauras comment l'éteindre. » Je réussis à le détourner de son projet et j'obtins la grâce de l'émir Al-Mou'taman, fils d'Aboû Ramâda, après que 'Abbâs eut ordonné son exécution. Je demandai excuse pour lui, et sa faute lui fut pardonnée.

La rébellion s'apaisa. Elle avait effrayé 'Abbâs, en lui démontrant l'hostilité des troupes et des émirs, en le convainquant qu'il n'y avait point place pour lui au milieu d'eux. Sa résolution fut bientôt définitive : il s'éloignerait de Miṣr et se rendrait en Syrie auprès d'Al-Malik Al-'Âdil Noûr ad-Dîn (qu'Allâh l'ait en pitié!), dont il implorerait l'assistance.

Les messages entre le personnel des Châteaux et Ibn Rouzzîk se succédaient sans trêve. Depuis mon entrée en Égypte, j'étais uni à lui par des liens d'amitié et par des relations suivies. Un envoyé vint me trouver de sa part pour me dire : « 'Abbâs ne peut rester en Égypte. Il doit en sortir pour aller en Syrie. Alors moi, je m'emparerai du pouvoir. Quant à toi, tu sais ce que nous ressentons l'un pour l'autre. Aussi ne t'associeras-tu pas à son départ. Il ne manquera pas, ayant besoin de toi en Syrie, de t'inviter à le suivre et d'insister pour t'emmener avec lui. Aussi vrai qu'Allâh est le seul dieu, ne t'attache pas à ses pas ; car tu auras ta part dans tout avantage que je recueillerai. » Ce furent les satans qui soufflèrent tout cela aux oreilles de 'Abbâs, ou peut-être le soupçonna-t-il, connaissant l'affection qui existait entre moi et Ibn Rouzzîk.

Voici quelques détails sur la sédition qui contraignit 'Abbâs à quitter l'Égypte et amena son meurtre par les Francs. Lorsqu'il soupçonna l'accord entre moi et Ibn Rouzzîk, ou bien lorsqu'il en eut été informé, il me fit venir et me fit prêter des serments solennels, ne laissant aucune échappatoire, que je partirais avec lui et que je l'accompagnerais. Ma parole ne lui paraissant pas une garantie suffisante, il envoya pendant la nuit son ostâdâr, qui avait accès dans son gynécée et qui emmena dans sa maison mes femmes, ma mère et mes enfants, en me disant de sa part : « Je prends à ma charge en ton lieu et place toute dépense que comportera leur entretien pendant la route, et je les ferai transporter avec la mère de Nâṣir ad-Dîn. » 'Abbâs disposa pour son voyage ses chevaux, ses chameaux et ses mulets. Il possédait deux cents chevaux et juments tenus en laisse entre les mains des serviteurs selon l'habitude égyptienne, deux cents mulets de selle et quatre cents chameaux pour porter ses bagages.

'Abbâs était adonné avec ardeur à l'étude des étoiles, et, sous l'influence d'un horoscope favorable, il avait fixé son départ au samedi 15 du premier rabî', en cette même année[1]. J'étais auprès de lui, lorsque se présenta un de ses serviteurs qu'on appelait 'Antar[2] le grand, qui gérait ses affaires, grandes et petites, et qui lui dit : « O mon maître, qu'avons-nous à espérer de notre départ pour la Syrie? Prends tes trésors, tes femmes, tes aides de camp et tes fidèles, conduis-nous vers Alexandrie; c'est de là qu'après avoir réuni des troupes fraîches nous reviendrons attaquer Ibn Rouzzîk et ses partisans. Si nous sommes victorieux, tu reprendras possession de ton palais et de ton autorité. Si nous échouons, nous retournerons à Alexandrie, où nous nous fortifierons et où nous nous mettrons en état de défense contre notre ennemi. » Mais 'Abbâs le rabroua et déclara son opinion erronée. Et pourtant il était dans le vrai!

La veille, le vendredi, en se levant, 'Abbâs m'avait fait

1. 30 mai 1154.
2. Peut-être : « 'Anbar »; de même à la page suivante.

appeler dès l'aube. J'étais à peine arrivé auprès de lui que je lui dis : « O mon maître, lorsque je passe mon temps dans ta société depuis l'aurore jusqu'à la nuit, comment pourrais-je vaquer à mes préparatifs de voyage? » — Il me répondit : « Il y a chez nous des messagers venus de Damas; tu les expédieras, puis tu iras faire tes préparatifs. »

Auparavant, il avait fait appeler un certain nombre d'émirs et leur avait demandé le serment de ne pas le trahir et de n'ourdir aucun complot contre lui. Il avait fait venir aussi les chefs de certaines tribus arabes, de Darmâ, Zouraiḳ, Djoudhâm, Sinbis, Ṭalḥa, Dja'far et Lawâta, et leur avait fait prêter un serment identique par le Coran et par le divorce. Nous étions sans défia[illegible] au moment où je me trouvais auprès de 'Abbâs, le ma[illegible]ndredi, lorsque, tout à coup, des hommes armés parur[illegible] se précipitèrent sur nous, conduits par les émirs mêmes qui, la veille, s'étaient laissé arracher un serment de fidélité.

'Abbâs ordonna de seller ses bêtes de somme. Elles furent sellées et arrêtées devant la porte de son palais. Il y avait entre nous et les révoltés de Miṣr comme une barrière, qui les empêchait de nous atteindre, par suite de l'encombrement produit en avant de nous par l'accumulation des bêtes de somme. Voici que 'Antar le grand, le majordome de 'Abbâs, celui qui lui avait donné un si excellent avis, sortit vers les gens de son maître, et il était leur chef, s'emporta contre eux et les invectiva en disant : « Retournez dans vos maisons, et laissez paître librement les bêtes de somme. » Les palefreniers, les muletiers et les chameliers partirent. Les bêtes de somme restèrent à l'abandon. Le pillage s'y exerça sans obstacle.

'Abbâs me dit : « Sors, amène à notre aide les Turcs, qui ont leurs quartiers près de la Porte de la victoire (*bâb an-naṣr*); les payeurs les rétribueront largement. » Lorsque j'arrivai à eux et que je leur adressai cet appel, ils montèrent tous à cheval, et ils n'étaient pas moins de huit cents cavaliers, mais ils sortirent du Caire par la Porte de la victoire afin de se dérober au combat. Les mamlouks de 'Abbâs étaient plus nombreux que les Turcs; ils sortirent également par la Porte de la victoire et je retournai vers le vizir pour l'en informer.

Je m'occupai ensuite de faire sortir mes femmes, qu'il avait fait transporter dans son palais. En même temps que j'y réussis, je fis sortir les femmes de 'Abbâs. Puis, lorsque la route fut libre et que les bêtes de somme eurent été volées jusqu'à la dernière, les hommes de Misr parvinrent jusqu'à nous et nous expulsèrent. Nous n'étions qu'une poignée d'hommes; ils formaient une masse compacte.

Après que nous eûmes dépassé la Porte de la victoire, ils s'élancèrent vers les issues de la ville, les fermèrent et revinrent piller nos maisons. Chez moi, ils prirent dans la grande salle de mon habitation quarante sacs magnifiques en cuir, contenant une quantité considérable d'argent, d'or et de vêtements, et enlevèrent dans mon écurie trente-six chevaux et mules destinés à être montés, avec leurs selles et leur attirail en parfait état, et aussi vingt-cinq chameaux. Quant à mon fief de Koûm Aschfîn, ils y firent main basse sur deux cents têtes de bœufs appartenant aux fermiers, sur mille moutons et sur des greniers regorgeant de denrées.

Nous n'étions pas encore bien loin de la Porte de la victoire, que les tribus arabes, dont 'Abbâs avait réclamé le serment de fidélité, se concentrèrent et nous combattirent depuis le vendredi dès l'aube jusqu'au jeudi 20 du premier rabî' [1]. La lutte se poursuivait pendant toute la journée. Lorsque la nuit devenait noire et que nous faisions halte, ils nous laissaient d'abord nous endormir en paix, pour ensuite détacher contre nous une centaine de cavaliers montés, poussant leurs chevaux sur l'une des ailes de notre camp, et élevant tout à coup la voix dans un cri retentissant. Ceux de nos cavaliers qui, prenant peur, sortaient à leur rencontre, devenaient leurs prisonniers.

Il m'arriva un jour de me trouver séparé de mes compagnons. J'étais monté sur un cheval blanc, le plus mauvais de mes trotteurs. Mon écuyer l'avait sellé, sans que nous eussions prévu ce qui arriverait. Je n'avais emporté aucune autre arme que mon épée. Les Arabes fondirent sur moi. J'étais hors d'état de les repousser et mon cheval était incapable de me conduire vite hors de leur portée. Déjà leurs lances m'avaient effleuré. Je me dis : « Si je sautais à bas de

1. Du 29 mai au 4 juin 1154.

mon cheval et si je brandissais mon épée pour essayer de me défendre! » Je rassemblai tout mon courage pour sauter. Mais mon cheval fit un faux pas : je tombai sur des pierres et sur un sol escarpé. Le choc produisit une lésion dans la peau de ma tête, et mon étourdissement fut tel que je restai sur place, sans savoir où j'en étais.

Quelques-uns des Arabes s'arrêtèrent devant moi et me virent adossé, avec la tête découverte, sans connaissance. Mon épée avait été projetée avec les harnais du cheval. Un Arabe m'asséna deux coups avec l'épée, en disant : « Donne-lui bonne mesure! » Je ne savais rien de ce qui se disait autour de moi. On s'empara ensuite de mon cheval et de mon épée.

Les Turcs m'aperçurent et s'empressèrent vers moi. Nâṣir ad-Dîn Naṣr, fils de 'Abbâs, m'envoya un cheval et une épée. Enfin je partis, ne disposant pas même d'un bandage pour comprimer mes blessures. Je n'en puis pas moins glorifier aujourd'hui encore Celui dont la royauté est éternelle!

Notre caravane se mit en route. Aucun de nous n'avait de provisions suffisantes. Lorsque je voulais boire de l'eau, je descendais de cheval pour en puiser dans le creux de ma main. Quand je pense que, le soir qui avait précédé mon départ, j'étais assis dans une des salles d'entrée de ma demeure, sur une sorte de trône, et qu'on m'avait présenté seize charges de réceptacles pleins d'eau et Allâh le Tout Puissant sait combien de cruches et d'outres en peau!

Je compris que je ne pourrais pas emmener avec moi les gens de ma famille. De Bilbîs, je les fis retourner auprès d'Al-Malik Aṣ-Ṣâliḥ Aboû 'l-Gârât Ṭalâ'i' Ibn Rouzzîk (qu'Allâh l'ait en pitié!). Il les traita avec faveur, leur assigna une maison et se chargea de subvenir à leurs besoins.

Lorsque les Arabes, qui nous combattaient, se disposèrent à retourner en Égypte, ils vinrent à nous, nous demandant notre garantie pour l'époque où nous serions revenus.

Nous avions continué à avancer, lorsque le dimanche, 23 du premier rabî' [1], l'armée des Francs massée nous surprit dès l'aurore à Al-Mouwailiḥ. 'Abbâs fut tué, ainsi que son fils Ḥousâm al-Moulk; son autre fils, Nâṣir ad-Dîn Naṣr, fut

1. Le 7 juin 1154.

fait captif. Les Francs prirent à 'Abbâs ses trésors et ses femmes, et tuèrent les soldats qui tombèrent entre leurs mains. Parmi leurs prisonniers était mon frère Nadjm ad-Daula Aboû 'Abd Allâh Moḥammad.

Enfin ils se lassèrent de nous combattre, après que nous nous fûmes retranchés à l'abri de leurs coups sur les montagnes. Notre voyage se continua à travers les régions des Francs dans des conditions plus pénibles que la mort, sans les provisions nécessaires aux hommes, sans fourrages pour les chevaux, jusqu'aux montagnes des Banoû Fahîd (qu'Allâh les maudisse!), dans la Vallée de Moïse (*woâdî Moûsâ*).

Notre montée s'effectua par des chemins aussi étroits qu'escarpés jusqu'à une vaste plaine et jusqu'à des hommes, vrais satans lapidés. Tous ceux d'entre nous qu'ils purent saisir isolément, ils les tuèrent.

Ce pays devait être habité par quelque émir Ṭayyite, descendant de Rabî'a. Je demandai : « Quel émir de la tribu de Rabî'a est ici présent? » — On me répondit : « Manṣoûr, fils de Guidafl. » Or, c'était un de mes amis. Je donnai deux dînars à un homme de service qui irait trouver Manṣoûr, et qui lui dirait : « Ton ami Ibn Mounḳidh te salue et te prie de venir vers lui demain de bon matin. »

Notre nuit fut troublée par la crainte que nous ressentions. Lorsque l'aurore brilla, les habitants s'équipèrent et se postèrent près de la source. « Nous ne vous laisserons pas, dirent-ils, boire notre eau, quand nous, nous mourons de soif. » Or, cette source aurait suffi aux besoins de Rabî'a et de Moḍar. Et combien n'avaient-ils pas d'autres sources semblables sur leur territoire! Mais leur but était uniquement de provoquer la lutte entre nous et eux et de s'emparer de nos personnes.

Nous en étions là, lorsque Manṣoûr, fils de Guidafl, arriva, leur adressa des reproches et les invectiva. Ils se dispersèrent. Manṣoûr me dit : « Monte à cheval. » Nos chevaux nous descendirent par un chemin plus étroit et plus accidenté que celui par lequel j'étais monté. Nous étions parvenus sains et saufs dans le fond de la vallée, après avoir failli périr. Je réunis pour l'émir Manṣoûr mille dînârs de Miṣr, et je lui en fis présent. Il nous quitta. Nous poursuivîmes notre route, et enfin, avec ceux qui avaient échappé aux massacres des Francs et des Banoû Fahîd, nous atteignions la contrée de Damas le vendredi 5 du dernier rabî', dans cette même année [1]. Notre délivrance, après les périls d'un tel voyage, fut un signe manifeste de la providence d'Allâh et de son admirable protection.

Dans cette série d'événements, il m'arriva une histoire étonnante. Aṭh-Ṭhâfir avait envoyé à Naṣr, fils de 'Abbâs, un cheval d'amble, petit, gracieux, franc d'origine. J'avais quitté Le Caire pour me rendre dans un village, qui m'appartenait, tandis que mon fils Aboû 'l-Fawâris Mourhaf tenait société au fils de 'Abbâs. « Nous voudrions, dit celui-ci, pour ce cheval d'amble une selle élégante, une selle de Gazza. » —Mon fils lui répondit : « O mon maître, je t'en connais une vraiment exceptionnelle. » — « Où est-elle? » demanda-t-il. — Mon fils répliqua : « Dans la maison de ton serviteur, mon père. Il possède une selle de Gazza magnifique. » — « Fais-la apporter, » dit Naṣr. Celui-ci envoya dans ma maison un messager qui prit la selle. Naṣr en fut enchanté et la fit attacher sur le cheval d'amble. Cette selle était montée de Syrie avec moi sur l'un des chevaux tenus en laisse; elle était contrepointée, avec une bordure noire, d'un très bel effet. Elle pesait cent trente mithkâls. Lorsque je revins de mon fief, Nâṣir ad-Dîn me dit : « Nous nous sommes mal conduits à ton égard et nous t'avons enlevé cette selle de ta maison. » — Je répondis : « O mon maître, quel bonheur pour moi d'avoir pu te servir! »

Lorsque plus tard les Francs nous attaquèrent à Al-Mouwailiḥ, j'avais avec moi cinq de mes mamloûks montés sur des chameaux, les Arabes leur ayant pris leurs chevaux. Au moment où les Francs survinrent, nombre de chevaux erraient librement. Mes écuyers descendirent des chameaux, interceptèrent la course des chevaux et en prirent cinq, qui leur servirent de montures. Or, sur l'un des chevaux dont ils s'étaient emparés était placée cette même selle d'or que le fils de 'Abbâs s'était appropriée naguère.

Parmi les survivants de notre caravane étaient Ḥousâm al-Moulk, cousin de 'Abbâs, et un frère utérin de 'Abbâs, fils d'Al-'Âdil [2]. Ḥousâm al-Moulk avait entendu raconter l'his-

1. Le 19 juin 1154.
2. Al-'Âdil est ici le vizir Ibn As-Sallâr.

toire de la selle. Il dit, pendant que je prêtais l'oreille : « Tout ce qu'a possédé ce malheureux (il désignait ainsi Naṣr) a été pillé, que ce soit par les Francs ou par ses compagnons d'armes. » — Je dis alors : « Peut-être fais-tu allusion à la selle d'or? » — « Précisément, » répondit-il. J'ordonnai qu'on apportât la selle, puis je dis à Ḥousâm al-Moulk : « Lis le nom inscrit sur la selle, si c'est celui de 'Abbâs, celui de son fils ou le mien. Et qui, du temps d'Al-Ḥâfiṭh, pouvait chevaucher à Miṣr sur une selle d'or, si ce n'est moi? » Or, mon nom était brodé en noir sur le tour de la selle, dont le milieu était contrepointé. Lorsqu'il l'eut constaté, il me fit des excuses et garda le silence.

Et, n'était l'action de la volonté divine à l'égard de 'Abbâs et de son fils, n'étaient les conséquences de la rébellion et de l'ingratitude, 'Abbâs aurait dû chercher un avertissement dans ce qui advint avant lui à Al-Malik Al-Afḍal Rouḍwân Ibn Al-Walakhschî (qu'Allâh l'ait en pitié!). Il était vizir, lorsque les troupes s'étaient révoltées contre lui [1] à l'instigation d'Al-Ḥâfiṭh, comme elles se révoltèrent contre 'Abbâs, et il avait quitté l'Égypte pour se rendre en Syrie, sa maison et son gynécée ayant été livrés au pillage.

Sur ces entrefaites, un homme, qu'on appelait le chef (*ḳâ'id*) Mouḳbil, vit une jeune fille entre les mains des nègres. Il la leur acheta et l'envoya dans sa maison. Or Mouḳbil avait une femme vertueuse, qui fit monter la jeune fille dans une chambre au haut de la maison. Elle l'entendit qui disait : « Par la vie d'Allâh, tu nous feras triompher de qui s'est révolté contre nous et a renié nos bienfaits. » — La femme lui demanda : « Qui es-tu? » — La jeune fille répondit : « Je suis Goutte de rosée (*Ḳaṭr an-nidâ*), fille de Rouḍwân. » La femme fit alors appeler et manda son mari, le chef Mouḳbil, qui était de service dans ses fonctions à la porte du Château, et lui fit connaître l'origine de la jeune fille. Celui-ci écrivit à Al-Ḥâfiṭh une lettre pour l'en informer. Al-Ḥâfiṭh envoya aussitôt un serviteur du Château vers la demeure de Mouḳbil pour prendre la jeune fille et la ramener au Château.

Quant à Rouḍwân, il s'était rendu à Ṣalkhad auprès de

1. Le 14 juin 1139.

Amîn ad-Daula Goumouschtakîn [1]. Celui-ci honora Rouḍwân, lui donna l'hospitalité et lui offrit ses services. Or, à ce moment, le roi des émirs, l'atâbek Zenguî, fils de Ak Sonḳor, assiégeait Ba'lbek. Il envoya un messager vers Rouḍwân et insista pour attirer vers lui cet homme parfait, noble, brave, qui était en même temps un écrivain distingué, et pour lequel les troupes se sentaient fort portées, à cause de ses nobles qualités.

L'émir Mou'în ad-Dîn [2] me dit : « Si cet homme s'attache à l'atâbek, il en résultera un grand dommage pour nous. » — Je lui demandai alors : « Quels sont tes projets? » — Il me répondit : « Tu iras vers Rouḍwân. Peut-être le détourneras-tu de se rendre auprès de l'atâbek et le détermineras-tu à venir à Damas. A toi de voir ce que tu croiras devoir faire dans ces conjonctures. »

Je me rendis vers Rouḍwân à Ṣalkhad. J'eus une entrevue avec lui et avec son frère, surnommé *Al-Auḥad* « l'Unique », et je m'entretins avec eux deux. Al-Afḍal Rouḍwân me dit : « Je ne suis plus libre; car j'ai engagé ma parole avec ce sultan [3] que je me joindrais à lui. Me voici donc tenu d'exécuter ma promesse. » — Je lui répondis : « Qu'Allâh te donne la prééminence! Pour ma part, je suis sur le point de retourner vers mon maître, car il ne saurait se passer de moi. Il a compté qu'auparavant je te ferais connaître toute ma pensée. » — « Parle », dit Rouḍwân. — « Lorsque tu seras parvenu au camp de l'atâbek, lui dis-je alors, crois-tu qu'il divisera son armée en deux moitiés, dont l'une partira avec toi pour l'Égypte, dont l'autre restera pour nous assiéger? » — « Non certes », répondit-il. — Je repris : « Eh! bien, lorsqu'il aura campé devant Damas, qu'il aura assiégé et pris cette ville après de longs efforts, pourra-t-il, avec des troupes affaiblies, des provisions épuisées, après des marches forcées, se rendre avec toi en Égypte sans renouveler d'abord son équipement et sans reconstituer son armée? » — « Non certes », répondit-il. — Je poursuivis : « A ce moment, l'atâbek te dira :

---

1. Manuscrit et texte imprimé portent l'atâbek Amîn ad-Daula Togtakin.
2. Mou'în ad-Dîn Anar, premier ministre à Damas.
3. L'atâbek Zenguî.

Nous irons ensemble à Alep pour y renouveler notre appareil de voyage. Puis, lorsque vous aurez atteint Alep, il dira : Nous allons nous avancer jusqu'à l'Euphrate pour recruter les Turcomans. Une fois que vous serez campés sur les bords de l'Euphrate, il te dira : Si nous ne traversons pas l'Euphrate, nous ne pourrons pas enrôler les Turcomans. L'Euphrate traversé, l'atâbek se parera de toi et tirera vanité auprès des sultans orientaux de pouvoir dire : Ce grand d'Égypte est maintenant à mon service. C'est alors que tu souhaiteras revoir une pierre d'entre les pierres de Syrie, mais tu ne le pourras plus. Tu te souviendras à ce moment de ma parole et tu penseras : Il m'avait donné un bon conseil que je n'ai pas écouté. »

Rouḍwân baissa la tête et resta pensif, ne sachant que dire. Puis il se tourna vers moi et me demanda : « Que dois-je décider, puisque tu veux t'en retourner? » — Je lui répondis : « S'il y a quelque utilité à ce que je reste, je resterai. » — « C'est le cas », me dit-il.

Je restai. Il y eut entre nous plusieurs entretiens. Il fut enfin convenu que Rouḍwân se rendrait à Damas, y recevrait trente mille dînârs, dont la moitié serait payée en espèces et dont l'autre moitié serait représentée par un fief, qu'on attribuerait à son habitation la Maison d'Al-ʿAḳîḳî, et que ses compagnons recevraient une solde.

Rouḍwân souscrivit à ces conditions de sa plus belle écriture et me dit : « Si tu veux, je partirai avec toi. » — « Non, lui répondis-je. Je prendrai les devants, j'emporterai d'ici une colombe messagère. Dès que je serai arrivé, que j'aurai installé ta maison et que j'aurai tout disposé, je lâcherai vers toi la colombe et, sur l'heure, je me mettrai en route pour te rencontrer à mi-chemin, afin de t'introduire à Damas. » Nos conventions ainsi arrêtées, je pris congé de Rouḍwân et je partis.

Amîn ad-Daula, de son côté, désirait que Rouḍwân retournât en Égypte pour y exécuter les promesses qu'il lui avait faites, pour y satisfaire les ambitions qu'il avait éveillées en lui. Amîn ad-Daula rassembla les hommes disponibles et les amena à Rouḍwân après que je l'eus quitté. A peine celui-ci avait-il franchi les frontières de l'Égypte que ses troupes turques le trahirent et pillèrent ses bagages [1]. Il mit sa personne à l'abri dans une des tribus arabes et envoya une députation vers Al-Ḥâfiṭh pour lui demander l'amân. Peu après, il rentra à Miṣr et, sur l'ordre du khalife, fut aussitôt emprisonné, ainsi que son fils.

Au moment où j'arrivai à Miṣr [2], Rouḍwân était enfermé dans un bâtiment accolé au Palais. A l'aide d'un clou en fer, il finit par percer le mur sur une épaisseur de quatorze coudées. Il sortit dans la nuit du mercredi au jeudi [3]. L'un des émirs, son parent, informé de ses intentions, se tenait auprès du Palais pour l'attendre, ainsi que l'un de ses protégés, appartenant à la tribu de Lawâta. Tous trois marchèrent jusqu'au Nil, qu'ils traversèrent à la hauteur de Gîzeh ? Sa fuite mit Le Caire en agitation. Le lendemain matin, il se montra à Gîzeh dans un salon de réception, où la foule se pressa autour de lui, pendant que l'armée de Miṣr se disposait à le combattre. Puis, le vendredi matin, il passa sur l'autre rive du Nil pour atteindre Le Caire, tandis que l'armée égyptienne, sous la direction de Ḳaimâz, le Maître de la porte (*Ṣâḥib al-bâb*), revêtait ses cottes de mailles pour le combat. Lorsque Rouḍwân les eut rejoint, il les mit en déroute et entra au Caire.

J'étais monté à cheval et je m'étais dirigé avec mes compagnons vers la porte du Palais, avant que Rouḍwân ne fût entré dans la ville. Je trouvai les portes du Palais fermées, sans que personne se tînt aux abords. Je revins sur mes pas et je ne bougeai plus de ma maison.

Rouḍwân s'était établi dans la mosquée Al-Aḳmar. Les émirs se rendirent en foule vers lui, apportant des vivres et de l'argent. Al-Ḥâfiṭh, de son côté, avait massé une troupe de nègres dans le Palais. Ils burent, s'enivrèrent, puis on leur ouvrit la porte et ils sortirent, demandant la tête de Rouḍwân. Le tumulte qui se produisit fit monter à cheval tous les émirs, qui abandonnèrent Rouḍwân et se dispersèrent. A son tour, il quitta la mosquée, mais sa monture n'y était plus; son écuyer l'avait prise et était parti.

Un jeune garde du corps vit Rouḍwân arrêté sur le seuil

1. En septembre 1139.
2. Le 30 novembre 1144.
3. Du 12 au 13 avril 1148.

de la mosquée, et lui dit : « O mon maître, ne veux-tu pas prendre ma place sur mon cheval? » — « Bien volontiers », dit Rouḍwân. Le jeune homme s'avança vers lui au galop, l'épée à la main, inclina la tête en se penchant comme pour descendre et frappa Rouḍwân de son épée. Celui-ci tomba. Les nègres, l'ayant rejoint, le tuèrent. Les gens de Miṣr se partagèrent les morceaux de sa chair, dont ils mangèrent pour se donner du courage. Il y aurait eu là pour 'Abbâs une instruction par l'exemple et un avertissement, si Allâh n'en avait pas décidé autrement.

Dans ce même jour, un homme de nos compagnons, un Syrien, fut atteint de nombreuses blessures. Son frère vint me trouver et me dit : « Mon frère est dans un état désespéré. Voici ce qui lui est arrivé : il a été blessé par des épées et par d'autres armes, a perdu connaissance et ne revient pas à lui. » — Je répondis : « Retourne et saigne-le. » — Il répliqua : « Son corps a rendu vingt livres de sang. » — Je répétai : « Retourne et saigne-le. Car j'ai plus d'expérience des blessures que toi. Il n'y a pour lui d'autre remède que la saignée. » Il partit, resta loin de moi pendant deux heures, puis revint tout joyeux, en disant : « Je l'ai saigné et il est revenu à lui, s'est assis, a mangé et bu. Son mal l'a quitté. » — Je m'écriai : « Gloire à Allâh! Si je n'avais pas expérimenté ce procédé sur moi-même plus d'une fois, je ne te l'aurais pas recommandé. »

Ensuite, je m'attachai au service d'Al-Malik Al-'Âdil Noûr ad-Dîn (qu'Allâh l'ait en pitié!) [1]. Il entra en correspondance avec Al-Malik Aṣ-Ṣâliḥ [2] pour le prier de mettre en route mes femmes et mes enfants, qui étaient demeurés à Miṣr et qu'il traitait avec bienveillance. Le vizir renvoya le messager chargé de la demande et s'excusa en disant qu'il s'effrayait pour eux des Francs. Puis il m'écrivit en ces termes : « Tu reviendras à Miṣr, car tu sais dans quelles relations nous sommes ensemble. Mais, si tu éprouves trop de répulsion contre les gens du Château, tu te rendras à La Mecque, je te ferai parvenir un décret t'octroyant la ville d'Ouswân et je

1. A partir du 10 juin 1154.
2. Ṭalâ'i' Ibn Rouzzîk.

mettrai à ta disposition les renforts nécessaires pour que tu sois en mesure de combattre les Abyssins ; car Ouswân est une ville frontière sur les confins des territoires musulmans. C'est là que je te ferai rejoindre par tes femmes et par tes enfants. » Je consultai Al-Malik Al-'Âdil et je cherchai à pénétrer son opinion. « O un tel, me dit-il, tu n'es certes pas disposé, alors que tu es délivré de Miṣr et de ses luttes intestines, à y retourner. La vie est trop courte pour cela. C'est moi qui ferai les démarches en vue d'obtenir pour ta famille un sauf-conduit du roi des Francs [1] et qui enverrai quelqu'un pour ramener tes proches. » Et, en effet, Noûr ad-Dîn (qu'Allâh l'ait en pitié !) détacha un messager qui obtint et me fit parvenir de la part du roi un sauf-conduit valable sur terre et sur mer.

Je mis en route l'un de mes serviteurs, porteur du sauf-conduit, ainsi que d'une lettre d'Al-Malik Al-'Âdil et aussi d'une lettre pour Al-Malik Aṣ-Ṣâliḥ. Celui-ci fit parvenir mes proches parents jusqu'à Damiette sur un bateau du domaine privé, les munit des sommes et des provisions nécessaires à leurs besoins et leur donna ses instructions. A partir de Damiette, ils larguèrent les voiles en pleine mer sur un navire franc. Lorsqu'ils approchèrent d'Acre, où se trouvait le roi (puisse Allâh ne point le prendre en pitié !) le roi envoya sur un frêle esquif quelques hommes qui, avec leurs haches, brisèrent le navire, sous les yeux de mes parents. Le roi monta à cheval, resta sur la rive, pillant tout ce qu'il y rencontrait.

Mon serviteur arriva jusqu'à lui à la nage, en apportant le sauf-conduit, et lui dit : « O mon maître le roi, ceci n'est-il pas ton sauf-conduit? » — « En effet, répondit le roi, mais il est d'usage chez les musulmans que, lorsqu'une de leurs embarcations fait naufrage en face d'une ville, les habitants de cette ville aient le droit d'y exercer le pillage. » — « Nous feras-tu prisonniers? » demanda mon serviteur. — « Non », répondit le roi. Celui-ci (qu'Allâh le maudisse !) les réunit dans une maison et alla jusqu'à fouiller les femmes de manière à enlever tout ce que la troupe possédait.

Il y avait sur le navire des parures que les femmes y avaient déposées, des costumes, des perles, des épées, des armes, de

1. Le roi de Jérusalem, le « roi des Francs », était alors Baudouin III.

l'or et de l'argent, une valeur d'environ trente mille pièces d'or.

Le roi fit main basse sur le tout et remit aux voyageurs cinq cents pièces d'or, en leur disant : « Que cette somme serve à votre rapatriement. » Or, ils n'étaient pas moins de cinquante personnes, hommes et femmes.

A ce moment, j'accompagnais Al-Malik Al-'Âdil Noûr ad-Dîn dans les régions du roi Mas'oûd, à Ra'bân et à Kaisoûn. Le salut de mes enfants, des enfants de mon frère et de nos femmes me rendit facile à endurer la perte de mon bien. Je ne fus sensible qu'à la perte de mes livres. Il y avait quatre mille volumes, rien que des ouvrages précieux. Leur disparition est restée pour moi un crève-cœur tant que j'ai vécu.

Ce sont là des catastrophes qui ébranlent les montagnes et qui anéantissent les richesses. Et Allâh (gloire à lui !) les compense par sa miséricorde, cicatrise les plaies par sa grâce et par son pardon. Que d'événements graves auxquels j'ai assisté, que de catastrophes dont j'ai été frappé ! Et pourtant ma personne y est restée sauve, parce que les destins l'avaient ainsi décidé. J'ai été ruiné par la perte de ma fortune et, dans l'intervalle de ces événements graves, j'ai pris part à des batailles innombrables avec les infidèles et avec les musulmans. Et, parmi les merveilles de ce que j'ai vu et éprouvé en fait de batailles, je rapporterai ce que ma mémoire me rappellera ; car l'oubli ne saurait être blâmé chez ceux sur lesquels a passé une longue série d'années. Il est héréditaire chez les fils d'Adam depuis leur premier père (sur lui soit la bénédiction et le salut !).

Un exemple, dont j'ai été témoin, du point d'honneur chez les cavaliers et de leur intrépidité à braver les dangers, fut qu'il y eut une rencontre entre nous et Schihâb ad-Dîn Maḥmoûd, fils de Ḳarâdjâ, seigneur de Ḥamâ à cette époque [1]. La guerre entre nous et lui était de celles qu'on boit à petites gorgées, les détachements restant toujours en éveil et les troupes rivalisant de rapidité dans la lutte. Or, je vis venir à moi un de nos soldats et de nos cavaliers les plus réputés, Djam'a le Noumairite. Il était en larmes. Je lui dis : « Qu'as-

1. Vers 1123.

tu donc pour le moment à pleurer ainsi, ô Aboû Maḥmoûd? » — Il répondit : « J'ai reçu un coup de lance de Sourhanak, fils d'Aboû Mansoûr. » — « Eh bien, repris-je, quelle importance y a-t-il à recevoir un coup de lance de Sourhanak? » — Il répondit : « Aucune, sinon qu'il me vient d'un homme tel que Sourhanak. Par Allâh, la mort me serait plus légère que le coup dont il m'a frappé. Mais il m'a atteint par surprise et à l'improviste. » J'essayai de le calmer et d'atténuer la chose à ses yeux. Mais il fit faire volte-face en arrière à la tête de son cheval. Je lui dis : « Où vas-tu, ô Aboû Maḥmoûd? » — Il répondit : « Vers Sourhanak. Par Allâh, je lui donnerai un coup de lance ou je mourrai de sa main. » Il s'absenta pendant une heure, je m'occupai de l'ennemi qui me faisait face; puis il revint en riant. Je lui demandai : « Qu'as-tu fait? » — Il répondit : « Je lui ai donné un coup de lance, par Allâh; et, si je l'avais manqué, j'étais perdu. » En effet il avait fondu sur Sourhanak qui était au milieu de ses compagnons, l'avait percé d'un coup de lance et était revenu.

Voici un fragment de poésie relative à Sourhanak et à Djam'a :

C'est d'Allâh que vient ton lait! Tu ne t'imaginais pas qu'il exercerait le talion, qu'il serait altéré, empêché de dormir par des désirs de vengeance.

Tu l'avais réveillé, puis tu t'étais endormi toi-même; mais lui, il ne s'était pas assoupi, par colère contre toi : comment dormirait-il dans son ardeur?

Si le temps triomphe de toi, et ce sera peut-être un jour, c'est qu'on t'aura donné trop bonne mesure et que la coupe débordera.

Ce Sourhanak était un des cavaliers les plus illustres, un chef des Kurdes. Seulement il était jeune, tandis que Djam'a était en pleine maturité, avec le discernement de l'âge et la supériorité du courage.

L'action de Sourhanak m'a rappelé ce que fit Mâlik ibn Al-Ḥârith Al-Aschtar (qu'Allâh l'ait en pitié!) à l'égard d'Aboû Mousaika Al-Iyâdî. Lorsque, à l'époque d'Aboû Bekr Aṣ-Ṣiddîḳ (qu'Allâh l'ait en sa grâce!), les Arabes rompirent avec l'islamisme et qu'Allâh (gloire à lui!) eut résolu de les combattre en faveur de cette religion, Aboû Bekr dirigea les armées vers les tribus d'Arabes apostats. Or, Aboû Mousaika Al-Iyâdî était, avec les Banoû Ḥanîfa, les plus puissants des Arabes, tandis que Mâlik Al-Aschtar était l'un des généraux d'Aboû Bekr (qu'Allâh l'ait en pitié!). Lorsque l'accord fut rétabli, Mâlik s'avança entre les deux armées en présence et cria : « O Aboû Mousaika! » Celui-ci sortit des rangs. L'autre reprit : « Malheur à toi, ô Aboû Mousaika! Comment, après avoir pratiqué l'islamisme et lu le Coran, tu es revenu à l'impiété! » — « O Mâlik, prends garde à toi, dit Aboû Mousaika. Il est interdit aux musulmans de boire du vin. Or, sans vin, il n'y a pas de constance. » — « Te plairait-il, reprit Mâlik, de lutter avec moi en combat singulier? » — « Oui », dit l'autre. Ils s'entrechoquèrent avec les lances et avec les épées. Aboû Mousaika frappa Mâlik, lui fendit la tête et lui renversa les paupières, ce qui le fit surnommer Al-Aschtar (l'homme aux paupières renversées). Mâlik revint alors, en se retenant à la crinière du cheval depuis la selle. Des gens de sa famille et de ses amis se réunirent à lui en pleurant. Il dit à l'un d'eux : « Fais pénétrer ta main dans ma bouche. » Celui-ci fit pénétrer son doigt dans la bouche de Mâlik qui le mordit. L'homme se tordit de douleur. Mâlik s'écria : « Votre maître n'a aucun mal. L'on dit que, tant que les dents sont solides, la tête est solide. Bourrez ma blessure de farine fine, puis bouchez-la avec un turban. » Une fois qu'on eut bourré et bouché la plaie, il dit : « Amenez mon cheval ». — On lui demanda : « Pour aller où? » — Il répondit : « Vers Aboû Mousaika. » Mâlik s'avança entre les deux armées en présence et cria : « O Aboû Mousaika. » Aboû Mousaika s'avança, rapide comme la flèche. Mâlik frappa Aboû Mousaika de son épée sur l'épaule qu'il fendit jusqu'à l'endroit de la selle et le tua. Mâlik retourna vers son campement, resta quarante jours sans pouvoir remuer. Ensuite il se remit et guérit de cette blessure.

J'ai vu un cas analogue où l'homme blessé de la lance fut sauvé, alors qu'on s'était imaginé qu'il était mort. Nous avions eu une rencontre avec les éclaireurs de la cavalerie de Schihâb ad-Dîn Maḥmoûd, fils de Ḳarâdjâ, qui avait fait invasion dans notre pays et nous avait dressé une embuscade.

Puis, après la bataille, nos cavaliers se séparèrent. Alors vint à moi un cavalier de nos troupes, nommé 'Alî ibn Salâm, un Noumairite, et dit : « Nos compagnons se sont débandés. Si les ennemis fondent sur eux, ils les anéantiront. » — Je dis : « Retiens en mon nom mes frères et mes cousins, afin que je ramène nos hommes en arrière. » — 'Alî s'écria : « O émirs, laissez Ousâma ramener les hommes en arrière et ne le suivez pas. Autrement, l'ennemi fondrait sur eux et les délogerait. » — Ils répondirent : « Nous rentrerons. » Je sortis au galop de mon cheval pour faire rentrer nos hommes en arrière. Quant aux ennemis, ils se tenaient à distance d'eux pour les attirer et s'emparer de leurs personnes. Mais, lorsqu'ils me virent leur faire rebrousser chemin, ils s'élancèrent sur nous et leur embuscade se montra, tandis que j'étais à quelque distance de mes compagnons. Je revins sur mes pas pour les rejoindre, voulant protéger leurs derrières. Je trouvai mon cousin Laith ad-Daula Yaḥyâ (qu'Allâh l'ait en pitié!) qui avait dégainé à l'arrière-garde de mes compagnons sur le côté de la route au sud, tandis que j'étais sur le côté du nord. Nous avions rejoint nos compagnons.

Un cavalier ennemi, Fâris ibn Zimâm, un Arabe bien connu, s'avança en hâte et passa devant nous, avide de jouer de la lance sur nos compagnons. Mon cousin me devança, le frappa de sa lance. Fâris tomba, ainsi que son cheval, et la lance se brisa avec un fracas que nous entendîmes, moi et mes compagnons.

Or, mon père (qu'Allâh l'ait en pitié!) avait envoyé un messager à Schihâb ad-Dîn qui l'amena avec lui, lorsqu'il vint nous combattre. Après le coup de lance qui atteignit Fâris ibn Zimâm, et après la déception de la campagne, Schihâb ad-Dîn rendit la liberté au messager qui emporta une réponse touchant l'objet de sa mission et retourna à Ḥamâ.

J'interrogeai le messager : « Est-ce que Fâris ibn Zimâm est mort? » — « Non, répondit-il, par Allâh. Il n'est même pas blessé. » Il ajouta : « Laith ad-Daula l'a frappé de la lance sous nos yeux. Il l'a renversé et il a renversé son cheval. J'ai bien entendu le fracas de la lance, lorsqu'elle s'est brisée; mais, au moment où Laith ad-Daula l'enveloppait à gauche, il s'est rejeté sur le côté droit, tenant lui-même à la main une lance, sur laquelle son cheval s'est abattu près d'un précipice. Cette lance s'est brisée. Laith ad-Daula s'est acharné contre son adversaire avec sa propre lance; elle lui est tombée des mains. Ce que tu avais entendu était donc le fracas de la lance de Fâris ibn Zimâm. La lance de Laith ad-Daula a été apportée devant Schihâb ad-Dîn en ma présence. Elle était intacte, sans la moindre fêlure, et Fâris n'a pas été le moins du monde blessé. »

Son salut m'étonna. Ce coup de lance avait ressemblé aux coups que l'on porte avec une épée tranchante, selon la parole d'Antar :

Les chevaux et les cavaliers savent que j'ai violemment séparé leur masse par un coup d'une épée tranchante.

L'armée et l'embuscade de Schihâb ad-Dîn s'en retournèrent sans avoir conquis ce qu'ils auraient voulu.

Le vers précédent est extrait d'une poésie par 'Antara ibn Schaddâd (Antar), dans laquelle il dit :

Je suis un héros, dont une moitié appartient à la plus haute lignée de 'Abs; l'autre, je la protège avec mon sabre.

Et, lorsque l'escadron demeure immobile et observe du coin de l'œil, je suis considéré comme supérieur à qui se vante de ses oncles paternels et maternels.

Certes la mort, si on la comparait à quelque chose, devrait être assimilée aux coups portés par mes pareils lorsque l'ennemi s'arrête dans le campement resserré.

Les chevaux et les cavaliers savent que j'ai violemment séparé leur masse par un coup d'une épée tranchante.

Renoncez à descendre de vos montures; car je suis le premier à mettre pied à terre. Sur quelles montures chevaucherais-je, si je n'en descendais jamais?

Il m'arriva une aventure analogue devant Apamée. En effet, Nadjm ad-Dîn Îlgâzî[1] l'Ortokide défit les Francs devant Al-Balâṭ, et cela le vendredi 5 du premier djoumâdâ, en l'an 513[2],

1. Le texte porte Nadjm ad-Dîn Ibn Îlgâzi.
2. 11 août 1119. Confusion avec la seconde bataille de Dânith qui eut lieu à cette date, tandis que Roger avait été vaincu et tué à Al-Balâṭ dès le 28 juin.

et les anéantit. Roger (*Roûdjâr*), prince d'Antioche, fut tué, ainsi que tous ses cavaliers.

Mon oncle 'Izz ad-Dîn Aboû 'l-'Asâkir Soulṭân (qu'Allah l'ait en pitié!) s'était rendu au camp de Nadjm ad-Dîn Îlgâzî, tandis que mon père (qu'Allâh l'ait en pitié!) était resté en arrière, dans la citadelle de Schaizar. Mon oncle lui avait recommandé de me faire partir pour Apamée à la tête des hommes valides restés avec moi à Schaizar et de les exciter, ainsi que les Arabes, à une incursion pour piller les champs cultivés d'Apamée. Une quantité d'Arabes était venue grossir notre population.

Peu de jours après le départ de mon oncle, le hérant nous appela aux armes. J'entraînai avec moi une petite bande, vingt cavaliers tout au plus. Nous étions convaincus qu'Apamée était dégarnie de cavalerie. A notre suite s'avançait une masse de pillards et de Bédouins. Parvenus à la Vallée de Boémond (*wâdî aboû 'l-maimoûn*), isolés des pillards et des Arabes qui s'étaient dispersés dans les champs, nous vîmes fondre sur nous un détachement considérable de Francs. Il leur était arrivé cette nuit-là même soixante cavaliers et soixante fantassins. Nous fûmes délogés de la vallée, pourchassés. A la fin, nous avions rattrapé ceux de nos hommes qui étaient occupés à dévaster les plantations.

Les Francs poussèrent un cri de guerre retentissant. Je dédaignai la mort, en pensant que tout ce monde y était exposé avec moi. A la tête des Francs s'avançait un cavalier, qui avait rejeté sa cotte de mailles et s'était allégé afin de pouvoir nous dépasser. Je me précipitai sur lui et je l'atteignis en pleine poitrine. Son cadavre s'envola à distance de la selle. Puis je courus sus à leurs cavaliers, qui s'avançaient à la file. Ils reculèrent. Et pourtant je n'avais pas l'expérience des combats, car c'était ma première bataille. J'étais monté sur un cheval rapide comme l'oiseau; je m'élançai à leur poursuite pour frapper dans leurs rangs, sans qu'ils m'inspirassent de terreur.

Dans l'arrière-garde des Francs, il y avait un cavalier monté sur un rouan cap de more qui ressemblait à un chameau. Il avait sa cotte de mailles et sa cuirasse. J'avais peur de lui et je ne me souciais pas qu'il dégainât en faisant un retour offensif contre moi. Tout à coup, il éperonna sa monture, dont je vis avec joie briller la queue. Elle paraissait épuisée. Je m'élançai sur le cavalier, je le frappai, et ma lance traversa son corps, faisant saillie en avant de près d'une coudée. La légèreté de mon corps, la violence du coup porté et la rapidité de mon cheval me firent tomber de la selle. Je m'y assis de nouveau, je brandis ma lance, bien convaincu que j'avais tué le Franc, et je rassemblai mes compagnons. Ils étaient tous sains et saufs.

Un petit mamloûk m'accompagnait, tenant en laisse une jument rouanne de rechange qui m'appartenait. Il montait une belle mule de selle, avec une housse aux franges d'argent. Il en descendit, la lâcha et enfourcha la jument qui prit son vol avec lui jusqu'à Schaizar.

Aussitôt que je fus de nouveau réuni à mes compagnons, qui s'étaient emparés de la mule, je m'informai de mon écuyer. « Il s'en est allé, » me répondirent-ils. Je compris qu'il allait rentrer dans Schaizar et inquiéter à mon sujet le cœur de mon père (qu'Allâh l'ait en pitié!). J'apostrophai l'un de nos soldats et je lui dis : « Fais hâte vers Schaizar et informe mon père de ce qui s'est passé. »

Mon écuyer, à peine rentré, avait été invité par mon père à se présenter devant lui. « Par quelles épreuves avez-vous passé? » demanda Mourschid. — « O mon maître, répliqua l'écuyer, les Francs ont fait une sortie contre nous; ils étaient bien mille, et je m'étonnerais s'il y avait un seul survivant en dehors de mon maître. » — « Mais, dit Mourschid, comment ton maître aurait-il échappé seul au massacre général? » — « Je l'ai vu, dit l'écuyer, couvert de sa cuirasse, chevaucher sur sa jument grise pommelée. »

Il en était là de son récit, quand le cavalier envoyé par moi survint, apportant la certitude. A mon tour, je rentrai. Mon père m'interrogea, et je lui dis : « O mon maître, c'est bien vraiment ma première bataille. Lorsque j'ai vu les Francs en venir aux mains avec nos hommes, j'ai dédaigné la mort, je me suis tourné contre les Francs, pour me faire tuer ou pour sauver tout ce monde. » Mon père (qu'Allâh l'ait en pitié !) m'appliqua alors ce vers du poète :

Le lâche fuit pour sauver sa tête ; l'homme brave défend même ceux qui ne lui tiennent pas de près.

Mon oncle (qu'Allâh l'ait en pitié !) arriva quelques jours après, ayant pris congé de Nadjm ad-Dîn Îlgâzî (qu'Allâh l'ait en pitié !). Il m'envoya aussitôt quérir par un messager, me priant de me rendre auprès de lui à l'heure accoutumée. Il me reçut, ayant à ses côtés un homme d'entre les Francs. « Ce cavalier, me dit-il, est venu d'Apamée, il aspire à voir le cavalier qui a frappé le chevalier Philippe, car les Francs ont été surpris du coup qui lui a été porté, qui a fendu sa cotte de mailles à deux endroits de la bordure, et pourtant le chevalier a été sauvé. » — « Comment, m'écriai-je, a-t-il pu être sauvé ? » — Le cavalier Franc répondit : « Le coup s'est émoussé contre la peau des hanches. » — Je dis : « Merveille du destin ! Combien le destin est une forteresse imprenable ! Je n'aurais jamais supposé que le cavalier survivrait à un coup pareil ! »

Voici mon opinion : Il est indispensable à celui qui se propose de donner un coup de lance qu'il serre sa main et son avant-bras contre son côté, sur la lance, et qu'il laisse le cheval se diriger d'après ce qu'il fait lui-même au moment où il frappe. Car, toutes les fois que l'homme remue sa main ou sa lance ou tend celle-là pour manier celle-ci, le coup ne laisse aucune trace et ne cause aucun dommage.

J'ai vu un cavalier de nos hommes, nommé Badî ibn Talîl Al-Kouschairî. C'était un de nos braves. Nous nous étions rencontrés, nous et les Francs. Il était désarmé, n'ayant sur lui que deux vêtements. Un cavalier Franc le frappa de la lance en pleine poitrine, fit une entaille dans la courbe autour de la poitrine. Le fer sortit de l'autre côté. Cet homme revint, et nous ne supposions pas qu'il regagnerait sa demeure vivant. Or, Allâh (gloire à lui !) décréta qu'il échappât et que sa blessure guérît. Mais, pendant une année entière, lorsqu'il voulait dormir sur le dos, il ne pouvait s'asseoir sans qu'un homme l'assît en le saisissant par les épaules. Puis, ce dont il se plaignait se calma et il revint à ses habitudes de se mouvoir et de chevaucher. Aussi dis-je : Gloire à Celui dont la volonté domine ses créatures, qui fait vivre et qui fait mourir, tandis qu'il reste vivant et ne meurt pas, dans la main duquel est tout bien, dont la puissance est universelle [1] !

Il y avait chez nous un artisan, nommé 'Attâb, le plus corpulent et le plus long des hommes. Celui-ci entra un jour dans sa maison et, au moment de s'asseoir, appuya sa main sur une étoffe placée à sa portée. Elle contenait une aiguille qui lui entra dans la paume de la main et il en mourut. Par Allâh, il gémissait dans la ville et l'on entendait son gémissement de la citadelle à cause de sa haute stature et de sa voix sonore. Il mourait d'une piqure d'aiguille, tandis qu'Al-Ḳouschairî avait une lance qui lui pénétrait dans la poitrine et qui le transperçait sans qu'il fût atteint gravement.

Une certaine année, le seigneur d'Antioche [2] (qu'Allâh le maudisse !) déploya contre nous ses cavaliers, ses fantassins, ses tentes. Nous montâmes à cheval et nous les atteignîmes, nous imaginant qu'ils allaient nous combattre. Ils vinrent, s'établirent dans leur campement habituel et s'enfermèrent dans leurs tentes. Nous rentrâmes de notre côté jusqu'à la fin du jour. Puis, nous montâmes à cheval, nous imaginant qu'ils allaient nous combattre. Mais ils ne bougèrent pas de leurs tentes.

Mon cousin Laith ad-Daula Yaḥyâ avait des récoltes qui avaient prospéré. Elles étaient dans le voisinage des Francs. Il réunit des bêtes de somme pour aller chercher et pour emporter ses récoltes. Nous partîmes avec lui au nombre de vingt hommes armés et nous nous postâmes entre lui et les Francs jusqu'à ce qu'il eût pris possession des récoltes. Il partit.

Je m'écartai avec un de nos affranchis, un certain Ḥousâm ad-Daula Mousâfir (qu'Allâh l'ait en pitié !), vers un vignoble, au milieu duquel nous avions aperçu des individus placés sur le bord du fleuve [3]. Lorsque, au déclin du soleil, nous arrivâmes aux individus que nous avions vus, voici que c'était un vieillard portant une calotte de femme et un autre vieillard. Ḥousâm ad-Daula, qui était (qu'Allâh l'ait en pitié !) un homme excellent, habitué à plaisanter, dit au premier des

1. Cf. *Coran*, III, 25.
2. Probablement Baudouin II, vers 1122.
3. De l'Oronte.

deux vieillards : « O schaikh, que fais-tu ici? » — Il répondit : « J'attends les ténèbres et je donnerai satisfaction à Allâh le Tout Puissant sur les chevaux de ces infidèles. » — Je repris : « O schaikh, sera-ce avec tes dents que tu couperas leur cavalerie? » — « Non, dit-il, mais avec ce couteau. » Il tira du milieu de sa robe un couteau, attaché par un fil, brillant comme un tison ardent. Il n'avait aucun autre vêtement que sa robe. Nous le quittâmes et nous prîmes congé de lui.

Le lendemain matin, je montai à cheval, attendant ce qui adviendrait des Francs. Voici que le schaikh était assis sur une pierre de la route, avec du sang figé sur sa jambe et sur son pied. Je lui dis : « Salut! qu'as-tu fait? » — Il répondit : « Je leur ai pris un cheval, un bouclier et une lance. Un fantassin s'est attaché à moi, au moment où je m'éloignais de leur armée, m'a donné un coup de sa lance et l'a fait pénétrer dans ma cuisse. J'ai pu lui échapper avec le cheval, le bouclier et la lance. » Il méprisait le coup qu'il avait reçu, comme si un autre en avait été frappé. Cet homme, appelé Az-Zamarrakal, était parmi les satans des bandits.

C'est à son sujet que l'émir Mou'în ad-Dîn [1] (qu'Allâh l'ait en pitié!) m'a raconté ce qui suit : « Alors que je séjournais à Ḥoms, je fis une expédition contre Schaizar. A la fin du jour, je m'en retournai camper près d'un domaine sur le territoire de Ḥamâ. J'étais alors en hostilité avec le seigneur de Ḥamâ. Voici que vinrent à moi des gens entraînant un schaikh dont ils se méfiaient, qu'ils avaient fait prisonnier et amené. Je lui dis : « O schaikh, qui es-tu? » — Il répondit : « O maître, je suis un mendiant âgé, atteint d'une maladie chronique. » Il me montra sa main, qui était atteinte d'une maladie chronique, et me dit : « Les troupes m'ont pris deux chèvres; je me suis mis à la poursuite des soldats, dans l'espoir qu'ils me feraient l'aumône de mes deux chèvres. » Je donnai à quelques-uns de mes gardes du corps l'ordre de garder le mendiant jusqu'au matin. Ils le firent asseoir au milieu d'eux et s'assirent auprès de lui sur les manches d'une pelisse. Le mendiant trompa leur surveillance pendant la nuit, sortit de la pelisse et la laissa sous eux pour s'enfuir. Le len-

1. Mou'în ad-Dîn Anar.

demain, ils s'élancèrent à sa poursuite; mais il les devança et disparut. »

Mou'în ad-Dîn continua en ces termes : « Et j'avais envoyé quelques-uns de mes compagnons pour régler une affaire. Lorsqu'ils revinrent, et parmi eux était un de mes gardes du corps, nommé Saumân, qui habitait naguère Schaizar, je lui racontai l'histoire du schaikh. Il me dit : « Quels regrets il m'inspire! Si je l'avais rattrappé, j'aurai bu son sang à ce Zamarrakal. » — Je lui demandai : « Qu'y a-t-il donc entre toi et lui? » — Il répondit : « L'armée des Francs campa devant Schaizar. Je me mis à en faire le tour. Peut-être leur déroberais-je un cheval. Lorsque l'obscurité fut complète, je m'avançais vers une écurie qui était devant moi. Or, voici que ce Zamarrakal m'arrêta et me dit : « Où vas-tu? » — Je lui répondis : « Prendre un cheval dans cette écurie. » — Il répliqua : « Comment, depuis le souper, j'observerais l'écurie pour que tu y prisses toi le cheval! » — Je dis : « Tu n'es pas dans la bonne voie. » — Mais il reprit : « Tu ne passeras pas, par Allâh. Je ne te laisserai rien prendre. » Je ne tins pas compte de sa défense et je me dirigeai vers l'écurie. Alors il se leva et cria de sa voix la plus forte : « O ma misère, ô déception pour mon honneur et pour ma renommée! » Il vociféra jusqu'au moment où les Francs s'élancèrent contre moi. Quant à lui, il avait disparu. Les Francs me poursuivirent de si près que je me jetai dans le fleuve. Je ne croyais pas que je leur échapperais. L'aurais-je rattrapé que j'aurais bu son sang. Car c'est un brigand redoutable qui n'a jamais suivi les troupes que pour les voler. »

Ce Saumân disait : « Qui verrait Zamarrakal le considérerait comme incapable de voler dans sa maison une couronne de pain rond. »

En fait de vol merveilleux, je raconterai l'anecdote suivante : J'avais à mon service un certain 'Alî ibn Ad-Doûdawaihi, dont la conduite était répréhensible. Les Francs (qu'Allâh les maudisse!) campèrent un jour devant Kafarṭâb qui appartenait alors à Ṣalâḥ ad-Dîn Moḥammad, fils d'Ayyoûb, Al-Yâguîsiyânî (qu'Allâh l'ait en pitié!). Cet 'Alî ibn Ad-Doûdawaihi sortit de la ville, tourna autour des Francs et prit un cheval, sur lequel il monta et qu'il amena au galop hors du campement. 'Alî entendait du bruit derrière lui et s'imaginait qu'un cavalier s'acharnait à sa poursuite. Il pressait sa monture, le bruit persistant sur ses derrières. Son galop se poursuivit l'espace de deux parasanges, sans que le bruit discontinuât. Alors il se retourna pour voir ce qui l'accompagnait ainsi dans les ténèbres. C'était une mule, compagne du cheval, qui avait rompu son licou pour le suivre. 'Alî serra ses rênes sur la tête de la mule dont il s'empara. Au lendemain matin, il vint auprès de moi à Ḥamâ m'offrir le cheval et la mule. Le cheval était une des montures les meilleures, les plus belles et les plus rapides.

J'étais un jour auprès de l'atâbek, alors qu'il assiégeait Rafaniyya [1]. Il m'avait mandé. Il me dit : « O Ousâma, qu'as-tu fait de ton cheval dont tu as fait mystère ? » On lui avait raconté l'histoire du cheval. Je lui répondis : « Non, par Allâh, ô mon maître, je n'ai pas de cheval caché. Tous mes chevaux sont montés par nos soldats. » — Il reprit : « Et le cheval Franc ? » — « Il est présent », lui dis-je. — Il ordonna : « Envoie, qu'on l'amène. » J'envoyai pour qu'on l'amenât, puis je dis à l'écuyer : « Conduis-le à l'étable de l'atâbek. » — L'atâbek s'écria : « Je le laisserai provisoirement chez toi. » Le lendemain matin il le monta et devança tous les autres de vitesse, puis il le rendit à mon étable. Il demanda de nouveau qu'on le lui amenât de la ville, le monta et devança tous les autres de vitesse. Je le fis alors transporter dans son étable.

Et j'ai vu dans le combat qui suivit la fin de la trêve cet épisode : Il y avait chez nous parmi nos troupes un cavalier réputé, nommé Râfi' Al-Kilâbî. Nous nous combattîmes, nous et les Banoû Ḳarâdjâ [2] qui avaient recruté et rassemblé contre nous des Turcomans, ainsi que d'autres soldats. Nous les laissâmes se déployer dans une plaine de la région. Ils s'amoncelèrent pour nous combattre. Nous retournâmes, en protégeant la rentrée les uns des autres, ce Râfi' étant à la tête de ceux qui défendaient notre arrière-garde. Il portait un casaquin ; sur sa tête était un casque sans visière. Il se retourna, comme s'il voyait une occasion de les châtier. Une flèche le

1. L'atâbek Zenguî, en 1137.
2. Ṣamṣâm ad-Dîn Khirkhân, prince d'Émesse, et Schihâb ad-Dîn Maḥmoûd, prince de Ḥamâ.

frappa, lui faisant une entaille à la gorge, la déchira. Il tomba sur place raide mort.

J'ai vu mourir de même Schihâb ad-Dîn Maḥmoûd, fils de Karâdjâ [1]. Les différends entre nous et lui étaient apaisés, et il avait envoyé à mon oncle un message pour lui dire : « Tu ordonneras à Ousâma de me rejoindre le plus tôt possible avec un seul cavalier, pour que nous allions à la découverte d'un endroit propice à nos embûches et à notre attaque contre Apamée. » Mon oncle m'ayant donné des ordres dans ce sens, je montai à cheval, je rencontrai Maḥmoûd et j'allai avec lui examiner toutes les positions.

Notre armée et la sienne se rassemblèrent bientôt. J'avais le commandement de l'armée de Schaizar, il commandait son armée. Avant d'être arrivés à Apamée, nous étions en présence des cavaliers et des fantassins Francs dans la région dévastée qui précède la ville. C'est un terrain où les chevaux évoluent difficilement à cause des pierres, des colonnes et des fondements de murailles détruites. Nous fûmes impuissants à déloger les Francs de cet endroit.

Un de nos soldats me dit : « Tu voudrais les tailler en pièces? » — « Certes, » répondis-je. — « Eh bien, reprit le soldat, dirige-nous vers la porte de la citadelle. » — Je lui dis : « Allez-y. » Mon interlocuteur se repentit de sa parole et reconnut que nos ennemis nous fouleraient aux pieds pour arriver avant nous à leur citadelle. Il chercha à me détourner de ce qu'il m'avait d'abord conseillé. Mais je ne voulus rien entendre et je pris la direction de la porte.

A l'instant où les Francs nous virent engagés dans le chemin de la porte, ils revinrent vers nous, fantassins et cavaliers, nous foulèrent aux pieds et passèrent. Leurs cavaliers mirent pied à terre à l'entrée de la porte et renvoyèrent leurs chevaux, qu'on fit remonter jusque dans la forteresse même. Ils alignèrent les pointes de leurs lances dans l'espace de la porte. Moi et un de mes compagnons, serviteur de mon père, né dans sa maison, nommé Râfi', fils de Soûtakîn, nous nous tenions sous le mur en face de la porte, atteints par nombre de pierres et de flèches en bois, tandis que Schihâb

1. En 1124.

ad-Dîn, avec son escorte, se tenait à distance, dans sa crainte des Kurdes.

Par accident, un coup de lance avait atteint l'un de nos compagnons, nommé Ḥâritha An-Noumairî, parce qu'il était accroupi sur le poitrail de son cheval. La lance s'enfonça ensuite dans le cheval, le blessa violemment et finit par retomber. La peau du poitrail de l'animal fut toute entière enlevée et la bête resta suspendue sur ses jambes de devant.

Schihâb ad-Dîn se tenait à l'écart du champ de bataille. Et pourtant une flèche lancée de la forteresse l'atteignit et le frappa sur le côté de l'os du poignet, sans pénétrer plus avant que l'épaisseur d'un grain d'orge. Son aide de camp vint me dire de sa part : « Reste à ton poste, afin de rallier les troupes dispersées dans le pays, car j'ai été blessé, et je crois sentir ma blessure jusque dans mon cœur. Je m'en retourne ; veille sur nos hommes. »

Il partit. Je ramenai les hommes, je fis halte devant le château fort de Khouraiba. Les Francs y avaient placé une sentinelle pour nous épier de loin, lorsque nous projetterions une incursion vers Apamée.

J'arrivai au déclin du jour à Schaizar. Schihâb ad-Dîn était dans la maison de mon père. Il avait voulu dénouer les bandages de sa blessure et la soigner. Mon oncle l'en empêcha et lui dit : « Par Allâh, tu ne dégageras pas ta blessure ailleurs que dans la résidence. » — Il répondit : « Je suis dans la maison de mon père. » C'était mon père (qu'Allâh l'ait en pitié !) qu'il désignait ainsi. Mon oncle reprit : « Lorsque tu seras parvenu chez toi et que ta blessure sera guérie, la maison de ton père sera à ta disposition. » Schihâb ad-Dîn se dirigea vers l'ouest et se rendit à Ḥamâ. Il s'y arrêta le lendemain et le surlendemain. Puis sa main noircit, il perdit connaissance et mourut. Ainsi s'accomplit sa destinée.

Parmi les coups de lance les plus terribles, j'ai vu un coup dont un cavalier d'entre les Francs (puisse Allâh leur faire défection !) frappa l'un de nos cavaliers, nommé Sâya (?) ibn Ḳounaib, un Kilâbite. Celui-ci eut trois côtes fendues à gauche et trois à droite, sans parler de son coude atteint et détaché par le tranchant de la lame, comme le boucher disjoint les articulations. Le Kilâbite mourut sur l'heure.

Un Kurde qui servait dans nos troupes, un nommé Mayyâḥ, frappa de la lance un cavalier d'entre les Francs, fit pénétrer dans son corps un fragment de sa cotte de mailles et le tua. Puis les Francs firent, quelques jours après, une incursion contre nous. Mayyâḥ s'était juste marié. Il sortit armé et, au dessus de sa cuirasse, il portait, comme les nouveaux épousés, un vêtement rouge qui le faisait remarquer. Un cavalier le frappa de sa lance et le tua (qu'Allah l'ait en pitié!).

Que le deuil causé par sa mort fut proche de ses noces!

Je me souviens à ce propos de ce qu'on a raconté au sujet du Prophète (qu'Allâh lui donne la bénédiction et le salut!). On venait de réciter devant lui la parole de Ḳais ibn Al-Khaṭîm :

Je me bats avec eux au jour du danger pour ma famille, en soupirant, comme si ma main, par rapport à l'épée, était un joueur d'échecs ayant perdu une tour.

Le Prophète (qu'Allâh lui donne la bénédiction!) dit aux assistants d'entre les Anṣâr (qu'Allâh les ait en grâce!) : « Est-ce que quelqu'un parmi vous a pris part à la Journée du verger? » — « Moi, dit l'un d'eux, ô envoyé d'Allâh (qu'Allâh te donne la bénédiction et le salut!), et Ḳais ibn Al-Khaṭîm en était également, au moment où il venait de se marier. Il portait un manteau rouge. Or, par Celui qui t'a envoyé apporter la vérité, il se conduisit à la bataille comme il l'a dit de lui-même.

Entre autres coups de lance merveilleux, je rapporterai qu'un Kurde, nommé Ḥamadât, nous était uni par de très anciennes relations. Il avait voyagé avec mon père (qu'Allâh l'ait en pitié!) jusqu'à Iṣpahân à la cour du sultan Malik-Schâh [1]. Depuis, il avait vieilli et sa vue s'était affaiblie. Ses enfants avaient grandi. Mon oncle 'Izz ad-Dîn [2] lui dit un jour : « O Ḥamadât, tu as vieilli et tu t'es affaibli. Nous avons des devoirs envers toi, en raison de tes services. Si tu voulais seulement rester attaché à ta mosquée (or il y avait une

1. Le sultan Seldjoûḳide Malik-Schâh mourut en 1092.
2. 'Izz ad-Dîn Aboû 'l-'Asâkir Soulṭân, émir de Schaizar.

mosquée contiguë à la porte de sa maison)! Nous inscririons tes fils sur les rôles, et toi, tu recevrais chaque mois deux dînârs, avec une charge de farine, pourvu que tu te tiennes dans ta mosquée. » — Il répondit : « C'est entendu, ô émir. » L'arrangement ne dura que peu de temps ; puis il vint trouver mon oncle et lui dit : « O émir, par Allâh, ma nature ne s'accommode pas de cette vie sédentaire dans le temple. Être tué sur mon cheval me semble plus désirable que mourir sur ma couche. » — « Libre à toi! », répondit mon oncle qui ordonna de lui rétablir sa solde antérieure. Quelques jours à peine s'étaient écoulés depuis lors, quand le comte de Cerdagne [1], seigneur de Tripoli, fit une incursion sur notre territoire. Nos hommes se mirent en campagne vers eux, et Ḥamadât était parmi ceux qui répandaient la terreur. Il s'arrêta sur un tertre dans la direction de la *ḳibla* [2]. Un chevalier franc s'élança contre lui du côté ouest. Nos compagnons lui crièrent alors : « O Ḥamadât » Il se retourna et vit le chevalier se diriger vers lui. Ḥamadât tourna la tête de son cheval à gauche, saisit sa lance et la fit pénétrer en droite ligne dans la poitrine du Franc qui fut transpercé. Le Franc revint en se suspendant à la crinière de son cheval, expirant. Lorsque le combat fut terminé, Ḥamadât dit à mon oncle : « O émir, si Ḥamadât était dans la mosquée, qui aurait donné pareil coup de lance ? »

Cela me remet en mémoire la parole d'Al-Find Az-Zimmânî.

O coup de lance d'un vieillard très âgé, décrépit, usé !
J'en ai rajeuni ; car d'ordinaire les gens de mon âge ont horreur des armes.

Al-Find, quoique très âgé, avait assisté au combat. Il avait frappé de la lance deux cavaliers qui s'étaient approchés de lui et les avait tous deux atteints.

Il nous était arrivé quelque chose d'analogue. Un paysan (*fallâḥ*) de la ville haute vint en galopant vers mon père et mon oncle (qu'Allâh les ait tous deux en pitié !), en disant :

1. En arabe : As-Sardânî, c'est-à-dire Guillaume Jourdain, comte de Cerdagne, neveu de Raimond de Saint-Gilles. Événements de 1108.
2. Vers le sud-est.

« J'ai vu un détachement de Francs égarés, qui sont venus du désert. Si vous décidiez une sortie contre eux, vous les feriez prisonniers. » Mon père et mon oncle [1] mirent en campagne leurs troupes pour surprendre le détachement égaré. Or c'était le comte de Cerdagne, à la tête de trois cents cavaliers et de deux cents Turcopoles (*Tourkoubolî*). On appelle ainsi les archers des Francs. Lorsqu'ils aperçurent nos compagnons, ils remontèrent sur leurs chevaux, firent une charge à fond sur nos soldats, les mirent en déroute et les contraignirent à abandonner jusqu'au dernier le champ de bataille.

Un mamloûk de mon père, nommé Yâkoût le Long, s'acharna contre eux, sous les yeux de mon père et de mon oncle (qu'Allâh les ait tous deux en pitié!). Il donna un coup de lance à un de leurs cavaliers, un autre cavalier étant à côté du premier, alors que ceux-ci poursuivaient nos compagnons. Yâkoût renversa les deux cavaliers et les deux chevaux. Or cet écuyer avait une conduite douteuse et irrégulière, ne cessant de s'exposer aux punitions. Toutes les fois que mon père se proposait de le châtier, mon oncle disait : « O mon frère, donne-moi sa grâce et ne lui oublie pas ce coup de lance. » Alors mon père lui pardonnait grâce à l'intercession de son frère.

Ce Ḥamadât, dont j'ai parlé plus haut, était un causeur ingénieux. Mon père (qu'Allâh l'ait en pitié!) m'a raconté ce qui suit : « Un matin, je dis à Ḥamadât, alors que nous nous trouvions sur la route d'Ispahan : « O émir Ḥamadât, as-tu mangé quoi que ce soit aujourd'hui ? » — « Oui, répondit-il, ô émir, j'ai mangé un morceau de pain trempé. » — Je repris : « Nous avons chevauché de nuit sans faire halte, sans allumer de feu. D'où t'est venu ce pain trempé ? » — Il répondit : « Le mélange a été opéré dans ma bouche. J'y mettais le pain et je buvais là-dessus de l'eau. Il en résultait comme du pain trempé. »

Mon père (qu'Allâh l'ait en pitié!) avait pris part à nombre de combats. Il avait sur le corps des blessures horribles et mourut cependant sur sa couche [2]. Un jour, il assistait à la

1. Je traduis ainsi, bien que le texte semble porter : et mes deux oncles.
2. Le 30 mai 1137.

bataille, armé et couvert d'un heaume musulman. Un homme l'attaqua avec le fer d'un javelot, et c'est ainsi qu'à cette époque les Francs combattaient le plus souvent les Arabes. Le fer se fixa dans la visière du casque. Mon père se replia et laissa saigner son nez, sans dommage pour lui-même. Et si Allâh (gloire à lui !) avait décrété que le javelot déviât de la visière du casque, mon père en serait mort.

Une autre fois, il fut frappé à la jambe par une flèche de bois. Dans sa bottine était une dague. La flèche s'y enfonça et s'y brisa, sans le blesser, parce que telle était la beauté de la protection dont l'entourait Allâh le Tout Puissant.

Il assista (qu'Allâh l'ait en pitié !), le dimanche 29 de schawwâl, en l'an 497 [1], à la bataille livrée contre Saif ad-Daula Khalaf ibn Moulâ'ib Al-Aschhabî (?), seigneur d'Apamée, sur le territoire de Kafarṭâb. Mon père avait revêtu sa cuirasse. L'écuyer, dans sa hâte, avait négligé de rejeter sur le côté le crochet de la cuirasse. Une pique atteignit mon père à l'endroit que l'écuyer avait négligé de dissimuler au-dessus du sein gauche et alla sortir au-dessus du sein droit. Les causes de son salut furent que, la volonté divine ayant ordonné merveille en fait de blessure, Allâh (gloire à lui !) décréta merveille en fait de guérison.

Dans ce même jour, mon père (qu'Allâh l'ait en pitié !) avait donné un coup de lance à un cavalier ; puis, inclinant de côté son cheval, il avait ployé sa main pour retirer le fer enfoncé dans le corps du blessé. Voici ce qu'il m'a raconté : « Je ressentis comme une piqure à mon poignet. Je l'attribuai à la chaleur produite par les feuilles de métal de la cuirasse. Mais ma lance me tomba des mains et je la ramassai. Je m'aperçus alors que j'avais été atteint à la main et que la peau y était pendante par la rupture d'un nerf. » Je vis mon père (qu'Allâh l'ait en pitié !), alors que Zaid le chirurgien soignait sa blessure. A son chevet un serviteur se tenait debout. Celui-ci dit : « O Zaid, sors ce caillou de la blessure. » Le chirurgien ne lui répondit pas. Il reprit : « O Zaid, ne vois-tu pas ce caillou ? Ne le retireras-tu pas de la blessure ? » Ennuyé de son insis-

1. 25 juillet 1104.

lance, Zaid dit : « Où est ce caillou? Ce que je vois est le haut d'un nerf, qui s'est rompu. » Or, en réalité, ce nerf était blanc, semblable à l'un des cailloux de l'Euphrate.

Mon père fut ce même jour percé d'un autre coup de lance. Allâh le sauva au point qu'il mourut (qu'Allâh l'ait en pitié!) sur sa couche le lundi 8 de ramadân 531.

Il avait une magnifique écriture, que n'avait point altérée le coup de lance sur la main. Il ne copiait que le Coran. Un jour, je l'interrogeai et je lui dis : « O mon maître, combien as-tu achevé d'exemplaires? » — Il répondit : « A l'heure suprême vous le saurez. » Lorsque sa mort fut proche, il dit : « Dans cette caisse que voilà, il y a des transcriptions de ma main, que j'ai distinguées chacune par une conclusion originale. Mettez-les sous ma joue dans le tombeau. » Le compte fait, il y en avait quarante-trois, avec quarante-trois appendices différents. Il y avait un exemplaire en grand format, écrit en lettres d'or, qui contenait à la fin une dissertation sur les sciences relatives au Coran, telles que ses variantes, ses particularités, sa langue, ce qui y abroge et ce qui y est abrogé, son explication, les causes de sa révélation et sa jurisprudence. Dans cette dissertation intitulée : *Le grand commentaire*, la sépia, le rouge et le bleu alternaient. Mon père avait écrit en lettres d'or un autre exemplaire indépendant de son commentaire. Quant aux autres copies, l'encre y était employée pour le texte, mais l'or pour les décades, les quintains, les coupes des versets, les têtes des cent quatorze chapitres (*soûra*) et les têtes des trente sections (*djouz'*).

Mon livre ne comportait pas ici cette mention. Je ne l'y ai insérée que pour demander à qui lira l'un de ces exemplaires d'implorer en faveur de mon père la pitié d'Allâh.

Je reviens à mon sujet. Dans cette même journée, un ancien serviteur de mon oncle paternel 'Izz ad-Daula Aboû 'l-Mourhaf Nasr (qu'Allâh l'ait en pitié!), serviteur qui se nommait Mouwaffak ad-Daula Schim'oûn, reçut un coup de lance terrible destiné à mon autre oncle paternel 'Izz ad-Dîn Aboû 'l-'Asâkir Soulṭân (qu'Allâh l'ait en pitié!). Il était advenu que mon oncle Soulṭân avait envoyé Schim'oûn en mission à Alep vers le roi Roudwân, fils de Tâdj ad-Daula Toutousch. En l'accueillant, celui-ci dit à ses serviteurs : « Voici le modèle des serviteurs et des justes dans leurs devoirs envers leurs maîtres. » Puis, s'adressant à Schim'oûn, il ajouta : « Raconte-leur ce qui t'est arrivé au temps de mon père et comment alors tu t'es conduit envers ton maître. » — Schim'oûn prit la parole en ces termes : « O notre maître, hier j'ai assisté au combat avec mon maître. Un cavalier l'a assailli pour lui donner un coup de lance. Je me suis précipité entre ce cavalier et mon maître pour racheter celui-ci au prix de ma vie. Le cavalier s'est vengé sur moi et m'a fendu deux côtes. Je le jure par ta bienveillance, je les ai apportées avec moi dans un coffret. » — Le roi Roudwân lui dit : « Je ne te rendrai pas réponse, tant que tu n'auras pas envoyé chercher le coffret et les côtes. » Schim'oûn resta auprès du roi et fit chercher le coffret. Il contenait deux os de ses côtes. Roudwân, saisi d'admiration, dit à ses compagnons : « Agissez de même à mon service. »

Quant au fait sur lequel Roudwân avait interrogé Schim'oûn et qui s'était passé du temps de son père Tâdj ad-Daula Toutousch, voici ce que c'était : Mon grand-père Sadîd Al-Moulk Aboû 'l-Ḥasan 'Alî ibn Mouḳallad ibn Naṣr Ibn Mounḳidh (qu'Allâh l'ait en pitié !) avait envoyé son fils 'Izz ad-Daula Naṣr (qu'Allâh l'ait en pitié !) au service de Tâdj ad-Daula, campé dans la banlieue d'Alep. Toutousch le fit saisir, emprisonner, surveiller et ne permit à personne d'entrer auprès de lui, excepté à son mamloûk, à ce Schim'oûn. On faisait bonne garde autour de la tente. Mon oncle écrivit à son père (qu'Allâh les ait tous deux en pitié !) en lui demandant de faire partir vers lui, dans telle nuit qu'il désigna, des hommes de ses compagnons qu'il indiqua et des chevaux de selle qui se rendraient dans un endroit fixé d'avance. Lorsque cette nuit fut arrivée, Schim'oûn entra dans la tente et ôta ses vêtements que son maître revêtit. Celui-ci sortit devant les gardiens qui ne le reconnurent pas, alla rejoindre ses compagnons, monta à cheval et partit.

Schim'oûn dormit sur la couche demeurée vide. A l'aurore, les gardiens furent étonnés de ne pas le voir arriver, lui qui venait régulièrement assister son maître pour les ablutions. Or, Naṣr (qu'Allâh l'ait en pitié !) était un de ces ascètes qui se lèvent la nuit pour lire en psalmodiant le Livre d'Allâh le Tout Puissant. Lorsqu'au matin ils ne virent pas Schim'oûn entrer selon son habitude, ils pénétrèrent dans la tente et l'y trouvèrent, tandis que 'Izz ad-Daula était parti. Tâdj ad-Daula, informé par eux de ce qui s'était passé, manda Schim'oûn. Celui-ci se présenta aussitôt. « Quels moyens as-tu employés? » demanda Toutousch. — « J'ai, répondit Schim'oûn, donné mes vêtements à mon maître, qui, à la faveur de ce déguisement, a pu s'échapper; quant à moi, j'ai dormi sur sa couche. » — Le prince reprit : « Et n'as-tu pas craint que je fasse tomber ta tête? » — Schim'oûn dit alors : « O mon maître, lorsque tu auras fait tomber ma tête, si je sais mon maître en sûreté, au milieu des siens, cette perspective suffira à me rendre heureux. Il ne m'a acheté et ne m'a élevé que pour pouvoir disposer un jour de ma vie. » Tâdj ad-Daula (qu'Allâh l'ait en pitié!) dit alors à son chambellan : « Que l'on remette à cet écuyer les chevaux, les bêtes de somme, les objets de campement et tous les bagages de son maître. » Il l'envoya rejoindre celui auquel il appartenait, ne lui tint pas rancune, ne lui manifesta aucune colère à propos de ce qu'il avait fait pour le service de son maître. C'est à ce propos que Roudwân avait dit à Schim'oûn : « Raconte à mes compagnons ce qui t'est arrivé au temps de mon père et comment tu t'es conduit envers ton maître. »

Je reviens au récit de la bataille, dont j'ai parlé précédemment, que nous avions engagée avec Ibn Moulâ'ib. Mon oncle 'Izz ad-Daula (qu'Allâh l'ait en pitié!) subit, dans cette journée, plusieurs blessures dont l'une produite par un coup de lance au bas de la paupière, près du coin intérieur de l'œil. La lance s'accrocha au coin de l'œil, à son extrémité. La paupière se détacha complètement et resta suspendue à la peau qui la retenait à l'angle extérieur de l'œil endommagé, vacillant; car ce sont les paupières qui seules maintiennent l'œil. Le chirurgien sut recoudre la partie déchirée de l'œil et le guérit. L'œil atteint reprit sa santé d'autrefois, sans qu'on pût le distinguer de l'autre.

Mon père et mon oncle (qu'Allâh les ait tous deux en pitié!) étaient parmi les hommes les plus courageux de leur contrée. J'admirai leur conduite un jour qu'ils étaient sortis pour la chasse aux faucons dans la direction du Tell Milh.

qui abondait en oiseaux aquatiques. A notre insu, l'armée de Tripoli avait fait invasion et s'était répandue dans la région. Nous rentrâmes. Mon père relevait de maladie. Mon oncle, avec sa faible escorte, s'avança vers les Francs jusqu'au moment où ceux-ci le virent traverser le gué. Quant à mon père, il laissa son cheval marcher au trot. Je l'accompagnais et j'étais encore un adolescent. Il tenait à la main un coing qu'il suçait. Lorsque nous fûmes parvenus dans le voisinage des Francs, il me dit : « Va de ton côté, entre par la levée. » Mais lui, il passa le fleuve aux environs du point occupé par les Francs.

Une autre fois, je vis mon père, alors que les cavaliers de Maḥmoûd, fils de Ḳarâdjâ, avaient fait incursion sur le territoire de Schaizar. Nous étions à une certaine distance de la ville. J'avais assisté à la bataille et pris part au combat, revêtu de ma casaque, monté sur mon cheval, armé de ma lance. Mon père (qu'Allâh l'ait en pitié !) était sur une mule. Je lui dis : « O mon maître, pourquoi ne montes-tu pas sur ton cheval ? » — Il répondit : « Certes non. » Et il resta sur sa mule, sans se troubler et sans se hâter. Quant à moi, effrayé pour lui, j'insistai pour qu'il montât sur son cheval jusqu'au moment où nous arrivâmes à la ville, sans qu'il eût quitté sa mule. Lorsque nos ennemis furent rentrés dans leur campement et que notre sécurité fut revenue, je dis à mon père : « O mon maître, tu vois l'ennemi campé entre nous et notre territoire, pourquoi ne montes-tu pas sur un des chevaux tenus en laisse pour ton usage ? J'ai beau t'en presser, tu ne m'écoutes pas. » — « Mon fils, répondit Mourschid, il y a dans mon horoscope que je serai inaccessible à la peur. » Or, mon père avait la main longue dans la science des astres, malgré sa crainte du péché, sa foi, ses jeûnes continuels et sa récitation du Coran. Il m'encourageait à m'instruire à mon tour dans cette science ; mais je m'y refusais et je m'en défendais, bien qu'il me dît sans cesse : « Mais sache au moins les noms des étoiles et distingue celles qui montent de celles qui descendent à l'horizon. » Et il persistait à me les faire connaître et à me les nommer.

Un trait de bravoure des hommes et une manifestation de leur point d'honneur à la guerre se déroulèrent devant mes yeux [1]. Nous vîmes un matin, à l'heure de la prière de l'aurore, une petite troupe de Francs, dix cavaliers environ, venir jusqu'à la porte de la ville avant qu'elle fût ouverte. Ils dirent au portier : « Quel est le nom de cette contrée? » La porte avait deux battants en bois avec des poutres transversales. Le portier était à l'intérieur. Il répondit : « C'est Schaizar. » Par un interstice de la porte, les Francs lui lancèrent une flèche de bois; puis, ils s'en retournèrent, au trot de leurs montures.

De notre côté, on monta à cheval. Mon oncle (qu'Allâh l'ait en pitié!) fut le premier prêt. J'étais avec lui, et les Francs se retiraient sans se presser. Quelques-uns de nos soldats nous rejoignaient l'un après l'autre. Je dis à mon oncle : « Ordonne seulement, et je poursuivrai les Francs avec nos compagnons, je saurai bien les désarçonner avant qu'ils soient loin d'ici. » — Mon oncle, qui était plus expert que moi aux choses de la guerre, me répondit : « Il n'y a pas en Syrie un seul Franc qui ne connaisse Schaizar. Quelque machination se cache là-dessous. »

Mon oncle appela deux cavaliers montés sur des chevaux agiles et leur dit : « Allez explorer le Tell Milḥ. » C'est là que d'ordinaire les Francs se mettaient en embuscade. Arrivés sur le sommet, les deux cavaliers furent attaqués par l'armée d'Antioche toute entière. En hâte, nous nous étions avancés vers les Francs, pour saisir l'occasion de nous mesurer avec eux avant que le combat fût terminé. Avec nous étaient Djam'a, de la tribu de Noumair, et son fils Maḥmoûd. Or, Djam'a était notre cavalier et notre schaikh. Son fils Maḥmoûd s'était aventuré au milieu de l'armée franque. Djam'a cria : « O cavaliers, sauvez mon fils! » Nous revînmes avec lui, à la tête de seize cavaliers; nos lances frappèrent seize cavaliers Francs, auxquels notre compagnon fut arraché. Nous nous mêlâmes, nous et les Francs, jusqu'à ce que l'un de nos cavaliers emportât sous son aisselle la tête du fils de Djam'a [2]; il fut sauvé par l'un de nos coups de lance.

Malgré ce succès, qu'aucun homme ne se fie à son courage

1. Probablement au printemps de 1122.
2. Le manuscrit porte : « la tête de Djam'a ».

et ne soit infatué de sa bravoure. Par Allâh, je partis avec mon oncle paternel [1] (qu'Allâh l'ait en pitié !) pour une incursion contre Apamée [2]. Il advint que les troupes de cette ville firent une sortie pour protéger le départ d'une caravane qu'ils mirent en route. Sur le retour, nous les rencontrâmes et nous mîmes à mort environ vingt hommes. Je vis alors Djam'a le Noumairite (qu'Allâh l'ait en pitié !), portant enfoncée la moitié d'une lance, qui avait d'abord atteint le coussinet sous la selle, qui était sortie d'un des coins jusqu'à sa cuisse, qui avait pénétré dans son corps par derrière et s'y était brisée. J'en fus ému. Mais il me dit : « Ne t'inquiète pas ! Je suis sain et sauf. » Il saisit la pointe de la lance et la retira, lui et son cheval étant tous deux en parfait état. Je lui dis : « O père de Maḥmoûd, j'aimerais m'approcher de la forteresse pour l'examiner. » — Il dit : « En route ! » Nous trottions ensemble sur nos deux chevaux. Arrivés à un point d'où nous dominions la forteresse, voici que huit Francs étaient postés sur la route située au-dessus de l'amphithéâtre, sur une hauteur d'où l'on ne pouvait descendre que par ce chemin. Djam'a me dit : « Fais halte pour que je te montre comment je vais les traiter. » — Je répondis : « Ce n'est pas juste ; mais nous allons les assaillir, moi et toi. » — « Soit », dit-il. Nous nous élançâmes sur eux et nous revînmes, assurés d'avoir fait ce qu'aucun autre n'aurait pu faire. A nous deux, nous avions mis en déroute huit cavaliers Francs. Nous demeurâmes sur cette hauteur pour examiner la forteresse. Nous n'y fûmes troublés que par un petit fantassin qui était monté pour nous attaquer sur cette montée escarpée. Il avait emporté un arc et des flèches en bois. Il nous atteignit, sans qu'aucun chemin nous fût ouvert dans sa direction. Nous fûmes mis en déroute, croyant à peine que nous lui échapperions, et nos chevaux ne furent pas touchés. Revenus sur nos pas, nous entrâmes dans les prairies autour d'Apamée, d'où nous poussâmes devant nous un butin considérable de buffles, de bœufs et de brebis, et nous nous en retournâmes. Mon cœur soupirait à la pensée de ce fantassin qui nous avait mis en déroute, dans la direction

1. L'émir 'Izz ad-Dîn Aboû 'l-'Asâkir Soulṭân.
2. Vers 1124.

duquel aucun chemin n'avait été ouvert pour nous. Comment donc un seul fantassin nous avait-il mis en déroute, nous qui avions mis en déroute huit cavaliers Francs?

J'étais présent un jour, alors que les cavaliers de Kafarṭâb, en petit nombre, avaient fait une incursion contre nous. Nous nous élançâmes sur eux, désirant profiter de leur petit nombre. Or ils avaient disposé contre nous une embuscade où leurs combattants étaient massés. Les auteurs de l'attaque s'étaient enfuis. Nous nous mîmes à leur poursuite jusqu'à une certaine distance de la ville. L'embuscade sortit contre nous, ceux que nous repoussions revinrent à la charge, et notre conviction fut que, si nous étions mis en déroute, ils nous anéantiraient jusqu'au dernier. La rencontre eut donc lieu et nous leur fîmes face. Allâh nous donna la victoire sur eux et nous délogeâmes dix-huit de leurs cavaliers, les uns frappés de la lance et tués, d'autres frappés et jetés à terre sans qu'ils fussent morts, d'autres enfin dont les chevaux furent atteints et qui devinrent des fantassins. Ceux d'entre eux qui étaient restés en vie sur le terrain dégainèrent leurs épées, se postèrent pour guetter tous les passants et les frapper.

Djam'a le Noumairite (qu'Allâh l'ait en pitié!) passa devant l'un de ces Francs. Celui-ci marcha vers lui et le frappa à la tête. Djam'a avait sur la tête un haut bonnet que le coup déchira, lui fendant le front, d'où le sang découla jusqu'à s'épuiser. Son front resta ouvert comme la bouche d'un poisson. Je le rencontrai, tandis que nous étions ainsi entourés de Francs, et je lui dis : « O père de Maḥmoûd, pourquoi ne pas bander ta blessure? » — Il répondit : « Ce n'est pas actuellement le temps des bandages et des compressions sur les blessures. » Or Djam'a, de tout temps, avait sur le visage un teint brûlé, noir, et il avait les yeux chassieux, avec des veines visibles. Après que cette blessure l'eut atteint et que son sang en eut coulé avec abondance, le mal dont il se plaignait aux yeux cessa, sans qu'il y éprouvât désormais ni chassie ni douleur. Parfois la santé des corps est le résultat des maladies.

Quant aux Francs, ils se réunirent après que nous eûmes tué d'entre eux ceux que nous tuâmes et se postèrent en face de nous. Je vis alors venir à moi mon cousin Dhakhîrat ad-Daula Abou 'l-Ḳanâ Khiṭâm (qu'Allâh l'ait en pitié!). Il me dit :

« O mon cousin, tu as avec toi deux montures tenues en laisse, tandis que je suis sur ce cheval efflanqué. » — Je dis à l'écuyer : « Fais avancer pour lui le cheval rouge. » Ce que fit l'écuyer. Au moment même où Khiṭâm fut en équilibre sur sa selle, il fit une charge à lui seul contre les Francs. Ceux-ci l'attirèrent au point qu'il se jeta au milieu d'eux, reçut un coup de lance et fut désarçonné. Le cheval fut aussi atteint. Les Francs retournèrent leurs lances pour renverser Khiṭâm ; mais il portait une cotte de mailles résistante sur laquelle les lances n'avaient pas prise. Nous criâmes à l'envi : « Au secours de votre compagnon, de votre compagnon ! » Nous nous élançâmes contre eux, nous les mîmes en fuite et nous le dégageâmes, alors qu'il était sain et sauf. Quant au cheval, il mourut le jour même. Gloire à Celui qui préserve, au Tout Puissant !

Cette bataille eut lieu pour le bonheur de Djam'a et pour la guérison de ses yeux. Gloire à celui qui dit : [1] « Il se peut que vous abhorriez une chose, tandis qu'elle est parfaite pour vous. »

Il m'arriva une aventure analogue. J'étais en Mésopotamie (*Al-Djazîra*), dans l'armée de l'atâbek [2]. Un de mes amis m'appela dans sa maison. J'y vins, accompagné d'un écuyer nommé Gounaim, qui était devenu hydropique, son cou s'étant aminci et son corps s'étant enflé. Il s'était expatrié avec moi et je lui en tenais compte. Mon serviteur conduisit sa mule dans l'étable de mon ami, en se joignant aux écuyers des autres personnes présentes. Nous avions parmi nous un jeune Turc qui s'était enivré et qui avait été vaincu par l'ivresse. Il sortit vers l'étable, tira son couteau et s'élança contre les écuyers qui s'enfuirent et partirent. Quant à Gounaim, vu sa faiblesse et sa maladie, il avait étendu la selle sous sa tête et dormait. Il ne se leva qu'après la sortie de tous ceux qui étaient dans l'étable. Cet ivrogne le frappa de son couteau au-dessous du nombril et fit dans son corps une fente large de quatre pouces. Il tomba sur le sol à la place même. Celui qui nous avait invités (c'était le seigneur de la forteresse de Bâsahrâ) le fit

1. *Coran*, II, 213.
2. L'atâbek Zengui.

transporter dans ma demeure, où l'on porta également l'auteur de la blessure, atteint de son côté à l'épaule. Je rendis la liberté à mon serviteur. Le chirurgien alla vers lui. Il se remit, se reprit à marcher et à se mouvoir ; seulement sa blessure n'était pas cicatrisée et, pendant deux mois, il ne cessait pas d'en sortir comme des croûtes et de l'eau jaunâtre. Puis la blessure se ferma, le corps s'amincit, il revint à la santé et ce fut cette blessure qui causa sa guérison.

J'ai vu un jour le fauconnier arrêté devant mon père (qu'Allâh l'ait en pitié !) pour lui dire : « O mon maître, ce faucon a perdu ses plumes, et il va mourir ; l'un de ses yeux est déjà perdu. » Mon père avait chassé avec ce faucon à l'époque où c'était un faucon fringant, et maintenant il était perdu. Nous partîmes pour la chasse. Mon père (qu'Allâh l'ait en pitié !) avait avec lui plusieurs faucons. Il lança celui-là sur un francolin. Le faucon bondissait dans les touffes de jusquiame, où rappelait le francolin, parmi des amas de broussailles [1]. Le faucon y pénétra avec lui, ayant sur l'œil comme un gros point. Une épine des broussailles le piqua sur cette tache qu'elle perça. Le fauconnier emporta le faucon dont l'œil désarticulé secrétait des humeurs, et dit : « O mon maître, l'œil du faucon est perdu. » Il ajouta : « Le faucon est perdu tout entier. » Le lendemain, le fauconnier ouvrit l'œil de l'animal. Or, il était guéri. Ce faucon demeura sain et sauf chez nous et y mua à deux reprises. Il fut parmi les plus agiles des faucons.

Son souvenir m'a été rappelé par ce qui advint à Djam'a et à Gounaim, bien que ce ne soit pas ici l'endroit de mentionner les faucons.

J'ai vu également un hydropique, auquel on pratiqua une saignée et qui mourut, tandis que Gounaim, qui eut le ventre fendu par cet ivrogne, fut sauvé et guéri. Gloire au Tout-Puissant !

L'armée d'Antioche fit une incursion contre nous [2]. Nos compagnons s'étaient rencontrés avec leurs avant-gardes et étaient allés en avant vers eux, tandis que, posté sur leur route, j'attendais leur arrivée jusqu'à moi. Peut-être me fourniraient-ils une occasion de les atteindre. Je voyais nos com-

1. Traduction par à-peu-près et par conjecture.
2. Vers 1127.

pagnons en déroute passer devant moi. Entre ceux qui passèrent ainsi, je reconnus Maḥmoûd, fils de Djam'a, et je lui dis : « Halte-là, ô Maḥmoûd ! » Il s'arrêta un instant, puis poussa son cheval et me quitta. Les éclaireurs de la cavalerie franque me rejoignirent. Je fus porté vers eux, tandis que je brandissais en arrière ma lance dans leur direction, en les observant et en les regardant. Aucun de leurs cavaliers ne se pressait de m'atteindre pour me donner un coup de lance. Devant moi étaient quelques-uns de nos compagnons. Nous étions entourés de jardins clos par des murs hauts d'une taille d'homme. Je fis faire volte-face à ma monture qu'un de nos compagnons tenait par la poitrine, je retournai sur la gauche la tête de ma jument et je l'éperonnai. La muraille était devenue proche. Je la saisis et elle se trouva placée entre moi et les Francs rangés en lignes. Un d'entre eux se hâta de me rattraper. Il portait une tunique en soie verte et jaune, sous laquelle je croyais deviner une cotte de mailles. Je le laissai passer devant moi, j'éperonnai ma jument et, dans le voisinage du mur, je lui donnai un coup de lance. Il se renversa au point que sa tête rejoignit son étrier; son bouclier et sa lance lui tombèrent des mains, ainsi que son casque de sa tête. Puis il se releva de nouveau sur sa selle. Il avait une cotte de mailles sous le manteau et mon coup ne l'avait pas blessé. Ses compagnons le rejoignirent, revinrent en arrière pour ramasser le bouclier, la lance et le casque. Lorsque le combat fut terminé et que les Francs se furent éloignés, Djam'a (qu'Allâh l'ait en pitié!) vint à moi pour s'excuser au nom de son fils Maḥmoûd. « Ce chien, dit-il, s'est enfui de toi. » — « Qu'importe? » répondis-je. — Il reprit : « Mon fils s'enfuit de toi, et cela serait sans importance! » — Je dis : « Par ta vie, ô père de Maḥmoûd, toi aussi tu t'enfuiras de moi. » — Il répliqua : « O émir, par Allâh, certes la mort me serait plus légère que la fuite en t'abandonnant. »

Peu de jours après, les cavaliers de Ḥamâ firent une incursion contre nous. Ils nous prirent un troupeau de bœufs et les enfermèrent dans une île au-dessous du Moulin Al-Djalâlî. Les archers montèrent au-dessus du Moulin pour protéger le troupeau de bœufs. Je les rejoignis, moi, Djam'a et Schoudjâ' ad-Daula Mâḍî, un esclave né dans notre maison, un brave. Je leur dis à tous deux : « Nous traverserons sur l'autre rive et nous enlèverons les animaux. » Ce plan fut exécuté. Quant à Mâdî, sa jument fut atteinte par une flèche en bois qui la tua. A grand'peine, je le ramenai vers ses compagnons. Pour ma part, ma jument reçut une flèche en bois à la nuque, où elle fit une trouée d'un empan environ, sans que, par Allâh, ma monture frappât du pied, ni qu'elle s'agitât, ni qu'elle parût sentir la blessure. Enfin Djam'a revint terrifié sur sa jument. A notre retour, je lui dis : « O père de Maḥmoûd, ne t'avais-je pas dit que tu t'enfuirais de moi, toi qui blâmais ton fils Maḥmoûd ? — Il répondit : « Je n'ai eu peur que pour ma jument ; car elle m'est chère. » Et il s'excusa.

Ce même jour, nous nous étions rencontrés avec les cavaliers de Ḥamâ. C'étaient leurs avant-gardes qui avaient poussé vers l'île les troupeaux de bœufs. Il y eut un combat entre nous et eux. Parmi les combattants étaient les cavaliers principaux de l'armée de Ḥamâ, Sourhanak, Gâzî At-Toullî, Maḥmoûd ibn Baldâdjî, Ḥadr At-Ṭoûṭ et le généralissime Khoṭlokh. Les troupes de Ḥamâ étaient plus nombreuses que les nôtres. Cependant notre attaque les mit en déroute. Je me dirigeai vers un de leurs cavaliers, pour lui donner un coup de lance. Or, c'était Ḥadr At-Ṭoûṭ, qui me dit : « A tes ordres, ô Ousâma. » Je me détournai de lui vers un autre, que je frappai. Ma lance lui tomba sous l'aisselle et elle ne se serait pas enfoncée, s'il l'avait laissée aller. Mais il serra son avant-bras sur l'aisselle pour saisir la lance, tandis que sa jument passait rapidement devant moi. La lance traversa la selle jusqu'au cou de la monture qui s'accroupit, puis se releva sur le bord du torrent qui descend vers Al-Djalâlî. Le cavalier frappa sa jument, la poussa devant lui et mit pied à terre. Je louai Allâh (gloire à lui !) de ce que ce coup de lance ne lui avait causé aucun dommage, car mon adversaire était Gâzî At-Toullî, et (qu'Allâh l'ait en pitié !) il était un héros.

Un certain jour, l'armée d'Antioche s'établit contre nous dans les campements qu'elle occupait toutes les fois qu'elle nous attaquait. Nous leur faisions face sur nos chevaux. Le fleuve [1] nous séparait. Aucun de nos ennemis ne prit l'offen-

1. L'Oronte.

sive contre nous. Ils avaient dressé leurs tentes et s'y étaient établis. Nous retournâmes en arrière pour regagner nos demeures. Nous les voyions de la citadelle. Tout à coup, il sortit de nos troupes environ vingt cavaliers vers Bandar Kanîn, village voisin de Schaizar, pour faire paître leurs chevaux, sans se munir de leurs lances. Deux cavaliers Francs se détachèrent, allèrent auprès de ces hommes qui faisaient paître leurs chevaux, rencontrèrent sur la route un particulier qui poussait devant lui une vache, s'emparèrent de lui et de sa vache. Nous les observions de la forteresse. Nos hommes remontèrent à cheval et se tinrent en arrêt, n'ayant pas emporté leurs lances. Mon oncle paternel [1] dit : « Ils sont à vingt, sans pouvoir délivrer un prisonnier gardé par deux cavaliers. Si Djam'a était présent, vous verriez ce qu'il ferait. » A peine avait-il ainsi parlé que Djam'a s'armait pour s'élancer au galop contre eux. Mon oncle paternel s'écria : « Voyez maintenant ce qu'il va faire. » Lorsque Djam'a arriva au galop à proximité des deux cavaliers, il détourna la tête de son cheval et le fit avancer à une certaine distance derrière eux. Mon oncle paternel, installé sur un balcon de sa résidence dans la forteresse, le vit alors s'arrêter loin des deux cavaliers Francs, quitta le balcon et rentra furieux en disant : « C'est une trahison. » Or Djam'a s'était arrêté par crainte d'un creux visible devant les deux cavaliers. Peut-être recelait-il une embuscade. Lorsque Djam'a, parvenu à ce creux, constata qu'il ne renfermait personne, il s'élança sur les deux cavaliers, délivra l'homme et la vache et repoussa ses deux adversaires jusqu'à leurs campements, sous les yeux de Boémond (*Ibn Maimoûn*) [2], seigneur d'Antioche. Lorsque les deux cavaliers Francs furent rentrés, Boémond leur fit prendre leurs boucliers qu'il livra en pâture aux bêtes, fit renverser leurs tentes, les expulsa et dit : « Un seul cavalier d'entre les musulmans repousse deux cavaliers d'entre les Francs ! Vous n'êtes pas des hommes, vous êtes des femmes. » Quant à Djam'a, mon oncle paternel le réprimanda et s'irrita contre lui, parce qu'il s'était arrêté

1. 'Izz ad-Dîn Aboû 'l-'Asâkir Soulṭân.
2. Boémond Ier, ou peut-être Boémond II.

loin d'eux tout d'abord, lorsqu'il les avait poursuivis. Djam'a répondit : « O mon maître, j'ai craint que dans le creux de la Colline des Karmates, il n'y eût une embuscade qui m'assaillirait. Lorsque j'eus exploré ce creux et que j'eus vu qu'il ne renfermait personne, j'ai délivré le prisonnier et sa vache et je les ai fait avancer jusqu'à ce qu'ils eussent rejoint notre armée. » Mais mon oncle n'accueillit pas son excuse et lui témoigna du mécontentement.

Les Francs (puisse Allâh leur faire défection !) n'ont aucune des supériorités des hommes, excepté la bravoure. Il n'y a chez eux de prééminence et de préséance que pour les cavaliers. Les cavaliers sont vraiment leurs seuls hommes. Aussi les considèrent-ils comme les arbitres des conseils, des jugements et des décisions. Un jour [1], je leur demandai justice pour des troupeaux de brebis que le seigneur de Panéas (*Bâniyâs*) [2] avait enlevés dans la forêt. Or, la paix régnait entre nous et eux, et j'habitais alors Damas. Je dis au roi Foulques, fils de Foulques [3] : « Ce seigneur a fait acte d'hostilité contre nous et s'est emparé de nos troupeaux. C'était l'époque où les brebis mettent bas; leurs petits sont morts en naissant. Il nous les a rendues, après avoir causé la perte de leur progéniture. »

Le roi dit aussitôt à six ou sept cavaliers [4] : « Allez siéger pour lui faire justice ! » Ils sortirent de la salle, se retirèrent et délibérèrent jusqu'à ce qu'ils fussent tombés d'accord. Ils rentrèrent alors dans la salle où le roi tenait son audience, et dirent : « Nous avons décidé que le seigneur de Panéas a l'obligation de leur rembourser ce qu'il leur a fait perdre par la mort de leurs agneaux. » Le roi lui ordonna d'acquitter cette dette. Il me sollicita, insista auprès de moi et m'implora; à la fin, j'acceptai de lui comme payement quatre cents dînârs. Or, la décision, une fois que les cavaliers l'ont prononcée, ni le roi ni aucun chef des Francs ne peut, ni l'altérer, ni l'atténuer, tant le cavalier est à leurs yeux de grande importance !

1. En 1140.
2. Renier, surnommé Brus.
3. Foulques d'Anjou, quatrième roi de Jérusalem, fils de Foulques IV, comte d'Anjou, monté sur le trône le 31 août 1131.
4. La traduction a maintenu ici, comme dans maint autre passage, la confusion du texte entre cavaliers et chevaliers.

Le roi me dit : « Ô Ousâma, par la vérité de ma religion, j'ai éprouvé hier une joie très vive. » — Je répondis : « Qu'Allâh réjouisse le roi! De quoi t'es-tu réjoui ? » — Le roi reprit : « On m'a rapporté que tu es un noble cavalier. Or, je ne savais pas le moins du monde que tu fusses un cavalier. » — « Ô mon maître! répondit Ousâma, je suis un cavalier à la manière de ma race et de ma famille. Ce qu'on y admire surtout dans un cavalier, c'est quand il est mince et long. »

Tancrède (*Dankarî*), le premier seigneur d'Antioche après Boémond (*Maimoûn*)[1], avait dressé ses tentes contre nous. Après le combat, il y avait eu réconciliation. Tancrède s'avança, demandant qu'on lui cédât un cheval appartenant à un écuyer de mon oncle paternel 'Izz ad-Dîn[2] (qu'Allâh l'ait en pitié!). C'était un cheval magnifique. Mon oncle le lui fit amener, monté par un Kurde de nos compagnons, nommé Ḥasanoûn, cavalier brave, jeune, sympathique d'allure, élancé, qui ferait prendre les devants au cheval, sous les yeux de Tancrède. Le cavalier lança sa monture et lui fit dépasser tous les autres chevaux qu'on faisait galoper sur la route. Lorsque Ḥasanoûn fut admis en présence de Tancrède, les cavaliers francs examinèrent la vigueur de ses avant-bras, admirèrent sa taille fine et sa jeunesse et reconnurent en lui un vaillant cavalier. Tancrède l'honora par des présents. Ḥasanoûn dit alors : « Ô mon maître, je voudrais recevoir de toi une assurance, c'est que, si jamais tu t'empares de ma personne à la guerre, tu me favoriseras en me relâchant. » Tancrède lui accorda ce qu'il demandait, ou du moins Ḥasanoûn le supposa, car ces hommes ne parlaient pas d'autre langue que la langue des Francs; nous ne savions pas le sens de leurs paroles.

Une année s'était écoulée, ou un peu plus[3]. La trêve expira et Tancrède s'avança de nouveau vers nous, à la tête de l'armée d'Antioche. La lutte s'engagea sous les murs de notre ville. Nos cavaliers avaient rejoint l'avant-garde des Francs. Un Kurde d'entre nos compagnons, nommé Kâmil Al-Maschṭoûb (Kâmil le Balafré), frappa sur eux à coups redou-

1. Tancrède succéda, comme prince d'Antioche, à Boémond Ier, lorsque celui-ci partit pour l'Europe en 1101.
2. 'Izz ad-Dîn Aboû 'l-'Asâkir Soulṭân.
3. Au printemps de 1110.

blés. Lui et Ḥasanoûn avaient un égal courage. Entre temps, Ḥasanoûn se tenait avec mon père dans une petite maison qu'il possédait, attendant son cheval, que son écuyer lui ramènerait de chez le vétérinaire, attendant aussi sa cuirasse. Il s'impatienta, se troubla de voir les coups portés par Kâmil Al-Maschṭoûb, et dit à mon père : « O mon maître, mets à ma disposition un équipement, fût-il léger. » — « Ces mulets, répondit mon père, portent des armures, choisis celles qui sont à ta convenance. » A ce moment, je me tenais derrière mon père, j'étais un adolescent, et ce fut le premier jour où j'assistai à un combat. Ḥasanoûn passa en revue les cuirasses enfermées dans les gaines sur les dos des mulets ; aucune ne lui allait. Il écumait de colère, dans son ardent désir de se distinguer dans l'action, comme Kâmil Al-Maschṭoûb. Il s'avança sur le pas de sa maisonnette, sans être cuirassé. Un cavalier Franc lui barra le passage. Ḥasanoûn frappa de sa lance la jument de son ennemi sur la croupe. La jument prit le mors aux dents et emporta Ḥasanoûn, qu'elle jeta au milieu d'un escadron des Francs. Ceux-ci le firent captif, lui infligèrent toutes les variétés de tortures et voulurent lui crever l'œil gauche. Mais Tancrède (qu'Allâh le maudisse!) leur dit : « Crevez-lui plutôt l'œil droit afin que, lorsqu'il portera son bouclier, son œil gauche étant caché, il ne puisse plus rien voir. » On lui creva l'œil droit, comme Tancrède l'avait ordonné. L'on réclama pour sa rançon mille dînârs et un cheval brun qui appartenait à mon père, un cheval magnifique de Khafâdja, dont mon père se dessaisit pour racheter Ḥasanoûn.

Dans cette journée, il était sorti de Schaizar des fantassins nombreux. Les Francs chargèrent contre eux sans ébranler leurs lignes. Alors Tancrède s'irrita et leur dit : « Vous êtes mes cavaliers, et chacun de vous touche une solde équivalente à la solde de cent musulmans. Vous avez en face de vous des sergents (il voulait dire par là : des fantassins), et vous ne seriez pas capables de les déloger! » — Ils répondirent : « Nous n'avons de crainte que pour nos chevaux ; autrement, nous aurions écrasé et percé de nos lances de tels adversaires. » — Tancrède reprit : « Les chevaux m'appartiennent ; celui d'entre vous dont la monture aura été tuée, je la lui remplacerai. » Ils exécutèrent alors plusieurs charges de cavalerie contre les hommes de Schaizar, perdirent soixante-dix chevaux, mais ne purent débusquer leurs ennemis des positions occupées par eux.

Il y avait à Apamée un cavalier, l'un des plus vaillants parmi les Francs, nommé Badrhawâ. Il disait : « Tu verras ce qui se passera le jour où je me rencontrerai dans le combat avec Djam'a », tandis que Djam'a disait : « Tu verras ce qui se passera le jour où je me rencontrerai dans le combat avec Badrhawâ. »

Or, l'armée d'Antioche campa contre nous et dressa ses tentes à l'endroit habituel. Entre nous et les Francs était le fleuve. Nous avions un détachement posté sur une hauteur vis-à-vis d'eux. Un cavalier se mit à chevaucher hors de leurs tentes, s'avança et s'arrêta au-dessous de notre détachement, l'eau le séparant de nos troupes. Il leur cria : « Djam'a est-il parmi vous ? » — « Non, répondirent-ils ». Et, par Allâh, il n'était vraiment pas présent. Le cavalier qui avait posé la question était Badrhawâ.

Il se retourna et vit quatre de nos cavaliers de son côté du fleuve. C'étaient Yaḥyâ, fils de Ṣâfî, le gaucher (*al-a'sar*), Sahl, fils d'Abou Gânim, le Kurde, Ḥâritha An-Noumairî et un quatrième. Il s'élança contre eux et les mit en déroute. Il s'attacha à l'un d'eux, lui donna un coup de lance, puis d'un bond se déroba à la poursuite de son cheval et à son coup de lance et rentra dans les campements.

Nos quatre cavaliers revinrent à Schaizar, couverts de honte. On les railla, on les blâma, on les méprisa, on dit : « Quatre cavaliers se laissent mettre en déroute par un seul cavalier ! Vous vous êtes dispersés à cause de lui. Il a donné un coup de lance à l'un de vous. Les trois autres auraient dû le tuer. Mais non. Vous vous êtes couverts de honte. » Le plus acharné contre eux était Djam'a An-Noumairî. On eût dit que cette déroute leur avait donné du cœur comme ils n'en avaient jamais eu et un courage auquel ils n'auraient même pas aspiré. Ils se piquèrent d'amour-propre, combattirent, se firent connaître dans la guerre et devinrent des cavaliers renommés après cette déroute.

Quant à Badrhawâ, il se rendit ensuite, pour quelque besogne, d'Apamée dans la direction d'Antioche. Il traversait sur sa mule la vallée d'Ar-Roûdj, lorsqu'il fut happé par un lion qui le désarçonna, l'emporta dans sa tanière et le mangea vif. Qu'Allâh ne l'ait pas en pitié !

Parmi les traits de courage d'un seul homme contre une troupe nombreuse, je rapporterai que le généralissime Maudoûd (qu'Allâh l'ait en pitié !) campa dans la banlieue de Schaizar le jeudi 9 de rabî' premier, en 505 [1]. Tancrède (*Dankarî*), seigneur d'Antioche, se disposait à l'y attaquer avec des troupes considérables. Mon oncle paternel [2] et mon père (qu'Allâh les ait tous deux en pitié !) sortirent vers Maudoûd et lui dirent : « Le meilleur parti à prendre serait de lever le camp (il était établi à l'est de Schaizar sur les bords du fleuve) et de t'installer à l'intérieur de la ville. Les soldats dresseront leurs tentes sur les toits en terrasses de nos maisons et nous combattrons les Francs après avoir mis en sûreté nos tentes et nos bagages. » Maudoûd quitta ses positions pour se conformer aux instructions de mon oncle paternel et de mon père qui se joignirent à lui le lendemain matin. Il sortit alors de Schaizar cinq mille fantassins armés, dont la vue réjouit et réconforta le généralissime. De son côté, il avait amené des soldats excellents. Il fit ranger ses troupes au sud du fleuve, tandis que les Francs campaient au nord. Tout le jour, on empêcha ceux-ci de boire et de descendre à l'abreuvoir. La nuit, ils partirent pour retourner dans leurs régions, nos hommes les entourant de toute part. Le lendemain, ils campèrent à Tell at-Tirmasî, où ils furent écartés de l'eau, comme la veille. Ils partirent la nuit suivante et campèrent à Tell at-Touloûl [3], serrés de près par notre armée qui les empêchait d'avancer et qui bloquait les abords de l'eau pour qu'ils ne pussent pas y parvenir. Ils repartirent la nuit, se dirigeant vers Apamée. Notre armée les attaqua et les cerna, afin de leur couper la retraite. Un cavalier sortit de leurs rangs, assaillit nos hommes et se fraya un chemin jusqu'au milieu d'eux. On lui tua son cheval, on le cribla de blessures ; il combattit à pied et finit par rejoindre ses compagnons. Les Francs rentrèrent dans leurs ré-

1. 15 septembre 1111.
2. 'Izz ad-Dîn Aboû 'l-'Asâkir Soulṭân.
3. Lecture incertaine.

gions et les musulmans cessèrent de les poursuivre. Le généralissime Maudoûd (qu'Allâh l'ait en pitié!) partit pour Damas.

Quelques mois plus tard, il nous parvint une lettre de Tancrède, seigneur d'Antioche, par l'entremise d'un cavalier accompagné d'une escorte d'écuyers et de compagnons. La lettre disait : « Le porteur est un cavalier respecté d'entre les Francs, qui est venu faire le pèlerinage et qui va retourner dans son pays. Il m'a prié de l'introduire auprès de vous pour qu'il voie vos cavaliers. Je vous l'ai adressé. Traitez-le bien. » Il était jeune, d'un bel extérieur, portant le costume avec élégance. Il gardait seulement les traces de nombreuses blessures. Sur sa face ressortait un coup d'épée qui l'avait fendue depuis la lisière des cheveux jusqu'au menton. Je m'informai qui il était. On me répondit : « C'est lui qui s'était élancé contre les troupes du généralissime Maudoûd, qui a eu son cheval tué sous lui, qui a combattu pour rejoindre ses compagnons. » Que soit exalté Allâh qui peut ce qu'il veut comme il le veut. L'abstention ne retarde pas plus le terme fixé que la témérité ne l'avance.

C'est ce que montre bien le récit que m'a fait le poète Al-'Oukâb, l'un de nos combattants, un Magrébin. « Mon père, dit-il, sortit de Palmyre (*Tadmour*) pour se rendre au marché de Damas. Il avait avec lui quatre cavaliers et quatre fantassins traînant avec eux huit chameaux pour les vendre. » Il poursuivit en ces termes : « Pendant notre voyage, voici qu'un cavalier s'avança sur la limite du désert, et franchit bien vite la distance qui le séparait de nous. Il s'écria alors : « Abandonnez-moi les chameaux. » Nous l'accueillîmes par des cris et par des injures. Il lança son cheval contre nous, frappa l'un de nos cavaliers de sa lance, le renversa et le blessa. Nous repoussâmes l'agresseur, mais il revint à la charge contre nous et s'écria : « Abandonnez-moi les chameaux. » Nous l'accueillîmes par des cris et par des injures. Il nous assaillit et frappa de sa lance l'un de nos fantassins qu'il cribla de blessures. Nous le poursuivîmes, mais il nous devança et revint contre nous. Il nous avait déjà mis deux hommes hors de combat. Son nouvel assaut fut repoussé par un des nôtres qui lui donna un coup de lance. Le coup tomba sur l'arçon de la selle et la lance s'y brisa. Alors le cavalier ennemi lui donna un coup de lance et le blessa. Puis il nous attaqua encore et donna un coup de lance à l'un des nôtres qu'il renversa par terre. Il s'écria de nouveau : « Abandonnez-moi les chameaux ! Sinon, je vous anéantirai. » — Nous dîmes : « Viens, prends-en la moitié. » — Il répondit : « Non. Attachez-en quatre, laissez-les en place. Prenez les quatre autres et allez-vous en. » Ce que nous fîmes, pouvant à peine croire que nous étions délivrés avec ce que nous avions gardé. Il entraîna les quatre chameaux sous nos yeux. Nous étions impuissants et sans ardeur contre lui. Il partit avec son butin, lui qui était seul contre huit hommes. »

Un fait du même genre se passa, lorsque Tancrède, seigneur d'Antioche, fit campagne contre Schaizar, d'où il enleva des bêtes de somme en quantité, après avoir tué des nôtres et fait des prisonniers. Son campement était près d'un village appelé Zalîn, où sont des cavernes inaccessibles, comme suspendues aux flancs de la montagne. On ne peut y accéder par aucun chemin qui parte des hauteurs ou qui monte de la plaine. Veut-on se retrancher dans ces cavernes, ce n'est qu'à l'aide de cordes qu'on peut y descendre de la cime. On était au jeudi 20 du rabî' second, en 502[1]. Un satan d'entre les cavaliers Francs s'approcha de Tancrède et lui dit : « Fais faire à mon intention une caisse en bois. Quant j'y serai assis, lancez-moi du haut de la montagne vers nos ennemis, en prenant soin d'employer des chaînes de fer, assez solidement attachées à la caisse pour qu'on ne puisse, ni les couper avec des épées, ni me faire tomber. » On lui fabriqua une caisse, on le lâcha, en retenant les chaînes de fer, dans la direction des cavernes suspendues. Il s'en empara et emmena tous ceux qui s'y trouvaient vers Tancrède. C'est que l'intérieur formait une galerie couverte, sans la moindre cachette et qu'en y tirant des flèches, il atteignait un homme à chaque coup, tant le lieu était resserré, tant la foule y était pressée !

Parmi les prisonniers de cette journée il y avait une femme d'une noble origine arabe. On avait fait son éloge à mon oncle paternel 'Izz ad-Dîn Aboû 'l-'Asâkir Soultân (qu'Allâh l'ait en pitié !), alors qu'elle était dans la maison de son père. Mon

1. Le 27 novembre 1108.

oncle envoya une vieille femme de son entourage pour la voir. Elle revint, en vantant sa beauté et son intelligence, soit parce qu'on lui fit un cadeau, soit parce qu'on lui montra une autre femme. Mon oncle demanda la femme noble en mariage. Lorsqu'elle entra chez lui, elle ne ressemblait pas à la description qu'on lui en avait faite. De plus elle était muette. Il lui donna la dot qui lui revenait et la rendit à sa famille. Or, elle fut faite prisonnière et enlevée ce jour-là aux maisons de sa famille. Mon oncle dit : « Je ne laisserai pas une femme que j'ai épousée et qui s'est découverte devant moi, captive des Francs. » Il la racheta (qu'Allâh ait mon oncle en pitié!) pour cinq cents dînârs et la remit à sa famille.

Il y a de l'analogie dans ce que m'a raconté le poète de Bagdâdh, Al-Mou'ayyad, à Mausil, en l'an 565[1]. « Le khalife[2], dit-il, avait gratifié mon père d'un domaine où il allait et venait. La région était infestée de vagabonds qui coupaient les routes et que mon père tâchait de gagner, parce qu'il les craignait et parce qu'il comptait tirer quelque avantage de leurs prises. Nous étions un jour assis dans le domaine, lorsque s'avança un jeune Turc sur son cheval, avec un mulet de selle portant une sacoche et une jeune fille montée sur la sacoche. Il descendit, fit descendre la jeune fille et dit : « O vous, aidez-moi à déposer la sacoche. » Nous allâmes avec lui pour déposer la sacoche. Or, elle ne renfermait que des dînârs en or et des bijoux précieux. Il s'assit, lui et la jeune fille, pour manger quelque chose. Puis il dit : « Aidez-moi à lever la sacoche. » Nous la levâmes avec lui. Il reprit : « Quel est le chemin d'Al-Anbâr? » — Mon père lui dit : « Voici quelle est la route. » Et il la lui indiqua, en ajoutant : « Mais, sur la route, sont embusqués soixante vagabonds que je crains pour toi. » — Le Turc se moqua de lui et dit : « Moi, je m'effraierais des vagabonds! » Mon père quitta son interlocuteur et se rendit vers les vagabonds, leur raconta ce qui concernait le Turc et ce qu'il emportait. Ceux-ci sortirent et lui barrèrent la route. Lorsqu'il les aperçut, il prit son arc, où il avait laissé une flèche, et le banda pour les viser, mais la corde se fendit.

1. Du 25 septembre 1169 au 13 septembre 1170.
2. Le khalife 'Abbaside Al-Moustandjid Billâh, monté sur le trône en 1160.

Alors les vagabonds s'élancèrent sur lui, le mirent en déroute et s'emparèrent du mulet, de la jeune fille et de la sacoche. La jeune fille leur dit : « O jeunes gens, par Allâh, ne me déshonorez pas. Laissez-moi me racheter, ainsi que le mulet, au prix d'un collier de perles qu'a sur lui ce Turc et qui vaut cinq cents dînârs. Prenez la sacoche et son contenu. » — Ils répondirent : « C'est déjà fait. » — Elle ajouta : « Envoyez avec moi l'un d'entre vous, afin que je parle au Turc et que je prenne le collier. » On envoya avec elle quelqu'un pour la garder; enfin elle s'approcha du Turc et lui dit : « Je me suis rachetée, ainsi que le mulet, contre le collier qui est dans la tige de ta botte gauche. Livre-le moi. » — Il répondit : « Oui. » Il se sépara d'eux, ôta sa botte. Elle renfermait une corde d'arc. Il l'ajusta sur son arc et revint vers eux. Le combat se poursuivit de part et d'autre. Il les tuait successivement, jusqu'à ce qu'il en eût achevé quarante-trois. Il regarda et reconnut mon père parmi les vagabonds survivants. Il dit : « Comment? Tu es avec eux! C'est que tu désires recevoir ta part des flèches en bois. » — « Non, » répondit mon père. — Le Turc reprit : « Prends avec toi les dix-sept survivants et amène-les, en les précédant, vers le gouverneur (*schiḥna*) de la ville. » Ces hommes se réjouirent et mirent bas les armes. Le Turc poussa en avant son mulet avec sa charge et partit. Allâh le Tout Puissant avait, par son entremise, envoyé sur les vagabonds une catastrophe et une marque de sa violente colère.

J'ai assisté à un événement analogue en l'an 509[1]. Mon père (qu'Allâh l'ait en pitié!) était sorti pour rejoindre avec notre armée le général en chef Boursouḳ, fils de Boursouḳ. Celui-ci avait entrepris l'expédition par ordre du sultan[2]. Il commandait à des troupes nombreuses et à plusieurs émirs, parmi lesquels l'Émir des armées Uzbek, prince de Mauṣil[3], Sonḳor Dirâz, maître de Raḥaba, l'émir Koundougadî, le grand chambellan Bektimour, Zenguî, fils de Boursouḳ, un véritable héros, Tamîrek, Ismâʿîl de Balkh, pour ne nommer que les

1. Du 27 mai 1115 au 15 mai 1116.
2. Le sultan Seldjoûḳide d'Ispahan Moḥammad-Shâh, fils de Malik-Schâh.
3. L'atâbek de Mauṣil, connu sous le surnom de *Djouyoûsch-Bek*, « l'Émir des armées ».

principaux. Ils campèrent devant Kafarṭâb, ville dans laquelle se trouvaient les deux frères de Théophile, à la tête des Francs, et attaquèrent la place. L'armée du Khorasan pénétra dans le fossé pour creuser la mine. Les Francs, se sentant perdus, mirent le feu à la citadelle et incendièrent les hourdages. La flamme atteignit et anéantit les chevaux, les bêtes de somme, le menu bétail, les porcs et les captifs. Les Francs restèrent comme suspendus aux murailles sur le sommet de la forteresse.

Il me vint à l'esprit d'entrer à l'intérieur de la mine, afin de l'examiner. Je descendis dans le fossé, tandis qu'on lançait sur nous une vraie pluie de flèches en bois et de pierres. Je pénétrai dans la galerie et j'y admirai une ordonnance remarquable. Un tunnel avait été percé à partir du fossé jusqu'à la barbacane; sur les côtés, deux étais supportaient une traverse empêchant ce qui était au-dessus de s'écrouler. Le boisage se continuait sans interruption jusqu'aux fondements de la barbacane. Puis les assaillants avaient creusé sous le mur de la barbacane, l'avaient suspendu et étaient parvenus aux fondements du château fort. Le tunnel était étroit. Il n'existait pour eux aucun autre chemin vers le château fort. Une fois arrivés à ce point, ils élargirent la galerie percée dans le mur du château fort, et, détachant successivement les pierres par éclats, ils firent porter le mur sur des étançons. Le sol, à l'intérieur du tunnel, après des parties sèches, était devenu boueux. C'est ce qui me décida à en sortir. Les troupes du Khorasan ne me reconnurent pas M'eussent-elles reconnu, elles ne m'auraient pas laissé sortir à moins d'une forte contribution.

Elles étaient occupées à tailler le bois desséché et à l'accumuler dans la galerie. Dès le lendemain matin, elles y mirent le feu. Quant à nous, nous avions endossé nos cuirasses et nous nous étions précipités dans le fossé pour monter à l'assaut de la citadelle, lorsque le château fort s'effondrerait; en attendant, les pierres et les flèches en bois nous infligeaient une épreuve terrible. Le premier effet du feu fut de faire tomber l'enduit de chaux qui liait les pierres. Il se produisit un craquement, l'ouverture s'élargit, le château fort s'effondra. Nous nous étions imaginés qu'ensuite nous serions en mesure d'arriver jusqu'à nos adversaires. Mais la face extérieure seule s'était écroulée. Le mur intérieur était resté debout, tel qu'il avait été. Nous demeurâmes jusqu'à ce que le soleil nous brûlât; alors eut lieu le retour dans nos cantonnements, tandis que les pierres lancées contre nous nous faisaient éprouver de grands dommages.

Après que le repos se fut prolongé jusqu'à midi, voici qu'un fantassin était sorti de nos rangs, tenant son épée et son bouclier, s'était dirigé vers le mur écroulé, dont les extrémités formaient comme les degrés d'une échelle, et avait escaladé la hauteur jusqu'à ce qu'il en eût atteint le point culminant. Lorsque nos autres soldats le virent, dix fantassins environ, munis de leur armement, s'élancèrent sur ses traces, se hâtèrent de gravir la pente l'un derrière l'autre et finalement arrivèrent au château fort, sans avoir éveillé l'attention des Francs. Le temps de mettre nos cuirasses, et, à notre tour, nous avions quitté nos tentes pour marcher en avant. Le château fort fut envahi par une armée nombreuse, avant que les Francs se fussent concentrés. Ceux-ci se dirigèrent vers les assiégeants, les criblant de leurs flèches en bois, et blessèrent celui qui était monté le premier. Il descendit, alors qu'à l'envi ses compagnons continuaient à monter. Ils se trouvèrent en face des Francs sur une courtine des murailles du château fort.

Devant eux était une tour, dont la porte était gardée par un cavalier couvert d'une cuirasse, portant son bouclier et sa lance, chargé d'en interdire l'accès. De la plate-forme les Francs massés assaillaient nos hommes, en lançant dru les flèches en bois et les pierres. Un Turc monta, et nous le regardions faire; il s'avança en affrontant la mort jusqu'à ce qu'il se fût approché de la tour et qu'il eût lancé sur celui qui se tenait à l'entrée un vase rempli de naphte. Je vis, sur cet amas de pierre, le chevalier rouler vers ses compagnons, comme un tison ardent. Eux, ils s'étaient jetés à terre, par crainte d'être brûlés vifs. Le Turc revint ensuite vers nous.

Un autre Turc monta sur cette même courtine. Il avait son épée et son bouclier. On vit sortir de la tour, à la porte de laquelle le chevalier avait monté la garde, un fantassin Franc qui s'avançait à sa rencontre, protégé par une double cotte de mailles, brandissant une lance, n'ayant pas de bouclier. Le Turc l'aborda, son épée à la main. Le Franc lui porta un coup; mais le Turc, grâce à son bouclier, repoussa loin de lui la pointe de la lance, marcha droit sur le Franc pour le désarmer. Mais celui-ci se détourna, ploya et pencha son dos à la manière du musulman en prières, afin de préserver sa tête. Le Turc lui asséna plusieurs coups, qui ne lui firent aucun mal, et le Franc rentra indemne dans la tour.

La situation de nos soldats devenait de plus en plus solide. Leur nombre croissait toujours. Les Francs rendirent la citadelle. Les prisonniers furent alors conduits dans le bas, là où étaient dressées les tentes de Boursouḳ, fils de Boursouḳ.

Parmi eux je reconnus le fantassin à la lance, qui était sorti à la rencontre du Turc. On l'avait amené avec les autres dans le pavillon réservé à Boursouḳ, fils de Boursouḳ, afin de stipuler pour chacun le prix de sa mise en liberté. Le fantassin attendait patiemment. C'était un sergent. « Combien, dit-il, me prendrez-vous? » — « Nous demandons six cents pièces d'or, » lui répondit-on. — Il leur rit au nez et dit : « Je suis un sergent; ma solde mensuelle comporte deux pièces d'or. D'où voulez-vous que je m'en procure six cents? » Puis il retourna s'asseoir parmi ses compagnons.

Les prisonniers étaient là en foule. L'émir, le noble chef, l'un des principaux émirs de son temps, dit à mon père (qu'Allâh les ait tous deux en pitié!) : « O mon frère, tu vois ces gens, demandons à Allâh qu'il nous garde d'eux! » Or, Allâh décréta que nos troupes se dirigeraient de Kafarṭâb à Dânîth, et que, dès l'aurore, elles y seraient surprises par l'armée d'Antioche, le mardi, 23 du second rabî', la reddition de Kafarṭâb ayant eu lieu le vendredi 13 du même mois [1]. L'émir en chef (qu'Allâh l'ait en pitié!) fut tué, ainsi qu'un très grand nombre de musulmans.

Mon père (qu'Allâh l'ait en pitié!) vint me retrouver. J'avais pris congé de lui lorsqu'il avait quitté Kafarṭâb, et maintenant l'armée du sultan avait été défaite. Quant à nous, nous étions restés à Kafarṭâb pour veiller à la garde de cette ville, notre intention étant de la restaurer; car le général en chef nous

1. Le 15 et le 5 septembre 1115.

l'avait cédée. Nous faisions sortir les captifs deux à deux, pour qu'on les conduisît enchaînés chez les habitants de Schaizar. Un tel avait eu la moitié du corps brûlée et la cuisse transpercée, tel autre avait péri par le feu. Ce qui leur était arrivé nous fut un enseignement salutaire. Nous devions nous résoudre à partir et à retourner à Schaizar avec mon père (qu'Allâh l'ait en pitié!). Chacun s'appropria auparavant ce qu'il trouva à sa portée : tentes, chameaux, mulets, bagages, tout ce dont on pouvait charger les bêtes de somme. Puis l'armée se dispersa.

Ces revers inattendus furent causés par un stratagème de l'eunuque Lou'lou', qui dominait alors dans Alep. Il s'était engagé envers le maître d'Antioche [1] à user de ruse à l'égard des musulmans et à les diviser. Celui-ci n'aurait plus ensuite qu'à faire sortir d'Antioche son armée pour les tailler en pièces. Lou'lou' avait fait parvenir au généralissime Boursouk un message ainsi conçu : « Tu m'enverras un émir avec des forces suffisantes pour que je lui livre Alep, car je crains bien que les habitants n'obéissent pas à ma volonté pour la reddition de la place; aussi voudrais-je que l'émir disposât d'une troupe sur laquelle je pourrais m'appuyer contre les Alépins. » Boursouk mit en campagne l'Émir des armées Uzbek, à la tête de trois mille cavaliers. Le lendemain matin, Roger (qu'Allâh le maudisse!) les attaqua et les tailla en pièces. Ainsi fut accomplie la volonté divine!

Les Francs (qu'Allâh les maudisse!) rentrèrent dans Kafartâb, reconstruisirent cette ville et s'y installèrent. Allâh le Tout Puissant avait résolu que les captifs Francs, pris à Kafartâb, recouvreraient la liberté; car les émirs se les étaient partagés, puis les avaient épargnés, afin qu'ils se rachetassent. Il n'y eut d'exception que pour ceux qui étaient tombés entre les mains de l'Émir des armées; car, avant de se mettre en route vers Alep, il avait fait couper le cou à tous les prisonniers qui lui étaient échus en partage.

Les débris de l'armée musulmane se dispersèrent; ceux des soldats, qui échappèrent à la déroute de Dânîth, retournèrent dans leurs foyers. Cet homme, qui était monté

1. Roger, prince d'Antioche depuis la fin de 1112.

seul à la forteresse de Kafarṭâb, en avait déterminé la conquête.

Autre fait du même genre : J'avais à mon service un certain Noumair Al-'Allâroûzi, un fantassin courageux, entreprenant, qui, avec des habitants de Schaizar, assaillit les Francs à Ar-Roûdj. Ils passèrent sur notre territoire devant une caravane de Francs réfugiés dans une caverne et se dirent : « Qui entrera contre eux ? » — « Moi », répondit Noumair. Il lança dans leur direction son épée et son bouclier, tira son couteau et pénétra dans la caverne. Un d'entre eux s'avança à sa rencontre, reçut un coup du couteau, fut renversé, et Noumair s'agenouilla sur lui pour le tuer. Derrière cet homme était un Franc portant une épée, qui le frappa. Mais Noumair avait sur le dos un sac à provisions contenant du pain, qui le préserva. Lorsque l'homme, qu'il avait sous lui, eut été tué, il se retourna vers le porteur de l'épée pour l'assaillir. Mais celui-ci le frappa de son épée sur le côté de sa face, lui fendit le sourcil, la paupière, la joue, le nez et la lèvre supérieure. Tout un côté de sa figure pendit sur sa poitrine. Noumair sortit de la caverne pour rejoindre ses compagnons. Ils lui bandèrent sa blessure et le ramenèrent par une nuit fraîche et pluvieuse. Le blessé parvint à Schaizar dans cet état. On recousit sa face et l'on soigna ses blessures. Noumair guérit et redevint ce qu'il avait été, sans que son œil fût perdu. Il fut un des trois que les Ismaéliens précipitèrent de la forteresse de Schaizar et dont nous avons fait mention précédemment [1].

J'ai entendu raconter ce qui suit par le chef (*ar-ra'îs*) Sahri, qui était au service de l'émir Schams al-Khawâṣṣ Âltoûntâsch, seigneur de Rafaniyya, un ennemi et un adversaire de 'Alam ad-Dîn 'Alî Kourd, seigneur de Ḥamâ : « Schams al-Khawâṣṣ m'ordonna de sortir pour apprécier la région de Rafaniyya et pour examiner ses cultures. Je sortis, amenant quelques hommes, j'appréciai la région et je campai un soir avant la nuit près d'un village situé dans la banlieue de Rafaniyya, où était une tour dont nous gravîmes le toit en terrasse. Nous y prîmes notre souper, nous y étant assis, tandis que nos chevaux étaient sur la porte de la tour. A notre insu, un homme

1. Dans la partie aujourd'hui perdue de l'*Autobiographie*.

était monté jusqu'à nous. Il apparut à travers les créneaux de la tour, poussa un cri contre nous et s'élança, un couteau à la main, sur notre petite troupe. Ce fut pour nous la déroute, la descente sur une première échelle, tandis qu'il nous poursuivait, puis sur une seconde, tandis qu'il nous poursuivait encore, jusqu'à la porte. A notre sortie, la porte était gardée par des hommes qu'il y avait postés, qui nous saisirent tous, nous attachèrent avec des cordes et nous amenèrent à Ḥamâ vers 'Alî Kourd. Nous n'échappâmes à la gorge coupée que par un sauf-conduit du destin. 'Alî nous emprisonna et nous rançonna. » Celui qui avait accompli tout cela était un homme isolé.

Il arriva un épisode semblable dans la forteresse d'Al-Kharba, qui appartenait à Ṣalâḥ ad-Dîn Moḥammad, fils d'Ayyoûb, Al-Yâguîsiyânî. Elle avait pour gouverneur (*wâlî*) le chambellan (*ḥâdjib*) 'Îsâ. La forteresse était inaccessible, juchée sur un rocher élevé de tous les côtés. On n'y montait que par une échelle en bois, qui était enlevée après qu'elle avait servi, aucun chemin ne restant pour y parvenir. Il n'y avait dans la forteresse, outre le gouverneur, que son fils, son écuyer et le portier. Celui-ci avait un camarade nommé Ibn Al-Mardjî, qui venait le voir de temps en temps pour certaines affaires. Celui-ci s'aboucha avec les Ismaéliens et fit avec eux un pacte lui assurant de l'argent et un fief, à condition qu'il leur livrerait la forteresse d'Al-Kharba. Puis il vint, demanda à être admis, monta, commença par le portier qu'il tua, continua par l'écuyer venu à sa rencontre qu'il tua, entra chez le gouverneur qu'il tua, revint vers le fils du gouverneur qu'il tua, et remit la citadelle aux Ismaéliens qui tinrent envers lui leurs engagements. Les hommes, lorsqu'ils prennent une résolution, l'exécutent.

C'est à quoi il faut rapporter la rivalité qui existe entre eux pour faire prévaloir leurs idées et leurs ambitions. Mon père (qu'Allâh l'ait en pitié!) me disait : « Dans toutes les espèces, il y a entre ce qui est bon et ce qui est mauvais la même proportion de valeur qu'entre un bon cheval qui vaut cent dinârs et cinq mauvais chevaux qui valent cent dinârs à eux cinq. Il en est de même pour les chameaux, pour les vêtements de tout genre, mais non pour les fils d'Adam. Car cent hommes mauvais ne peuvent être mesurés avec un seul homme de bien. » Et il avait raison (qu'Allâh l'ait en pitié !).

J'avais envoyé un de mes mamloûks dans un cas urgent à Damas [1]. Or, il était advenu que l'atâbek Zengui (qu'Allâh l'ait en pitié !) avait pris Ḥamâ et qu'il avait établi son camp devant Ḥoms. Le chemin du retour fut obstrué pour mon serviteur, qui se dirigea d'abord vers Ba'lbek et de là vers Tripoli, où il loua le mulet d'un chrétien appelé Yoûnân. Celui-ci le conduisit au point convenu, prit congé de lui et s'en retourna. Mon compagnon sortit dans une caravane, pour se rendre à Schaizar à travers les forteresses de la montagne [2]. La caravane rencontra un homme qui dit aux possesseurs des montures : « N'allez pas plus loin, car, sur votre route, à tel et tel endroit, est postée une bande de voleurs, soixante à soixante-dix hommes, qui vous feront prisonniers. » Il avait ainsi parlé. Nous nous arrêtâmes, ne sachant que faire, peu disposés à retourner sur nos pas, n'osant pas avancer par crainte. Nous étions dans cette situation, lorsque le chef (*ar-ra'îs*) Yoûnân s'avança en toute hâte. « Qu'as-tu, ô chef? », lui dîmes-nous. — Il répondit : « J'ai entendu que sur votre chemin il y avait des brigands. Je suis venu pour vous faire passer. Allez ! » Il nous accompagna jusqu'à l'endroit périlleux. Nombre de brigands étaient descendus de la montagne pour s'emparer de nos personnes. Yoûnân s'aboucha avec eux et leur dit : « O jeunes gens, rentrez chez vous. Je suis Yoûnân et ceux-ci sont sous ma protection. Par Allâh, aucun de vous n'approchera d'eux. » Par Allâh, il les repoussa tous loin de nous et les empêcha de manger un seul rond de pain de nos provisions. Yoûnân se joignit à nous jusqu'à ce qu'il nous eût mis en sûreté, puis prit congé de nous et s'en retourna.

Ce même compagnon m'a fait un récit d'après le fils du seigneur d'Aṭ-Ṭoûr. Or, ce compagnon était monté avec moi à Miṣr, en l'an 538 [3], et Aṭ-Ṭoûr est une province lointaine d'Égypte, voisine des contrées des Francs, à laquelle Al-Ḥâfith li-dîn Allâh (qu'Allâh l'ait en pitié !) préposait celui des

1. En 1129 ou en 1130.
2. Du Liban.
3. Ousâma n'y arriva que le jeudi, 2 de djoumâdâ deuxième 539 (30 novembre 1144).

émirs qu'il voulait éloigner. Le fils du gouverneur (*wâlî*) d'At-Toûr m'a raconté ce qui suit : « Mon père prit possession de cette province et je m'y rendis avec lui. J'étais passionné pour la chasse et je sortis pour satisfaire mon goût. Des Francs m'assaillirent, me firent captif et m'amenèrent à Bait Djibrîl. On m'y enferma seul dans une prison souterraine. Le seigneur de Bait Djibrîl fixa ma rançon à deux mille dînârs. Je restai dans la prison souterraine pendant un an, sans que personne s'informât de moi.

« Un jour que j'étais dans cette fosse, on en souleva la fermeture et on descendit vers moi, à l'aide d'une corde, un Bédouin. Je dis au nouveau venu : « Où t'ont-ils pris ? » — Il répondit : « Sur la route. » Il resta auprès de moi quelques jours et fut taxé à cinquante dînârs. A peine avions-nous passé un peu de temps ensemble qu'il me dit : « Veux-tu reconnaître qu'excepté moi personne ne te délivrera de ce cachot ? Sauve-moi pour que je te sauve. » Je me dis : « Voilà un homme placé dans une situation pénible, qui voudrait pour lui-même la délivrance. » Je ne lui répondis pas. Quelques jours après, il renouvela auprès de moi la même tentative. Je me dis : « Par Allâh, je ne cours aucun risque en le délivrant ; peut-être Allâh me délivrera-t-il en récompense de ce que j'aurai fait. » J'appelai le geôlier et je lui dis : « Préviens le seigneur que je désire m'entretenir avec lui. » Le geôlier partit, revint, me fit monter du souterrain et m'introduisit auprès du seigneur, auquel je dis : « Il y a un an que je suis dans ta prison, sans que personne se soit informé de moi ni sache si je suis vivant ou mort. Depuis lors tu as emprisonné auprès de moi ce Bédouin, que tu as taxé à cinquante dînârs. Ajoute-les au chiffre de ma rançon et laisse-moi le faire partir chez mon père afin qu'il me libère. » — « Fais », répondit-il. Je retournai informer le Bédouin. Celui-ci partit, prit congé de moi et s'en alla.

« J'attendis des mois[1], sans voir aucune trace ni entendre aucune nouvelle du Bédouin, et je désespérai de lui. Une nuit, à ma grande surprise, il m'apparut sortant d'une brèche sur le côté du cachot et me dit : « Lève-toi. Par Allâh, voici cinq mois que je creuse ce chemin depuis le village de Kharba. Enfin je

1. Le texte porte : « deux mois ».

suis parvenu à toi. » Je me levai avec lui, nous sortîmes par ce chemin, il brisa mes chaînes et me ramena à ma maison. Je ne sais ce dont je m'étonne le plus, de sa fidélité à la foi jurée, ou de la précision avec laquelle il conduisit sa mine jusqu'au côté de la prison souterraine. »

Lorsque Allâh (gloire à lui!) décide le soulagement, que ses voies sont aisées!

J'allais et je venais vers le roi des Francs [1], lors d'une trêve entre lui et Djamâl ad-Dîn Moḥammad, fils de Tâdj al-Moulouk [2] (qu'Allâh l'ait en pitié!), à cause d'une dette contractée envers mon père (qu'Allâh l'ait en pitié!) par le roi Baudouin [3], père de la reine [4], femme du roi Foulques, fils de Foulques. Les Francs amenaient successivement devant moi leurs captifs pour que je les rachetasse. J'étais en train de racheter ceux dont Allâh le Tout Puissant avait facilité la délivrance, quand parut un satan d'entre les Francs, nommé Guillaume (*Kilyâm*) Djîbâ, monté sur un char qui lui appartenait, excitant à la guerre. Il venait de surprendre un convoi de pèlerins magrébins, environ quatre cents individus, hommes et femmes.

Il continuait à affluer vers moi nombre de prisonniers avec leurs possesseurs. Je rachetais tous ceux que je pouvais. Je remarquai un homme jeune encore qui saluait et s'asseyait sans parler. Je demandai qui il était. On me répondit : « C'est un ascète, il appartient à un tanneur. » — Je dis au propriétaire : « Quel prix me demandes-tu de ce captif? » — Il répliqua : « Par la vérité de ma religion, je ne le vendrai qu'avec ce vieillard, tous deux ensemble au prix coûtant, pour quarante-trois dînârs. » Je conclus le marché. Je payai la rançon de quelques autres encore, tant pour mon compte que pour le compte de l'émir Mou'în ad-Dîn [5] (qu'Allâh l'ait en pitié!), pour cent vingt dînârs.

Je versai la somme que j'avais sur moi, et je me portai garant du reste. Rentré à Damas, je m'adressai à l'émir Mou'în ad-Dîn en ces termes : « J'ai racheté pour toi des prisonniers

1. Foulques d'Anjou, roi de Jérusalem.
2. Tâdj al-Moulouk Boûri, fils de Ṭogtakin.
3. Baudouin II (Baudouin du Bourg), roi de Jérusalem.
4. La reine Mélisende.
5. Mou'în ad-Dîn Anar.

que je te destine. Je n'avais pas emporté la somme nécessaire. Maintenant que je suis revenu dans ma maison, si tu les veux, paye leur rançon ; sinon, je la payerai moi-même. » — « Non pas, dit-il, c'est moi, par Allâh, qui veux les racheter. En revanche, je désire les hommes pour prix de ma dépense. » Personne au monde n'était plus empressé que Mou'în ad-Dîn (qu'Allâh l'ait en pitié !) à faire du bien, mais aussi à en tirer profit.

Il paya la rançon de ces hommes, et je retournai, quelques jours après, à Acre. Il restait encore auprès de Guillaume Djibâ trente-huit prisonniers, parmi lesquels une femme mariée à l'un de ceux qu'Allâh le Tout Puissant avait délivrés par mon entremise. Je la lui rachetai, mais sans verser immédiatement la somme. Je me rendis à cheval vers la maison de ce maudit, et je lui dis : « Tu me vendras bien dix de ces captifs ? » — Il répondit : « Par la vérité de ma foi, je ne les vendrai qu'en bloc. » — Je repris : « La somme que j'ai emportée est insuffisante. Je rachèterai d'abord quelques-uns des captifs, puis viendra le tour des autres. » — Il répéta : « Je ne les vendrai qu'en bloc. »

Je m'en retournai. Or, Allâh (gloire à lui !) décréta qu'ils s'enfuiraient jusqu'au dernier dans cette même nuit. Les habitants des campagnes autour d'Acre étant tous musulmans, à mesure qu'un captif parvenait jusqu'à eux, ils le cachaient et l'aidaient à regagner les régions de l'islâm. Ce maudit les réclama, mais sans pouvoir en rattraper un seul, et Allâh favorisa leur délivrance.

Le lendemain matin, Guillaume exigea de moi la rançon de la femme, que j'avais rachetée, mais dont je n'avais pas versé le prix. Elle s'était enfuie avec les autres. Je lui dis : « Livre-la moi d'abord et tu recevras son prix ! » — Il répondit : « Son prix m'est acquis depuis hier avant sa fuite ». Il me contraignit à faire ce payement. Je m'y résignai facilement, tant j'étais réjoui par la délivrance de ces malheureux !

Une autre délivrance merveilleuse, due à l'intervention du destin et à la décision de la volonté divine, eut lieu pendant une des nombreuses tentatives que l'émir Fakhr-ad-Dîn Ḳarâ Arslân, fils de Souḳmân, l'Ortoḳide, fit contre la ville d'Âmid, pendant le temps que je restai à son service. Elles avaient échoué l'une après l'autre. Avant le dernier effort qu'il tenta, il avait reçu un messager envoyé par un émir Kurde, inspecteur des rôles à Âmid. Ce messager avait amené plusieurs affidés de son maître et avait stipulé, au nom de celui-ci, que l'armée des assaillants le rejoindrait dans une nuit désignée d'avance, qu'il les ferait monter par des cordes et qu'Âmid tomberait en leur pouvoir.

Dans ces conjonctures, Ḳarâ Arslân s'ouvrit de ses intentions à un Franc, nommé Yâroûḳ, qui servait sous ses ordres et qui, à cause de son déplorable caractère, inspirait à toute l'armée des sentiments de haine et d'aversion. Yâroûḳ monta à cheval et partit en avant à la tête d'une partie de l'armée; puis les autres émirs montèrent à cheval et le suivirent. A un certain moment, il ralentit sa marche et fut devancé par les émirs qui arrivèrent sous les murs d'Âmid.

L'émir Kurde et ses compagnons les aperçurent du haut de la citadelle, d'où ils leur lancèrent des cordes, en leur disant : « Montez. » Aucun d'eux ne monta. Le Kurde et ses compagnons descendirent de la citadelle, brisèrent les verrous fermant l'une des portes de la ville, et dirent : « Entrez. » Personne n'entra.

Cette singulière attitude provenait de la confiance que Fakhr ad-Dîn avait accordée à un jeune homme ignorant, au lieu de consulter, dans un cas aussi grave, les émirs les plus expérimentés.

L'émir Kamâl ad-Dîn 'Alî Ibn Nisân fut informé de ce qui se passait. Les habitants et les troupes fondirent aussitôt sur leurs ennemis, dont les uns furent tués, d'autres se jetèrent dans le vide, d'autres enfin furent faits prisonniers. Parmi ceux qui s'étaient ainsi précipités, il y en eut un qui, dans sa chute à travers les airs, étendit la main comme s'il voulait saisir quoi que ce soit pour s'y rattacher. Sa main rencontra une des cordes qui avaient été lancées au début de la nuit et dont on ne s'était pas servi pour monter. Il s'y accrocha, échappa seul de tous ses compagnons et fut quitte pour quelques écorchures aux mains par le contact de la corde.

J'assistai à cette scène. Le lendemain matin, le gouverneur d'Âmid se mit à la poursuite de ceux qui avaient intrigué contre lui et les fit périr. Cet homme fut le seul qui survécut. Gloire à Celui qui, lorsqu'il a décrété le salut de quelqu'un, l'arracherait même du gosier d'un lion! C'est là une réalité, et non un exemple.

Il y avait dans la Citadelle du pont (*housn al-djisr*) un de nos compagnons, un Kinânite, connu sous le nom d'Ibn Al-Aḥmar. Il avait quitté la Citadelle du pont, monté sur son cheval, pour se rendre à Kafarṭâb en vue de régler une affaire. Il passa devant Kafarnaboûdhâ, alors qu'une caravane traversait la route. Le lion se montra. Ibn Al-Aḥmar portait une lance qui reluisait. Les gens de la caravane lui crièrent : « O possesseur de la lance qui brille, à toi le combat avec le lion! » La honte de se dérober à leurs cris le décida à s'élancer sur le lion. Mais son cheval le renversa à terre. Le lion vint, s'accroupit sur lui; mais, comme Allâh voulait son salut, le lion étant rassasié, après avoir semblé faire une bouchée de sa figure et de son front, les rejeta et se mit à lui lécher le sang en restant accroupi sur lui, sans lui causer aucun dommage. Ibn Al-Aḥmar a dit : « J'ouvris les yeux et j'aperçus la luette du lion. Puis je me retirai de sous lui, je relevai sa cuisse de sur moi et je sortis en m'accrochant à un arbre voisin, dans lequel je montai. Le lion me vit et se mit à ma poursuite. Mais je l'avais devancé et j'étais monté dans l'arbre. Il s'endormit sous les branches. Je fus rejoint par une troupe nombreuse de fourmis qui montèrent vers mes blessures. Or, les fourmis recherchent ceux qui ont été blessés par les lions, comme les souris ceux qui ont été blessés par les panthères. Je vis alors le lion se coucher et tendre les oreilles, comme s'il écoutait. Puis il se leva en bondissant. Une caravane s'était avancée sur la route et le lion semblait l'avoir pressentie. » On retrouva notre compagnon et on le ramena dans sa maison. La trace des dents du lion sur son front et sur ses joues ressemblait à l'empreinte du feu. Gloire à l'Arbitre du salut!

Autre histoire : Un jour notre entretien roulait sur l'art de la guerre, tandis que mon précepteur, le savant schaikh Aboû 'Abd Allâh Moḥammad, fils de Yoûsouf, connu sous le nom d'Ibn Al-Mounîra (qu'Allâh l'ait en pitié!), prêtait l'oreille. Je lui dis : « O mon maître, si tu montais à cheval, si tu revêtais une casaque rembourrée et un heaume, si tu ceignais une épée, si tu te munissais d'une lance et d'un bouclier pour te poster près de la chapelle de l'Oronte, dans un défilé par lequel passeraient les Francs (qu'Allâh les maudisse!), pas un d'entre eux ne t'échapperait. » — « Par Allâh, tu te trompes, répondit-il; ils m'échapperaient tous. » — Je repris : « Ils auraient peur de toi et ne te reconnaîtraient pas. » — « Gloire à Allâh, s'écria Ibn Al-Mounîra, je ne me reconnaîtrais pas moi-même! » Puis il ajouta : « O Ousâma, jamais homme intelligent ne combat. » — Je lui dis, en lui énumérant les cavaliers les plus courageux de notre race : « O mon maître, celui-ci et celui-là passent-ils donc à tes yeux pour des fous? » — « Telle n'était pas ma pensée, répliqua Ibn Al-Mounîra; j'ai seulement voulu dire que l'intelligence est absente à l'heure du combat. Si elle était présente, l'homme ne livrerait pas sa face aux épées, sa poitrine aux lances et aux flèches. Ce n'est point là une conduite dictée par l'intelligence. »

Mon défunt professeur (qu'Allâh l'ait en pitié!) avait plus d'expérience scientifique que d'expérience guerrière; car l'intelligence est ce qui dispose l'homme à affronter les épées, les lances et les flèches, par le dégoût qu'inspirent l'immobilité du poltron et la mauvaise réputation. La preuve en est que le plus brave, lorsqu'il songe et réfléchit d'avance aux dangers de la lutte, est en proie à l'agitation, au tremblement, à la pâleur, qu'il s'inquiète, qu'il hésite et qu'il s'effraye avant d'arriver sur le champ de bataille; mais, une fois qu'il est entré dans la mêlée et qu'il a plongé dans les abîmes du combat, on voit disparaître son agitation, son tremblement, sa pâleur. Tout acte, dont l'intelligence est absente, laisse paraître le péché et l'erreur.

On peut comparer ce qui se passa, lorsque les Francs campèrent une fois [1] contre Ḥamâ dans les fourrés qui, aux alentours, abritaient des champs fertiles. Ils campèrent au milieu des terres ensemencées. On vit alors sortir de Schaizar un ramassis de coquins, qui se mirent à rôder autour de l'armée franque pour commettre sur elle des rapines. Ils virent les tentes dressées en pleine végétation. L'un d'eux se présenta de bon matin chez le seigneur de Ḥamâ [2]. « Avant la nuit, dit-il, j'aurai mis le feu à toute l'armée franque. » — « Si tu fais

1. En 1117.
2. Khirkhân, fils de Ḳarâdjâ.

cela, répondit le seigneur de Ḥamâ, je te donnerai une robe d'honneur. » A la tombée du jour, ce bandit sortit avec une poignée d'hommes pour exécuter son dessein. L'incendie fut allumé à l'ouest des tentes, afin que le feu, poussé par les vents, les atteignît. Par l'éclat de la flamme, la nuit était devenue aussi claire que le jour. Les Francs aperçurent les incendiaires, se ruèrent sur eux et les tuèrent pour la plupart. Quelques-uns échappèrent au massacre en se jetant dans le fleuve et en gagnant à la nage l'autre rive. Telles sont les marques et les conséquences de la sottise.

J'ai vu quelque chose d'analogue, bien que ce ne fût pas un fait de guerre. Les Francs avaient réuni contre Panéas (*Bâniyâs*) des troupes nombreuses qu'accompagnait le patriarche. Celui-ci avait fait dresser une vaste tente qu'il avait transformée en église pour y faire les prières. Un vieux diacre (*schammâs*) veillait au service de cette église et il y avait étendu sur le sol de l'alfa et du chanvre qui avaient attiré nombre de puces. Il vint à l'idée de ce diacre d'incendier l'alfa et le chanvre pour que les puces périssent. La flamme allumée se répandit dans les matières sèches; les langues de feu s'élevèrent et gagnèrent la tente qu'elles réduisirent en cendres. Cet homme avait manqué d'intelligence.

Tout au contraire, il nous arriva certain jour de partir à cheval de Schaizar pour la chasse. Mon oncle paternel (qu'Allâh l'ait en pitié!) était des nôtres, avec un détachement de troupes. Nous fûmes attaqués par un lion caché dans une cannaie, où nous étions entrés à la poursuite des francolins. Un de nos officiers, un Kurde, Zahr ad-Daula (Fleur de la dynastie) Bakhtiyâr Al-Ḳarṣî, surnommé Fleur de la dynastie à cause de son charmant naturel, l'un des cavaliers entre les musulmans (qu'Allâh l'ait en pitié!), s'élança sur le lion qui s'avança pour l'accueillir. Le cheval qu'il montait fit un écart et le renversa. Le lion vint vers cet homme étendu, qui leva l[e] pied. Le fauve saisit ce pied gloutonnement. Nous avions bien vite rejoint notre compagnon, tué le lion, délivré sa victime qui était saine et sauve. Nous lui dîmes alors : « O Zahr ad-Daula, pourquoi as-tu levé ton pied vers la gueule du lion? » — Il répondit : « Mon corps, tel que vous le voyez, est faible et maigre. J'ai sur moi un vêtement et une tunique;

mais rien chez moi n'est plus couvert que mon pied avec ses guêtres, ses bottines et leurs tiges. Je me suis dit : En l'occupant de mon pied, je le détournerai de mes côtes, de ma main, de ma tête, jusqu'à ce qu'Allâh le Tout Puissant me délivre. Cet homme avait eu sa présence d'esprit dans une situation où les intelligences font défaut. Ces autres avaient manqué d'intelligence. Or, l'homme a plus besoin de l'intelligence que les autres êtres. Allâh est digne d'être loué par l'intelligent et par le sot!

De même, Roger (*Roûdjâr*), seigneur d'Antioche, avait écrit une lettre à mon oncle pour lui demander le libre passage d'un de ses chevaliers se rendant à Jérusalem pour une affaire pressante, et une escorte qui le prendrait à Apamée pour le conduire jusqu'à Rafaniyya. Mon oncle organisa l'escorte et se fit amener le chevalier, qui lui dit : « Mon maître m'a envoyé pour mener en son nom une négociation secrète; mais j'ai reconnu ton intelligence, aussi te mettrai-je au courant. » — Mon oncle répliqua : « Comment as-tu appris que j'étais intelligent, toi qui ne m'as jamais vu avant l'heure présente? » — « C'est, répondit le chevalier Franc, que j'ai trouvé la dévastation dans tous les pays que j'ai parcourus, tandis que la contrée de Schaizar est florissante. Or, je me suis convaincu que tu n'as pu atteindre ce résultat que par ton intelligence et par ta bonne administration. » Il lui exposa ensuite l'objet de son voyage.

L'émir Fadl, fils d'Aboû 'l-Haidjâ, seigneur d'Irbil, m'a raconté, comme le tenant de son père Aboû 'l-Haidjâ qui lui avait dit : « Le sultan Malik-Schâh, dès son arrivée en Syrie, m'envoya vers l'émir Ibn Marwân, seigneur du Diyâr-Bekr, pour lui réclamer trente mille dînârs. J'eus une entrevue avec lui et je lui répétai l'objet de ma mission. Il me répondit : « Repose-toi d'abord; nous en causerons. » Le lendemain matin, il ordonna qu'on m'introduisît dans ses bains privés et m'envoya les ustensiles du bain, tous en argent, avec un habillement complet, en faisant prévenir mon valet de chambre que tous ces ustensiles étaient notre propriété. En sortant, j'endossai mes vêtements à moi et je rendis tous les objets. Quelques jours s'écoulèrent. Puis Ibn Marwân ordonna de nouveau qu'on m'introduisît dans ses bains. On ne lui avait pas caché la restitution des objets. On apporta dans la salle des ustensiles de bain plus précieux que les premiers et un habillement complet plus riche que le premier. Son valet de chambre dit au mien comme la première fois. En sortant, j'endossai mes vêtements à moi et je rendis les objets, ainsi que l'habillement. Trois ou quatre jours se passèrent. Puis, il me fit introduire dans ses bains. On m'apporta des ustensiles en argent plus précieux que les précédents et un habillement complet plus riche que le précédent. En sortant, j'endossai mes vêtements à moi et je restituai le tout. Lorsque je me présentai chez l'émir, il me dit : « O mon fils, je t'ai adressé des vêtements que tu n'as pas revêtus, et des ustensiles de bain que tu n'as pas acceptés et que tu as rendus. Quel est le motif de ta conduite? » — Je répondis : « O mon maître, j'ai apporté le message du sultan pour une affaire qui n'a pas été réglée. Comment accueillerais-je tes présents pour revenir, sans que la demande du sultan ait reçu satisfaction? J'aurais l'air de n'être venu que dans mon intérêt. » — Il reprit : « O mon fils, n'as-tu pas vu comme mes régions sont cultivées, en pleine prospérité, avec des jardins et des laboureurs, comme les domaines y sont habités? T'imagines-tu que je ruinerais toute cette contrée pour trente mille dînârs? Par Allâh, certes l'or, je l'ai mis dans des sacs depuis le jour de ton arrivée. J'ai voulu seulement attendre le passage du sultan sur mon territoire pour que tu lui remettes la somme, par crainte que, si je lui payais d'avance ce qu'il a demandé, une fois arrivé près de nos régions, il ne réclamât le double. Aussi ne t'inquiète pas, car ton affaire est réglée. » Ensuite Ibn Marwân me fit apporter les trois habillements complets qu'il m'avait destinés et que j'avais rendus, ainsi que la totalité des ustensiles qu'il m'avait envoyés à trois reprises. J'acceptai son cadeau. Lorsque le sultan traversa le Diyâr-Bekr, l'émir me remit la somme que j'emportai, et dont j'étais muni lorsque je rejoignis le sultan ».

La bonne administration est pleine d'avantages pour la prospérité des régions. C'est ainsi que l'atâbek Zenguî (qu'Allâh l'ait en pitié !) avait demandé en mariage la fille du seigneur de Khilâṭ [1]. Celle-ci avait perdu son père; sa mère admi-

1. En 1131.

région. D'autre part, Ḥousâm ad-Daula Ibn Dil-
eur de Badlîs, avait envoyé demander la main de
personne pour son fils. L'atâbek conduisit une
nifique jusqu'à Khilâṭ, sans suivre la route habi-
d'éviter le chemin de Badlîs. Il traversa les mon-
tête de ses troupes. Nous campions sans tentes,
hoisissant un emplacement sur la voie, jusqu'à ce
eussions atteint Khilâṭ. L'atâbek établit sa tente
s; quant à nous, nous entrâmes dans la forteresse
le et nous inscrivîmes le chiffre de la dot. Puis,
faire fut conclue, l'atâbek ordonna que Ṣalâḥ ad-
gros de l'armée et se rendît à Badlîs pour opérer
e place forte. Nous montâmes à cheval au com-
de la nuit et, après avoir voyagé, nous étions le
matin devant Badlîs. Ḥousâm ad-Daula, qui en
gneur, sortit vers nous, nous rencontra dans la
stalla Ṣalâḥ ad-Dîn dans l'Hippodrome, lui offrit
te hospitalité, se mit à son service et but avec lui
podrome, en lui disant : « O mon maître, que pres-
r ce n'est pas sans dessein que tu t'es absenté et
fait un voyage fatigant jusqu'ici. » — « L'atâbek,
lâḥ ad-Dîn, s'est irrité de ce que tu as demandé en
personne dont il était aussi le prétendant. Tu t'es
vers eux pour dix mille dînârs que nous te récla-
« A tes ordres, » répondit-il. Aussitôt il fit apporter
Dîn une partie de la somme et lui demanda pour le
urt délai dont il fixa le terme. Nous n'eûmes plus
en retourner. Grâce à son excellente administration,
tait florissant et n'avait subi aucune perturbation.
rapproche de ce qui advint à Nadjm ad-Dîn Mâlik
(qu'Allâh l'ait en pitié !), lorsque Josselin (*Djoûs-*
ne incursion contre Ar-Raḳḳa et Ḳal'at Dja'bar,
s villages environnants, emmena des captifs,
e nombreux troupeaux et campa en face de Ḳal'at
n'en étant séparé que par l'Euphrate. Nadjm ad-
lik monta sur une petite barque avec une escorte
quatre écuyers, traversa l'Euphrate pour se rendre

-Dîn Moḥammad, fils d'Ayyoûb, Al-Yâguisiyânî.

vers Josselin auquel il était lié par d'anciennes relations. Josselin était l'obligé de Mâlik. Il s'imagina qu'il y avait dans la barque un messager envoyé par Mâlik; mais un Franc accourut le prévenir que Mâlik lui-même était dans la barque. Il se refusa à le croire d'abord; mais un autre Franc arriva et dit : « Mâlik a débarqué et est venu jusqu'à moi à pied. » Josselin se leva, alla à la rencontre de Mâlik, l'honora et lui rendit toutes ses prises en fait de troupeaux et de prisonniers. N'eût été la politique habile de Nadjm ad-Daula, son territoire eût été ravagé.

Lorsque le terme fatal est fixé, rien ne sert, ni le courage ni l'énergie. J'assistai à une journée où nous fûmes assaillis par l'armée des Francs. Quelques-uns d'entre eux se dirigèrent, avec l'atâbek Ṭogtakîn, vers la Forteresse du pont (*Ḥouṣn al-djisr*) pour l'attaquer. L'atâbek avait conclu dans Apamée un pacte avec l'Ortoḳide Îlgâzî et avec les Francs contre les armées du sultan. Le général en chef, Boursouḳ, fils de Boursouḳ, était arrivé en Syrie et avait établi son camp devant Ḥamâ le dimanche 19 de moḥarram, en l'an 509 [1]. Quant à nous, nos ennemis vinrent lutter contre nous, non loin des murs de notre ville, furent vaincus et repoussés. Leur départ fut pour nous une délivrance.

J'étais présent, lorsqu'un de nos compagnons, nommé Moḥammad, fils de Sarâyâ, un jeune homme énergique, hardi, vit fondre sur lui un cavalier Franc (qu'Allâh le maudisse!), qui lui donna un coup de lance dans la cuisse. La lance y pénétra. Moḥammad la saisit, alors qu'elle était enfoncée dans sa cuisse. Le Franc voulut l'en sortir pour la reprendre, Moḥammad faisant de son côté des efforts pour s'en emparer. La lance se mouvait ainsi dans sa cuisse en y formant une ouverture arrondie par les efforts faits pour l'en extraire. Il en résulta pour notre compagnon la perte de la cuisse et ensuite la mort deux jours après (qu'Allâh l'ait en pitié!).

Je vis dans cette même journée, et je me tenais sur le côté des combattants, un cavalier Franc qui avait désarçonné un de nos cavaliers, avait tué d'un coup de lance sa monture et avait fait de lui un fantassin. Impossible de le reconnaître à la distance qui nous séparait! Je dirigeai mon cheval vers

1. Le 14 juin 1115.

lui, craignant qu'il ne subît une nouvelle attaque de ce même Franc. La lance avait ouvert une brèche dans le corps de la monture qui était morte en laissant tomber ses boyaux. Le Franc s'était écarté à une légère distance, avait dégainé son épée et s'était posté en face de son adversaire. Lorsque j'eus rejoint celui-ci, il se trouva que c'était mon cousin Nâṣir ad-Daula Kâmil, fils de Moukallad (qu'Allâh l'ait en pitié!). Je m'approchai de lui, j'ôtai mon pied de l'étrier et je lui dis : « Monte sur mon cheval. » Lorsqu'il s'y fut assis, je tournai la tête de ma monture vers l'ouest, bien que, par rapport à nous, la ville fût à l'est. « Où allons-nous? » me demanda Kâmil. —Je répondis : « Vers celui qui a frappé ton cheval et qui t'a blessé au-dessus des côtes. » Kâmil étendit la main, saisit les rênes et dit : « Tu ne pourras rien tant que ton cheval portera un homme en plus. Ramène-moi, puis retourne frapper mon adversaire. » Je suivis son conseil; je le ramenai, puis je retournai vers ce chien, mais il avait repris sa place parmi ses compagnons.

J'ai vu se manifester la bienveillance d'Allâh et sa belle protection, lorsque les Francs (qu'Allâh les maudisse!) campèrent contre nous avec cavaliers et fantassins. Nous n'étions séparés les uns des autres que par l'Oronte (*Al-'Âṣî*), dont les eaux étaient tellement grosses qu'ils ne pouvaient point passer vers nous et que nous étions empêchés de passer vers eux. Ils dressèrent leurs tentes sur la montagne et quelques-uns s'établirent jusque vers les jardins placés dans leur voisinage, laissèrent en liberté leurs chevaux dans les prés de fourrages et s'endormirent. Quelques jeunes fantassins de Schaizar se déshabillèrent et, après avoir ôté leurs vêtements, prirent leurs épées; nagèrent dans la direction de ces dormeurs et en tuèrent plusieurs. Alors, de nombreux ennemis s'acharnèrent contre nos compagnons qui se jetèrent à l'eau et rentrèrent, tandis que l'armée des Francs était descendue à cheval de la montagne, comme le torrent. A côté de ceux-ci était une mosquée, la Mosquée d'Aboû 'l-Mâdjd ibn Soumayya, dans laquelle était un homme appelé Ḥasan Az-Zâhid (l'ascète), qui se tenait sur un toit en terrasse, faisant une retraite dans la mosquée et priant. Il avait des vêtements noirs, en laine. Nous le voyions, mais nous n'avions aucun moyen d'arriver à lui. Les Francs étaient venus, avaient mis pied à terre devant la porte de la mosquée, étaient montés jusqu'à lui, tandis que nous disions : « Il n'y a de force et de puissance qu'en Allâh ! Les Francs vont le tuer. » Mais lui, par Allâh, n'interrompit pas sa prière et ne bougea pas de sa place. Les Francs s'en retournèrent, s'arrêtèrent, remontèrent sur leurs chevaux et partirent, tandis qu'il était immobile au même endroit, continuant à prier. Nous ne doutions pas qu'Allâh (gloire à lui !) eût aveuglé les Francs par rapport à lui et l'eût caché à leurs regards. Gloire au Tout Puissant, au Miséricordieux !

Et parmi les faveurs d'Allâh le Très Haut fut ce qui se passa lorsque le roi des Grecs (*Ar-Roûm*)[1] campa devant Schaizar en l'an 532[2]. Il sortit de Schaizar une troupe de fantassins pour combattre. Les Grecs les taillèrent en pièces, tuèrent les uns et firent prisonniers les autres. Parmi ceux qui furent emmenés en captivité, se trouvait un ascète des Banoû Kardoûs, un saint homme, né dans l'esclavage de Maḥmoûd, fils de Ṣâliḥ, seigneur d'Alep. Lorsque les Grecs s'en retournèrent, il était leur captif. Il arriva à Constantinople (*Al-Ḳousṭanṭîniyya*). Un jour qu'il s'y trouvait, il y rencontra un homme qui lui dit : « Es-tu Ibn Kardoûs ? » — « Oui, » répondit-il. — L'autre reprit : « Viens avec moi, conduis-moi chez ton maître. » Ils partirent ensemble et Ibn Kardoûs présenta à son maître son compagnon, qui discuta avec celui-ci la rançon du prisonnier jusqu'à ce qu'elle fût fixée entre les deux interlocuteurs à une somme dont le Grec se déclara satisfait. Le montant ayant été pesé, l'homme donna encore à Ibn Kardoûs une somme d'argent, en lui disant : « Que cela te serve à rejoindre ta famille. Pars en paix avec Allâh le Très Haut. » Ibn Kardoûs sortit de Constantinople et rentra à Schaizar. Cette délivrance provint d'Allâh et de sa faveur mystérieuse. Car Ibn Kardoûs ne savait pas qui l'avait racheté et affranchi.

Il m'arriva quelque chose de semblable. Lorsque les Francs nous attaquèrent sur la route, au départ de Miṣr[3],

1. L'empereur Jean Comnène.
2. Au printemps de 1138. Corrigez d'après cela *Vie d'Ousâma*, p. 155, où 1133 est une faute d'impression.
3. Dans la première moitié de 1154.

après qu'ils eurent tué 'Abbâs, fils d'Aboû 'l-Foutoûḥ, et son fils aîné Naṣr, nous prîmes nous la fuite vers une montagne voisine. Nos hommes la gravirent à pied, en traînant leurs chevaux. Quant à moi, j'étais sur une mazette et je ne pouvais pas marcher. Je montai sur ma bête. Or, les flancs de cette montagne sont tout en pierres crevassées et en cailloux qui, foulés au pied par le cheval, faisaient couler le sang de ses pieds. Je frappai la mazette pour qu'elle montât. Mais elle ne put pas et descendit, poussée en arrière par les pierres crevassées et par les cailloux. Je mis pied à terre, je la fis reposer et je m'arrêtai, ne pouvant pas marcher. Alors un homme descendit vers moi de la montagne, saisit l'une de mes mains, tandis que ma rosse était dans l'autre, et me hissa au sommet. Non, par Allâh, je ne savais pas qui il était et je ne l'ai jamais revu.

Dans ces temps difficiles, on vous rappelait les moindres bienfaits et on en réclamait la rétribution. J'avais été abreuvé par un Turc d'un peu d'eau en échange de laquelle je lui avais donné deux dînârs. Il ne cessa point, après notre arrivée à Damas, de me mettre à contribution pour ce dont il avait besoin et de me demander la satisfaction de ses désirs, à cause de ce peu de boisson qu'il m'avait donné. Or, mon bienfaiteur se considérait comme un ange (qu'Allâh m'ait en pitié!) par lequel Allâh était venu à mon secours.

Entre autres faveurs d'Allâh le Très Haut je citerai ce que m'a raconté 'Abd Allâh Al-Mouschrif (l'Inspecteur) en ces termes : « Je fus emprisonné à Ḥaizân, enchaîné, traité avec rigueur. J'étais dans la prison à la porte de laquelle veillaient les gardiens. Je vis dans un rêve le Prophète (qu'Allâh lui accorde bénédiction et paix!), qui me dit : « Secoue ta « chaîne et sors. » Je me réveillai, je détachai ma chaîne qui s'enleva de mes pieds, je me levai pour ouvrir la porte que je trouvai ouverte, je dépassai les gardiens jusqu'à une meurtrière dans le mur, par laquelle je n'aurais pas soupçonné que ma main pût sortir. J'y passai tout entier et je tombai sur un tas de fumier, où restèrent les traces de ma chute et celles de mes pieds. Je descendis dans une vallée aux alentours des murs et j'entrai dans une caverne sur le flanc de la montagne, de ce même côté. Je me disais : Ils vont sortir, verront ma trace et me prendront. Mais Allâh (gloire à lui!) envoya de la neige qui couvrit les traces. Les gardiens sortirent, tournant autour de moi sous mes yeux pendant toute la journée. Au soir, lorsque je fus en sûreté contre les recherches, je sortis de cette caverne et je me rendis dans un endroit sûr pour moi. »

Cet 'Abd Allâh était inspecteur (*mouschrif*) des cuisines de Ṣalâḥ ad-Dîn Moḥammad, fils d'Ayyoûb, Al-Yâguîsiyânî (qu'Allâh l'ait en pitié!).

Parmi les hommes, il y en a qui combattent, comme autrefois les compagnons du Prophète (la grâce d'Allâh soit sur eux!) combattaient pour le Paradis, non pas pour obtenir conquêtes et réputation.

C'est ainsi que, le roi des Allemands (*Alamân*) le Franc [1] (qu'Allâh le maudisse!) étant à peine parvenu en Syrie, tous les Francs qui étaient en Syrie s'y coalisèrent sous sa direction pour attaquer Damas. Les troupes et les habitants de Damas sortirent de la place pour combattre leurs ennemis. On remarquait dans le nombre le jurisconsulte Al-Findalâwî et le schaikh austère 'Abd ar-Raḥmân Al-Ḥalḥoûlî (qu'Allâh les ait tous deux en pitié!), deux des meilleurs parmi les musulmans. Lorsqu'ils furent proches des chrétiens, le jurisconsulte dit à 'Abd ar-Raḥmân : « Ne sont-ce pas les Roûm? » — « Mais oui », répondit 'Abd ar-Raḥmân. — Al-Findalâwî reprit : « Jusqu'à quand resterons-nous immobiles? » — « Viens, dit 'Abd ar-Raḥmân, allons défendre le nom d'Allâh le Très Haut ». Ils s'avancèrent tous deux et luttèrent jusqu'à ce qu'ils fussent tués dans un même endroit. Puisse Allâh les prendre tous deux en pitié!

Et, parmi les hommes, il y en a qui combattent à cause de leur fidélité. Ce fut le cas d'un Kurde, nommé Fâris (cavalier), qui justifiait son nom de cavalier, et quel cavalier il fut! Mon père et mon oncle paternel (qu'Allâh les ait tous deux en pitié!) assistèrent à une bataille livrée entre eux et Saif ad-Daula Khalaf ibn Moulâ'ib [2], qui s'y conduisit mal à leur égard et les trahit. Il avait recruté et rassemblé des troupes, tandis que,

1. L'empereur d'Allemagne Conrad III. Épisode du 25 juillet 1148.
2. Dans la seconde moitié de 1100.

de notre côté, l'on n'était nullement préparé à ce qui s'était produit. La cause en était que Khalaf avait envoyé leur dire : « Nous nous rendrons à Asfoûnâ, où sont les Francs, nous les ferons captifs. » Nos compagnons l'y devancèrent, mirent pied à terre et s'attaquèrent à la citadelle qu'ils minèrent. Pendant que ceux-ci combattaient, Ibn Moulâ'ib s'avança et prit les chevaux de ceux de nos compagnons qui avaient mis pied à terre. Le combat eut lieu entre eux, après avoir menacé les Francs. La lutte devint acharnée. Fâris le Kurde s'y jeta avec impétuosité, fut blessé à plusieurs reprises et ne cessa de se battre, ne cessa d'être blessé qu'après avoir été criblé de blessures. La bataille se termina. Mon père et mon oncle paternel (qu'Allâh les ait tous deux en pitié !) passèrent devant lui, alors qu'il était porté au milieu de nos troupes. Ils s'arrêtèrent pour féliciter ce héros d'être sain et sauf. « Par Allâh, leur dit-il, je n'ai pas combattu pour défendre ma vie, mais la vôtre. Vous m'avez accordé des bienfaits et des avantages en grand nombre et je ne vous ai jamais vus dans un danger pareil à celui d'aujourd'hui. Je me suis promis de combattre en avant de vous, de vous revaloir vos bienfaits et de me faire tuer pour vous sauver. » Or Allâh (gloire à lui !) décréta que Fâris serait guéri de ces blessures et se rendrait à Djabala où était Fakhr al-Moulk Ibn 'Ammâr, tandis que les Francs étaient à Laodicée.

Quelques cavaliers de Fakhr al-Moulk sortirent de Djabala pour attaquer Laodicée, quelques cavaliers Francs sortirent de Laodicée pour attaquer Djabala. Les deux escadrons campèrent sur la route, séparés par une colline. Un cavalier Franc gravit le versant septentrional de la colline, au moment même où Fâris le Kurde montait de l'autre côté. Chacun d'eux se proposait de reconnaître le pays au nom de ses compagnons d'armes. Ils se rencontrèrent sur le faîte de la colline, se lancèrent l'un sur l'autre, et, au même moment, échangèrent deux coups qui les firent tomber simultanément raides morts. Les chevaux continuèrent à se ruer l'un contre l'autre avec fureur sur la colline, alors que leurs maîtres avaient péri.

Ce Fâris avait chez nous un fils nommé 'Alân, un combattant qui possédait des chevaux magnifiques et le plus bel attirail de guerre. Mais il était inférieur à son père. Tancrède, seigneur d'Antioche, campa contre nous un jour et nous combattit avant d'avoir dressé ses tentes. Cet 'Alân, fils de Fâris, était monté sur un cheval beau et fringant, un coursier exceptionnel. Il était posté sur une élévation de terrain, lorsqu'un cavalier Franc l'assaillit dans un moment d'inadvertance, perça son cheval à l'encolure avec sa lance qui y pénétra. Le cheval se cabra et renversa 'Alân. Quant au Franc, il s'en retourna, emmenant à ses côtés le cheval avec la lance enfoncée dans l'encolure, comme s'il le tenait en laisse, fier d'un riche butin.

Puisque j'ai parlé des chevaux, je dirai qu'il y en a de très endurants, comme certains hommes, et qu'il y en a d'autres sans énergie. Nous avions dans nos troupes un Kurde, nommé Kâmil Al-Maschṭoûb (Kâmil le Balafré), courageux, religieux, excellent (qu'Allâh l'ait en pitié !). Il possédait un cheval bai brun, zain, semblable au chameau. Une rencontre eut lieu entre lui et un cavalier des Francs, qui frappa de la lance ce cheval à l'endroit du collier. La violence du choc inclina le cou de l'animal et la lance sortit du bord de l'encolure pour frapper la cuisse de Kâmil Al-Maschṭoûb et pour ressortir de l'autre côté. Le cheval supporta cette violence sans se laisser ébranler, non plus que son cavalier. J'eus l'occasion de voir la blessure qui avait endommagé la cuisse de Kâmil, après qu'elle eut été cicatrisée et fermée. Jamais je n'en avais vu d'aussi large. Le cheval guérit et Kâmil affronta sur lui un autre combat, où également il se mesura avec un cavalier des Francs, qui frappa de la lance ce cheval et lui perça le front. Le cheval ne bougea pas et se remit de cette seconde atteinte. Après que la blessure eut été fermée, si un homme adaptait la paume de sa main et la plaçait sur le front du cheval à l'endroit de la blessure, c'était de part et d'autre la même largeur.

Voici une anecdote piquante relative à ce cheval, que mon frère 'Izz ad-Daula Aboû 'l-Ḥasan 'Alî (qu'Allâh l'ait en pitié !) avait acheté à Kâmil Al-Maschṭoûb. Il était devenu un coureur alourdi. Mon frère s'en dessaisit comme gage d'un rapprochement entre nous et un cavalier Franc de Kafarṭâb. Le cheval resta chez celui-ci une année, puis mourut. Le cavalier envoya vers nous réclamer le prix du cheval. « Tu l'as acheté, lui fut-il répondu, tu l'as monté et il est mort chez toi. De quel droit réclames-tu son prix? » — Il dit alors : « Vous lui avez fait boire quelque chose dont il meurt au bout d'un an. » Nous fûmes étonnés de sa sottise et de sa faible intelligence.

Un cheval fut blessé sous moi devant Ḥomṣ. Le coup lui fendit le cœur et plusieurs flèches l'atteignirent. Il me transporta hors du champ de bataille, tandis que ses narines dégouttaient de sang, ainsi que le haut de ses deux cuisses, et je ne trouvai rien d'étrange dans son attitude. Après m'avoir ramené vers mes compagnons, il mourut aussitôt.

Un autre cheval fut blessé sous moi par trois blessures, dans la région de Schaizar, lors de la guerre avec Maḥmoûd, fils de Ḳarâdjâ. Je continuais à le monter en combattant, et, par Allâh, j'ignorais qu'il eût été blessé, parce que je ne trouvais rien d'étrange dans son attitude.

Quant à l'absence de vigueur et à la faiblesse des chevaux en face des blessures, en voici un exemple. L'armée de Damas campa devant Ḥamâ qui appartenait alors à Ṣalâḥ ad-Dîn Moḥammad, fils d'Ayyoûb, Al-Yâguîsiyânî, tandis que Damas était à Schihâb ad-Dîn Maḥmoûd, fils de Boûrî, fils de Ṭogtakîn [1]. Je me trouvais à Ḥamâ, que des troupes nombreuses venaient assaillir et dont le gouverneur (*wâlî*) était Schihâb ad-Dîn Aḥmad, fils de Ṣalâḥ ad-Dîn, celui-ci étant sur le Tell Moudjâhid. Le chambellan (*ḥâdjib*) Gâzî At-Toullî vint l'y trouver et lui dit : « Les fantassins ennemis se sont déployés et l'on voit les casques scintiller au milieu des tentes. Ils vont charger contre nos hommes et les anéantir. » — « Va, répondit Ṣalâḥ ad-Dîn, fais-leur rebrousser chemin. » — Gâzî At-Toullî reprit : « Par Allâh, personne ne saurait les ramener en arrière, excepté toi ou un tel. » C'était moi qu'il désignait. Ṣalâḥ ad-Dîn me fit dire : « Tu sortiras, tu les feras retourner en arrière. » J'enlevai une cotte de mailles qu'avait endossée l'un de mes écuyers, je la revêtis pour ramener nos hommes, fût-ce à coups de massue. J'étais monté sur un cheval alezan magnifique, élancé. Lorsque j'eus ramené nos hommes, l'assaut contre nous se produisit. Tous les cavaliers étaient déjà à l'abri derrière les murs de Ḥamâ, excepté moi.

1. En 1137 ou en 1138.

Les uns étaient rentrés dans la ville, convaincus qu'ils y seraient faits captifs, d'autres avaient mis pied à terre dans mon escorte. Lors de l'attaque contre nous, je reculai mon cheval en tirant les rênes, pour ne pas rester face à face avec les ennemis. Lorsqu'ils s'en retournèrent, je les suivis d'abord à cause de l'espace étroit et de l'encombrement. Mon cheval fut atteint à la jambe par une flèche en bois qui la déchira. Il tomba en me portant, se releva, retomba, tandis que je le frappais si fort que les gens de mon escorte me dirent : « Entre dans la barbacane, monte une autre bête. » — Mais je répondis : « Par Allâh, je ne descendrai pas de ce cheval. » Je vis chez ce cheval une faiblesse telle que je ne l'ai jamais vue chez aucun autre.

Un trait de belle patience de la part d'un cheval servit Ţirâd ibn Wahîb le Noumairite, lorsqu'il assista à la bataille entre les Noumairites, qui avaient tué ʿAlî ibn Schams ad-Daula Sâlim ibn Mâlik, gouverneur (*wâlî*) d'Ar-Raķķa, et qui avaient pris possession de cette ville, et le frère de celui-ci, Schihâb ad-Dîn Mâlik ibn Schams ad-Daula. Ţirâd ibn Wahîb était monté sur un cheval magnifique, de grand prix, qui lui appartenait. Ce cheval fut pointé de la lance à la hanche et ses boyaux sortirent. Ţirâd les sangla avec des courroies, de peur que le cheval, en foulant aux pieds ses boyaux, ne les détachât, et combattit jusqu'à la fin de la bataille. Puis il ramena à Ar-Raķķa son cheval qui mourut aussitôt.

Je dis : En parlant des chevaux, je me rappelle ce qui m'arriva avec Şalâḥ ad-Dîn Moḥammad, fils d'Ayyoûb, Al-Yâguîsiyânî (qu'Allâh l'ait en pitié !). Le roi des émirs, l'atâbek Zenguî (qu'Allâh l'ait en pitié !), avait campé devant Damas l'an 530 [1] sur le territoire de Dârayyâ. Or le seigneur de Ba'lbek, Djamâl ad-Dîn Moḥammad, fils de Boûrî, fils de Ţogţakîn (qu'Allâh l'ait en pitié !), avait envoyé un message à l'atâbek pour lui annoncer qu'il viendrait le rejoindre et avait quitté Ba'lbek, allant se mettre à son service. L'atâbek fut informé que l'armée de Damas était sortie pour s'emparer de Djamâl ad-Dîn. Il ordonna à Şalâḥ ad-Dîn de nous faire monter à cheval pour aller à sa rencontre et pour tenir à distance de

1. Lisez probablement 532, c'est-à-dire entre le 19 septembre 1137 et le 7 septembre 1138.

lui les Damascéniens. L'envoyé de Ṣalâḥ ad-Dîn vint me dire pendant la nuit : « Monte à cheval. » Or, ma tente était contiguë à la sienne et déjà il était sur son cheval, en arrêt devant sa tente. Sur l'heure, je montai à cheval. Il me dit alors : « Avais-tu su que j'avais pris les devants? — « Non, par Allâh, » répondis-je. — Il reprit : « A l'instant, j'ai envoyé vers toi, et te voilà déjà à cheval! » — Je répliquai : « O mon maître, mon cheval mange son orge, l'écuyer le tient bridé et s'assied, l'ayant en main, sur la porte de la tente. Quant à moi, j'endosse mon équipement, je me ceins de mon épée et je m'endors. Lorsque ton envoyé est venu me trouver, je n'avais rien qui m'arrêtât. »

Ṣalâḥ ad-Dîn resta en place jusqu'à ce qu'il eût été rejoint par une partie de son armée. Il dit : « Endossez vos armures. » La plupart des assistants avaient obéi. J'étais à ses côtés. Il ajouta : « Combien de fois devrai-je vous dire : Endossez vos armures? » — Je pris la parole : « O mon maître, ce n'est pas à moi que s'adressent tes reproches? » — « Mais si », répondit-il. — Je repris : « Par Allâh, je ne puis pas faire ce que tu demandes. Nous sommes au commencement de la nuit et mon casaquin renferme deux cottes de mailles superposées. Je le mettrai dès que je verrai l'ennemi. » Ṣalâḥ ad-Dîn se tut et nous partîmes.

Le lendemain matin, nous campions près de Ḍoumair. Ṣalâḥ ad-Dîn me dit : « Tu ne mets pas pied à terre pour manger quelque chose? Car l'insomnie doit t'avoir affamé. » — Je répondis : « A toi d'ordonner. » A peine étions-nous descendus de cheval qu'il me dit : « Où est ton casaquin? » J'ordonnai à mon écuyer de l'apporter, je le sortis du sac en cuir qui le renfermait et, avec mon couteau, j'y pratiquai une fente sur le devant pour mettre à jour l'extrémité des deux cottes de mailles. Mon casaquin renfermait une cotte de mailles franque qui descendait jusqu'en bas et qui était surmontée jusqu'en son milieu par une autre cotte. Toutes deux avaient des mailles étroites, des coussinets, des lacets et des poils de lièvre. Ṣalâḥ ad-Dîn se tourna vers un de ses écuyers qu'il interpella en turc. Je ne savais pas ce qu'il lui disait. Celui-ci amena devant Ṣalâḥ ad-Dîn un cheval bai-brun, cadeau récent de l'atâbek, monture inébranlable comme le rocher massif qu'on aurait arraché au sommet de la montagne. Ṣalâḥ ad-Dîn dit : « Ce cheval convient à ce casaquin. Donne-le à l'écuyer d'Ousâma. » On le remit à mon écuyer.

Je dis : Mon oncle paternel 'Izz ad-Dîn [1] (qu'Allâh l'ait en pitié !) désirait me voir plus de présence d'esprit dans les combats et me mettait à l'épreuve en me questionnant. Nous étions un jour ensemble dans l'une des guerres entre nous et le seigneur de Ḥamâ. Celui-ci avait recruté et rassemblé des troupes qu'il avait postées dans un domaine parmi les domaines de Schaizar, pour l'incendie et le pillage. Mon oncle détacha de ses troupes de soixante à soixante-dix cavaliers et me dit : « Prends-les et va vers l'ennemi. » Partis, nous rivalisions de vitesse et nous atteignions les éclaireurs de la cavalerie ennemie, qui furent taillés en pièces, percés de coups de lance, délogés de leur position.

J'envoyai un cavalier d'entre mes compagnons vers mon oncle paternel et vers mon père (qu'Allâh les ait tous deux en pitié !). Ils étaient restés en arrière avec le reste de l'armée et nombre de fantassins. Je leur fis dire : « Amenez les fantassins, car j'ai taillé en pièces nos ennemis. » Ils vinrent tous deux vers moi. Lorsqu'ils approchèrent, nous fîmes une nouvelle charge, nouveau désastre pour nos adversaires qui lancèrent leurs chevaux dans le Schâroûf alors débordé, le traversèrent à la nage et s'enfuirent.

Nous revenions victorieux. Mon oncle paternel me demanda : « Que m'as-tu envoyé dire ? » — Je répondis : « Je t'ai envoyé dire : Fais avancer les fantassins, car nous avons taillé en pièces l'ennemi. » — Il reprit : « Qui as-tu chargé du message ? » — Je répondis : « Radjab l'esclave. » — Il s'écria : « Tu as dit vrai. Je vois que maintenant tu as gardé ta présence d'esprit, que le combat ne t'a pas troublé. »

Une autre fois, il y eut combat entre nous et l'armée de Ḥamâ. Maḥmoûd, fils de Ḳarâdjâ, avait appelé à son secours contre nous l'armée de son frère Khîrkhân, fils de Ḳarâdjâ, seigneur de Ḥomṣ. Il leur était arrivé justement une provision de lances si bien adaptées qu'en les accouplant deux par deux, on obtenait une arme longue de vingt coudées, de dix-huit au

1. 'Izz ad-Dîn Aboû 'l-'Asâkir Soulṭân, émir de Schaizar.

moins. Un de leurs détachements me faisait face et je commandais à une petite troupe de quinze cavaliers environ. 'Alawân Al-'Irâḳî, un de leurs cavaliers et de leurs braves, s'élança sur nous et s'approcha de nos rangs, mais ne réussit pas à nous ébranler. Il s'en retourna et poussa sa lance en arrière. Lorsque je la vis allongée sur le sol comme une corde, sans qu'il pût la relever, je poussai mon cheval vers lui et je le frappai de ma lance. Il avait rejoint ses compagnons. Je reculai, alors que déjà leurs drapeaux flottaient au-dessus de ma tête. Mes compagnons continuèrent la lutte, sous la conduite de mon frère Bahâ ad-Daula Mounḳidh (qu'Allâh l'ait en pitié!), qui repoussa nos adversaires. Mon arme s'était brisée par le milieu contre la casaque rembourrée de 'Alawân. Nous nous étions peu à peu rapprochés de mon oncle, qui me suivait des yeux. Lorsque le combat fut terminé, mon oncle me dit : « Où as-tu frappé avec ta lance 'Alawân Al-'Irâḳî? » — « Je visais, dis-je, son dos, mais le vent a dérangé l'inclinaison de mon arme, et ma lance l'a atteint au côté. » — « C'était bien conçu, me répondit-il. Tu as maintenant toute ta présence d'esprit. »

Je n'ai jamais vu mon père (qu'Allâh l'ait en pitié!) me retenir de combattre, ni d'affronter un danger, en dépit de ce que je ressentais pour lui et de ce qu'il me témoignait en fait de tendresse et de préférence. C'est ce que je constatai certain jour. Nous avions alors [1] chez nous, à Schaizar, comme otages destinés à garantir une dette contractée par Baudouin (*Bagdouwîn*), roi des Francs [2], envers Ḥousâm ad-Dîn Timourtâsch, fils d'Îlgâzî (qu'Allâh l'ait en pitié !), des cavaliers Francs et Arméniens. Au moment où, la dette réglée, ceux-ci voulurent retourner dans leurs pays, Khîrkhân, seigneur de Ḥomṣ, fit sortir une troupe de cavaliers qui se postèrent en embuscade à l'extérieur de Schaizar. Lorsque les otages s'avancèrent, leurs ennemis se montrèrent et s'emparèrent d'eux. Le crieur public prévint mon père et mon oncle paternel (qu'Allâh les ait tous deux en piété!), qui montèrent aussitôt à cheval, se postèrent en évidence et envoyèrent tous ceux

1. En 1124.
2. Baudouin II, roi de Jérusalem.

qui les rejoigniront à la délivrance des otages. Je vins, moi aussi, et mon père me dit : « Suis leurs traces avec tes compagnons, ne reculez pas devant la mort pour le salut de vos otages. » Je partis, j'arrivai juste à temps, après avoir galopé la plus grande partie de la journée, je les délivrai, eux et leur escorte, je pris quelques cavaliers de Ḥoms, mais j'admirai surtout la parole de mon père : « Ne reculez pas devant la mort pour le salut de vos otages. »

Il arriva un jour qu'étant avec mon père (qu'Allâh l'ait en pitié!), dans la cour intérieure de sa maison, j'aperçus un serpent de grande taille, qui avait sorti sa tête sur l'auvent du portique aux arcades cintrées de la maison. Mon père s'arrêta pour regarder le serpent. Quant à moi, je me saisis d'une échelle qui était dans un coin, je l'appliquai au-dessous du serpent et je montai vers lui, tandis que mon père m'observait et me laissait faire. Je saisis un petit couteau que j'avais sur moi et je l'enfonçai dans le cou du serpent endormi. Entre ma face et la sienne, il y avait moins d'une coudée de distance. Je me mis ensuite à lui pratiquer une entaille dans la tête. Le serpent sortit et s'enroula autour de ma main; alors je lui coupai la tête et je l'emportai mort dans la maison.

D'autre part, j'ai vu l'attitude de mon père (qu'Allâh l'ait en pitié!), un jour que nous étions sortis pour combattre un lion qui s'était montré vers la Citadelle du pont (*Al-Djisr*). Arrivés à ce point, nous le vîmes bondir sur nous d'un fourré où était son repaire. Il se jeta sur les chevaux, puis il s'arrêta, tandis que moi et mon frère Bahâ ad-Daula Mounḳidh (qu'Allâh l'ait en pitié!), nous étions entre le lion et une troupe faisant cortège à mon père et à mon oncle paternel (qu'Allâh les ait tous deux en pitié!), troupe nombreuse de soldats. Le lion s'était accroupi sur la rive du fleuve, se battant la poitrine sur le sol et rugissant. Je m'élançai sur lui. Mon père (qu'Allâh l'ait en pitié!) me cria : « Ne va pas à sa rencontre, ô insensé, de peur qu'il te saisisse. » Je pointai de ma lance le lion qui ne bougea pas de l'endroit et mourut sur place. Ce fut la seule circonstance où je vis mon père me retenir de combattre.

Allâh le Puissant, l'Élevé, a créé ses êtres de catégories et de natures diverses : le blanc et le noir, le beau et le laid, le long et le court, le fort et le faible, le courageux et le lâche, selon sa décision et sa puissance universelle.

J'ai vu l'un des fils des émirs Turcomans qui s'étaient mis au service du roi des émirs, de l'atâbek Zenguî (qu'Allâh l'ait en pitié!), alors que ce jeune Turcoman avait été atteint par une flèche en bois, qui ne lui avait pas pénétré dans la peau tout à fait la profondeur d'un grain d'orge. Il fut pris de langueur, ses membres se relâchèrent, il perdit la parole et sa pensée devint absente. Or, c'était un homme semblable à un lion, le plus corpulent des hommes. On fit venir pour lui le médecin et le chirurgien. Le médecin dit : Il n'a aucun mal, mais à la seconde contusion il mourra. » Cet homme se reposa, puis monta à cheval et reprit ses anciennes habitudes. Une seconde flèche en bois l'atteignit quelque temps après. Elle était moins forte et moins redoutable que la première. Pourtant il mourut.

J'ai vu un fait analogue. Il y avait chez nous à Schaizar deux frères qu'on appelait les Banoû Madjâdjoû. L'un deux se nommait Aboû 'l-Madjd, l'autre Mouḥâsin. Ils étaient les fermiers du Moulin du pont, moyennant un loyer de cent dînârs. Près du Moulin, il y avait un abattoir pour les moutons que le seigneur terrier faisait tuer. Les traces du sang attiraient les guêpes. Un jour, Mouḥâsin, fils de Madjâdjoû, passa devant le Moulin et fut piqué par une guêpe. Il eut une hémiplégie, perdit la parole et faillit mourir. Il resta ainsi quelque temps, puis guérit et resta quelque temps sans mettre les pieds au Moulin. Alors son frère Aboû 'l-Madjd lui fit des reproches en ces termes : « O mon frère, nous sommes associés pour exploiter le Moulin contre un loyer de cent dînârs. Tu ne le diriges pas et tu ne le surveilles pas. Demain on nous en supprimera la ferme et nous mourrons en prison. » — Mouḥâsin lui répondit : « Toi, ton but est que je sois piqué par une autre guêpe pour qu'elle me tue. » Le lendemain matin, Aboû 'l-Madjd se rendit au Moulin. Une guêpe le piqua et il mourut. La chose la plus légère tue, lorsque le terme fixé est arrivé, et la logique est subordonnée aux présages.

C'est ainsi qu'apparut chez nous, sur le territoire de Schaizar, un lion. Montés à cheval pour l'atteindre, nous trouvâmes à l'endroit indiqué un nommé Schammâs, écuyer de l'émir Sâbiḳ ibn Wathâb ibn Maḥmoûd ibn Sâliḥ. Cet écuyer faisait paître son cheval. Mon oncle paternel lui dit : « Où est le lion ? » — « Dans ces broussailles, » répondit-il. — Mon oncle reprit : « Marche devant moi vers lui. » — L'écuyer répliqua : « Toi, ton but est que le lion sorte pour me saisir. » Il marcha devant mon oncle, le lion sortit comme s'il était envoyé vers Schammâs, le saisit et le tua seul de la société. Le lion à son tour fut tué.

J'ai vu chez le lion ce que je n'aurais pas soupçonné, et jamais je n'aurais cru que les lions, comme les hommes, sont, les uns braves, les autres lâches. Un jour, Djaubân al-Khail vint vers nous au galop et dit : « Dans le repaire du Tell at-Touloûl, il y a trois lions. » Nous montâmes aussitôt à cheval pour les combattre. C'était une lionne, derrière laquelle étaient deux lions. Nous fîmes plusieurs tours dans ce fourré. La lionne sortit contre nous et bondit sur nos hommes. Je demeurai immobile. Mon frère Bahâ ad-Daula Aboû 'l-Mouguîth Mounkidh (qu'Allâh l'ait en pitié !) s'élança sur elle, la frappa de la lance, la tua et laissa sa lance brisée dans le corps. Revenus vers le repaire, nous vîmes sortir contre nous l'un des deux lions, qui repoussa nos chevaux. Nous restions, moi et mon frère Bahâ ad-Daula, postés sur sa route, attendant son retour après qu'il aurait repoussé les chevaux. Car le lion, lorsqu'il sort d'un endroit, est, de toute nécessité, forcé d'y revenir. Nous lançâmes vers lui les croupes de nos montures, retournant dans sa direction nos lances en arrière, nous imaginant qu'il nous attaquerait, que nous ficherions nos lances dans son corps et que nous le tuerions. Mais il ne fit pas attention à nous et passa devant notre bande, rapide comme le vent, pour se diriger vers un de nos compagnons qu'on appelait Sa'd Allâh Asch-Schaibânî. Il atteignit sa jument qu'il renversa. Je lui donnai un coup de ma lance, je la plongeai au milieu de son corps. Il mourut sur place. Nous revînmes vers l'autre lion, avec environ vingt fantassins des troupes arméniennes, habiles archers. L'autre lion sortit. C'était le plus grand des trois comme stature. Il s'avançait, quand les Arméniens lui barrèrent la route avec leurs flèches en bois. Je me tenais sur le côté des Arméniens, attendant qu'il fondît sur eux et qu'il saisît l'un d'eux, pour lui donner un coup de lance. Mais il avançait paisiblement. Toutes les fois qu'une flèche en bois s'abattait sur lui, il rugissait et agitait sa queue. Je me disais : Voilà le moment où il va bondir. Mais il poursuivait sa marche et ne l'interrompit que lorsqu'il tomba mort. J'ai vu de la part de ce lion ce que je n'aurais jamais imaginé.

Plus tard, j'ai assisté à une chose plus étonnante encore de la part d'un lion. Il y avait dans la ville de Damas un lionceau, dressé par un dompteur qui l'avait fait grandir à ses côtés, qui s'en servait pour attaquer les chevaux et causer du dommage aux hommes. On dit à l'émir Mou'în ad-Dîn [1] (qu'Allâh l'ait en pitié !), et j'étais présent : « Ce lion a fait du mal aux hommes, et les chevaux fuient à son approche. Il se tient sans cesse sur la route. » Or, il était jour et nuit sur un banc de pierre, aux abords de l'Hôtel de Mou'în ad-Dîn. Celui-ci prescrivit que le dompteur amenât le fauve, puis il donna des instructions au chef de la table (*khouwânsallâr*) : « Apporte, lui dit-il, de la cuisine un bélier destiné à être égorgé, lâche-le dans la cour intérieure de la maison, afin que nous voyions comment le lion le déchirera. » Le chef de la table conduisit un bélier dans la cour intérieure de la maison, et le dompteur entra, ayant avec lui le lion. Dès que le bélier vit le lion au moment où le dompteur l'amenait par la chaîne pendue à son cou, il s'élança sur lui et lui asséna un coup de corne. Le lion s'enfuit et se mit à tourner autour du bassin, tandis que le bélier était derrière lui, le poussait en avant et lui donnait des coups de corne. Jusque-là nous avions pu réprimer notre envie de rire. L'émir Mou'în ad-Dîn (qu'Allâh l'ait en pitié !) dit alors : « C'est un lion néfaste. Emmenez-le, égorgez-le, équarrissez-le et rapportez sa peau. » On l'égorgea et on l'équarrit. Ce fut lui qui préserva le bélier destiné à être égorgé.

Autre histoire étonnante au sujet des lions. L'un d'eux se montra chez nous, sur le territoire de Schaizar. Nous sortîmes vers lui, accompagnés par quelques fantassins d'entre les habitants de Schaizar, parmi lesquels un écuyer du chef (*moukayyid*) [2] auquel obéissaient, qu'adoraient presque comme un dieu les gens de la montagne. Avec cet écuyer, était un chien

1. Mou'în ad-Dîn Anar.
2. Mot et sens douteux.

lui appartenant. Le lion sortit pour s'attaquer aux chevaux, qui détalèrent devant lui, effarouchés. Il se précipita alors au milieu des fantassins, se saisit de cet écuyer et s'accroupit sur lui. Alors le chien sauta sur le dos du lion qui abandonna l'homme et retourna dans le fourré. L'écuyer se rendit devant mon père (qu'Allâh l'ait en pitié !) qui riait. Il lui dit : « O mon maître, par ta vie, il ne m'a ni blessé ni endommagé. » On tua le lion et l'homme rentra, mais mourut dans cette même nuit, sans avoir été atteint par aucune blessure, des suites de l'effroi qui lui avait brisé le cœur. J'admirais la hardiesse de ce chien en face du lion, tandis que les animaux fuient devant lui et s'en gardent.

J'ai vu porter la tête d'un lion vers l'une de nos maisons. On aperçut les chats s'enfuyant de cette maison et se jetant du haut des toits en terrasse, n'ayant jamais vu un lion auparavant. Quant à nous, nous équarrissions l'animal et nous lancions ses débris de la citadelle vers la plate-forme de la barbacane. Les chiens n'en approchaient pas, non plus qu'aucun oiseau. Les aigles, à la vue de cette viande, descendirent des hauteurs, s'approchèrent, puis crièrent et reprirent leur vol. Combien la crainte inspirée par le lion aux animaux a de ressemblance avec la crainte inspirée par l'aigle aux oiseaux ! Car l'aigle est-il aperçu pour la première fois par le poulet, celui-ci crie et se sauve par un sentiment de terreur qu'Allâh le Très Haut a répandu dans les cœurs des animaux à l'égard des lions et des aigles.

Puisque je m'occupe des lions, je dirai que nous avions chez nous deux frères, deux compagnons d'armes, appelés les Banoû 'r-Rou'âm, deux fantassins, sans cesse allant et venant entre Schaizar et Laodicée (*Al-Lâdhiḳiyya*). Laodicée appartenait alors à mon oncle paternel 'Izz ad-Daula Aboû 'l-Mourhaf Naṣr qui y avait placé son frère 'Izz ad-Dîn Aboû 'l-'Asâkir Soulṭân (qu'Allâh les ait tous deux en pitié !). Les Banoû 'r-Rou'âm, qui leur servaient de courriers dans leurs échanges de lettres, ont raconté : « Sortis de Laodicée, nous avions gravi la colline d'Al-Manda, colline élevée qui domine de haut la plaine. Nous vîmes le lion accroupi au bord d'un fleuve qui coule sous la colline. Nous nous arrêtâmes en chemin, n'osant pas descendre par crainte du lion. Sous nos yeux, un homme s'était avancé. Nous lui criâmes en agitant nos vêtements pour le mettre en garde du lion. Mais il ne nous écouta pas, banda son arc, y fixa une flèche en bois et se mit en marche. Le lion le vit. L'homme sauta sur lui, le frappa sans manquer de l'atteindre au cœur et le tua. Puis il s'approcha du lion, l'acheva, reprit sa flèche en bois, se dirigea vers ce fleuve, ôta ses chaussures, se déshabilla et descendit se baigner dans l'eau. Puis il remonta, se rhabilla sous nos yeux, se mit à secouer ses cheveux pour les sécher, mit l'une de ses chaussures, s'appuya sur son côté et resta longtemps dans cette posture. Nous dîmes : « Qu'est-ce qui l'a arrêté? Qui veut-il induire en erreur? » Lorsque nous descendîmes, il était dans ce même état. Nous le trouvâmes mort. Nous ignorions ce qui avait pu l'atteindre. Nous lui enlevâmes du pied son unique bottine. Or, elle contenait un petit scorpion qui l'avait piqué au pouce. Il était mort sur l'heure. Grand fut notre étonnement au sujet de ce héros qui avait tué le lion et qu'avait tué un scorpion de la grosseur d'un doigt. Gloire à Allâh le Tout Puissant, dont la volonté s'exerce sur les créatures!

Je dis : J'ai livré aux lions des combats innombrables, j'en ai tué une telle quantité que si, sur d'autres points, j'ai des rivaux, je ne connais personne qui possède au même degré que moi l'expérience de la lutte contre les lions. Je sais, par exemple, que le lion, comme tous les autres animaux, a peur de l'homme et le fuit. Il a une forte dose d'insouciance et de paresse, tant qu'il n'a pas été blessé. Mais, une fois atteint, il est vraiment le lion, et c'est alors qu'il devient effroyable. A-t-il quitté le bas-fond d'une forêt ou un fourré quelconque pour se précipiter sur les cavaliers, il retourne infailliblement à ce même repaire, quand bien même il apercevrait des lumières sur sa route. Instruit par l'expérience, je ne manquais pas, lorsqu'il s'attaquait à nos cavaliers, de m'embusquer, avant qu'il eût été blessé, sur son chemin de retour; au moment où il revenait sur ses pas, je le guettais jusqu'à ce qu'il passât devant moi, et je lui assénais le coup mortel.

Quant aux panthères, la lutte contre elles présente plus de difficultés que la lutte contre les lions, à cause de leur légèreté et de leurs bonds à grande distance, et aussi parce qu'elles pénètrent dans les cavernes et dans les amas de rochers, comme les hyènes, tandis que les lions ne quittent jamais les bas-fonds des forêts et les fourrés.

On avait aperçu chez nous une panthère à Mou'arzaf, village dans la banlieue de Schaizar. Mon oncle paternel 'Izz ad-Dîn (qu'Allâh l'ait en pitié!) monta à cheval afin d'attaquer la panthère et envoya vers moi un cavalier qui me trouva sur ma monture, occupé d'une affaire personnelle, pour me dire de le rejoindre à Mou'arzaf. Je le rejoignis et nous arrivâmes à l'endroit où l'on soupçonnait la présence de la panthère, mais sans l'y voir. Il y avait là une cavité. Je descendis de mon cheval, muni d'une lance, et je m'assis devant l'orifice de cette cavité, aussi peu profonde que la taille d'un homme, avec une fissure dans le côté qui ressemblait au trou d'un reptile. J'agitai ma lance dans la fissure au côté de la cavité. La panthère sortit sa tête de la fissure pour saisir la lance. Nous étions ainsi informés que la panthère était dans cet endroit. Quelques-uns de nos compagnons vinrent me seconder. L'un de nous mettait en mouvement sa lance à cet endroit. Si la panthère provoquée sortait, un autre la pointait de sa lance. Toutes les fois qu'elle voulut remonter de la fosse, elle fut criblée par nos lances et finit par être tuée. Elle était d'une très grande taille; mais elle s'était alourdie en dévorant des bêtes de somme du village. La panthère est le seul des animaux qui fasse des bonds de plus de quarante coudées.

Il y avait dans l'église de Ḥounâk une fenêtre à la hauteur de quarante coudées; chaque jour, à l'heure de midi, une panthère s'élançait pour y dormir jusqu'au soir; puis, d'un bond également, elle en redescendait. Or, à cette époque, passait à Ḥounâk un chevalier Franc, nommé Sire Adam, un des satans parmi les Francs. On lui raconta l'histoire de la panthère. « Informez-moi, dit-il, dès que vous la verrez. » La panthère vint, selon son habitude, et sauta dans la fenêtre. Un paysan courut prévenir Sire Adam. Celui-ci revêtit sa cotte de mailles, monta à cheval, prit son bouclier et sa lance, et vint dans l'église, qui était alors en ruines. Un seul mur restait debout, avec cette unique fenêtre. Lorsque la panthère aperçut Sire Adam, elle ne fit qu'un bond de la fenêtre sur lui, l'atteignit sur son cheval, lui fendit le dos, le tua et poursuivit son chemin. Les paysans de Ḥounâk appelaient cette panthère la panthère qui prend part à la guerre sainte.

Parmi les caractères particuliers de la panthère, je citerai celui-ci : lorsqu'elle blesse l'homme et qu'une souris urine sur lui, l'homme meurt. Et la souris ne s'éloigne pas de celui qui a été blessé par la panthère, jusqu'à ce qu'on lui ait fabriqué un brancard qu'on fait flotter sur l'eau. Et l'on confie la garde du cadavre aux chats, parce qu'on craint pour lui les souris.

Presque jamais la panthère ne s'habitue aux hommes et ne s'apprivoise avec eux. Un jour, je passai par Ḥaifâ, ville du Sâḥil appartenant aux Francs. Un Franc me dit : « Serais-tu disposé à m'acheter un magnifique guépard? » — Très volontiers », répliquai-je. Puis il m'amena une panthère qu'il avait apprivoisée, au point qu'elle semblait entrée dans la peau d'un chien. Je repris : « Le marché ne me convient pas, car c'est une panthère et non un guépard. » Je m'étonnai que cet animal se fût familiarisé et assoupli avec le Franc en question.

La différence entre la panthère et le guépard, c'est que la face de la panthère est allongée comme celle du chien et que ses yeux sont bleuâtres, tandis que le guépard a la face arrondie avec des yeux noirs.

Un Alépin avait pris une panthère et l'amena, en venant demander justice, auprés du seigneur d'Al-Ḳadmoûs, l'un des Banoû Mouḥarrar, qui était en train de boire. Le seigneur ouvrit la séance. La panthère s'élança sur tous les assistants. Quant à l'émir, il était près d'une issue voûtée de la citadelle, par laquelle il passa, puis il ferma la porte de la salle. La panthère tournoya dans la résidence, tua les uns, blessa les autres jusqu'à ce qu'elle fût tuée.

J'ai entendu dire, mais je n'ai point constaté que, parmi les fauves, il y a le léopard. Je n'ai pas été à même de vérifier ce que je vais rapporter, mais mon autorité est le schaikh, l'imâm Ḥoudjdjat ad-Dîn Aboû Hâschim Moḥammad ibn Moḥammad Ibn Ṭhafar (qu'Allâh l'ait en pitié!). Voici ce qu'il m'a raconté : « Je voyageais vers les régions occidentales, en compagnie d'un vieil écuyer ayant appartenu à mon père, et qui avait voyagé, plein d'expérience. Nous avions épuisé nos provisions d'eau et nous étions altérés. Nous n'avions pas avec nous de troisième, étant seuls, moi et lui, sur deux chameaux de race. Nous nous dirigeâmes vers un puits sur notre route et nous trouvâmes devant l'orifice un léopard endormi. Après que nous nous fûmes éloignés, mon compagnon descendit de son chameau, me remit les rênes, prit son épée, son bouclier et une outre que nous avions apportée. Il me dit : « Maintiens la tête du chameau de race. » Il marcha vers l'eau. Lorsque le léopard le vit, il se leva et sauta dans sa direction, mais le dépassa et poussa un cri. Alors d'autres bêtes féroces surgirent, accoururent et assaillirent le léopard. Il ne put, ni nous barrer la route, ni nous causer aucun mal. Nous eûmes toute liberté pour boire et pour abreuver nos montures. » Voici ce qu'il m'a raconté (qu'Allâh l'ait en pitié!). Or il était un des musulmans les plus parfaits dans sa foi et dans sa science.

Parmi les merveilles des destinées je dirai ce qui se passa, lorsque les Grecs (*Ar-Roûm*) vinrent camper devant Schaizar en l'an 532[1]. Ils avaient dressé contre la place des machines de guerre effrayantes, qu'ils avaient apportées avec eux de leurs contrées. Elles lançaient des pierres parcourant des distances infranchissables même pour les flèches en bois, des pierres pesant de vingt à vingt-cinq livres.

Un jour, les Grecs atteignirent la maison d'un de mes amis, nommé Yoûsouf, fils d'Aboû 'l-Garîb. Elle fut surchargée du haut et détruite de fond en comble par une seule pierre.

Sur un château fort, dans la résidence de l'émir, on avait attaché un bois de lance, au bout duquel flottait un drapeau. Le chemin, par lequel les habitants montaient vers la citadelle, passait au dessous. Une pierre de la catapulte arriva sur le bois de lance, le rompit juste au milieu et s'appesantit sur la fente qui renfermait le fer. Le fer tomba sur la route, pendant qu'un de nos compagnons descendait. De cette hauteur, entraînant avec lui la moitié du bois de lance, le fer s'enfonça dans les clavicules de cet homme et ressortit vers le sol après l'avoir tué.

1. En mai 1138.

Khoṭlokh, un mamloûk de mon père, m'a raconté ce qui suit en propres termes : « Pendant le siège de Schaizar par les Grecs, nous nous reposions une fois dans la salle d'entrée de la forteresse avec notre équipement et nos épées. Tout à coup, un vieillard vint à nous en courant et dit : « O musulmans, défendez vos femmes! Les Grecs sont entrés avec nous. » Nous fîmes diligence pour saisir nos épées, partir, rencontrer ceux qui étaient montés par un point découvert du mur où les catapultes avaient pratiqué une brèche, les battre par le choc de nos épées, les expulser, nous élancer à leur poursuite, enfin les ramener de force vers leurs compagnons d'armes, revenir sur nos pas et nous disperser. Je restai avec le vieillard qui avait jeté parmi nous l'effroi. Il s'arrêta et tourna sa face vers le mur pour cracher. Je le quittai; mais aussitôt j'entendis le bruit d'une chute. Je me retournai, et voici que le vieillard avait la tête abattue par une pierre de catapulte, qui l'avait séparée du corps et incrustée dans la muraille, tandis que sa moelle avait coulé tout autour sur le mur. Je relevai la dépouille du vieillard, nous appelâmes sur lui les bénédictions d'Allâh, et nous l'enterrâmes à ce même endroit.

Une pierre de catapulte frappa également un de nos compagnons qui eut le pied fracturé. On l'apporta auprès de mon oncle paternel, qui était assis dans la salle d'entrée de la forteresse. « Faites venir, dit mon oncle, le renoueur. » Or, il y avait à Schaizar un opérateur, nommé Yaḥyâ, qui excellait à remettre les luxations. On l'amena. Il s'occupa de renouer le pied du malade, et, à cet effet, il s'installa avec lui dans un lieu abrité, à l'extérieur de la citadelle. Malgré les précautions, une pierre vint frapper la tête du blessé et la fit voler en éclats. Le renoueur revint dans la salle d'entrée. Mon oncle lui dit : « Que tu as rapidement fait ton œuvre! » — Il répondit : « Le patient a été atteint par une seconde pierre, ce qui m'a dispensé de l'opération. »

C'est Allâh qui dispose des trépas et des existences. Les Francs (puisse Allâh leur faire défection!) s'étaient mis d'accord pour attaquer et prendre Damas. Ils concentrèrent en conséquence une armée considérable [1], que vinrent renforcer

1. En 1110 ou en 1111. C'est l'armée de Baudouin Ier, roi de Jérusalem.

le seigneur d'Édesse et de Tell Bâschir [1] et le maître d'Antioche [2]. Celui-ci, en faisant route vers Damas, fit halte devant Schaizar. Les princes coalisés mirent aux enchères entre eux les maisons, les bains, les bazars de Damas. Des bourgeois (*al-bourdjâsiyya*) les leur achetèrent ensuite et leur en payèrent le prix en pièces d'or. Nul doute pour les assaillants que Damas serait emporté d'assaut et capitulerait.

Kafarṭâb appartenait alors au maître d'Antioche. Il avait détaché de ses troupes cent cavaliers d'élite, et leur avait ordonné de rester à Kafarṭâb pour nous tenir en respect, nous et les habitants de Ḥamâ. Lorsqu'il fut parti pour Damas, tous les musulmans de la Syrie se concertèrent pour attaquer Kafarṭâb, et dépêchèrent un de nos compagnons, nommé Ḳounaib, fils de Mâlik, pour espionner la ville à leur intention. Il s'y introduisit pendant la nuit, en fit le tour et revint en disant : « Réjouissez-vous d'avance du butin et de la délivrance. » Les musulmans pénétrèrent dans la ville, mais ils se heurtèrent à une embuscade. Allâh (gloire à lui !) n'en donna pas moins la victoire à l'islâm, et ils tuèrent les Francs jusqu'au dernier.

Quant à Ḳounaib, qui avait si habilement pratiqué pour nous l'espionnage à Kafarṭâb, il aperçut, dans le fossé qui entourait la ville, des troupeaux en grand nombre. Après la défaite et le massacre des Francs, il voulut s'approprier ces troupeaux et espéra accaparer le butin. Il se dirigea en courant vers le fossé. Un Franc lança contre lui, du haut de la citadelle, une pierre dont le choc l'étendit raide mort. Sa mère, une vieille très âgée, une pleureuse dans nos deuils, pleurait cette fois son fils. Quand elle gémissait sur le trépas de son fils, ses deux mamelles répandaient du lait au point que ses vêtements en étaient inondés. Lorsqu'elle eut épuisé ses larmes et que sa souffrance s'apaisa, ses mamelles redevinrent comme deux morceaux de peau sèche, sans une goutte de lait. Gloire à Celui qui a inspiré aux cœurs la tendresse pour les enfants !

Lorsque l'on dit au maître d'Antioche, qui était campé

1. Josselin Ier.
2. Roger, prince d'Antioche.

devant Damas : « Les musulmans ont tué tes compagnons ! », il répondit : « C'est faux, car j'ai laissé à Kafarṭâb cent cavaliers, qui suffiraient à repousser tous les musulmans. Et Allâh (gloire à lui !) décréta qu'à Damas les musulmans triompheraient des Francs, en feraient un carnage effroyable et leur enlèveraient toutes leurs montures. Les Francs partirent de Damas, affaiblis et humiliés. Gloire à Allâh, le maître des mondes !

Parmi les choses étonnantes qui arrivèrent aux Francs dans cette bataille, je raconterai qu'il y avait dans l'armée de Ḥamâ deux frères, des Kurdes, nommés l'un Badr et l'autre 'Anâz. Or, cet 'Anâz avait la vue faible. Lorsque les Francs eurent été taillés en pièces et massacrés, on coupa leurs têtes et on les attacha aux courroies des chevaux. 'Anâz coupa une tête qu'il serra dans les courroies de sa monture. Des gens de l'armée de Ḥamâ le virent et lui dirent : « O 'Anâz, qu'est-ce que cette tête que tu emportes ? » — « Gloire à Allâh, répondit-il, de ce qui est advenu entre moi et lui ; j'ai réussi à le tuer ! » — Ils dirent alors : « O homme, c'est la tête de ton frère Badr. » 'Anâz regarda, examina la tête. C'était bien celle de son frère. Il eut honte et sortit de Ḥamâ. Nous ne savions pas où il s'était rendu et nous n'avons plus jamais entendu parler de lui. En réalité son frère Badr avait été tué dans cette bataille, mais il avait été tué par les Francs (qu'Allâh le Très Haut leur fasse défection !).

Le choc par lequel la pierre de cette machine de guerre enleva la tête du vieillard (qu'Allâh l'ait en pitié !) m'a rappelé les coups des épées tranchantes.

C'est ainsi qu'un de nos compagnons, nommé Hammâm Al-Ḥâdjdj (Hammâm le Pèlerin), se mesura avec un des Ismaéliens, lorsque ceux-ci attaquèrent la forteresse de Schaizar [1]. La rencontre eut lieu dans un portique de la résidence de mon oncle paternel (qu'Allâh l'ait en pitié !). Dans la main de l'Ismaélien était un couteau, dans celle d'Al-Ḥâdjdj était une épée. Le Baṭénien s'élança sur son adversaire avec son couteau, Hammâm le frappa de son épée au-dessus des yeux et lui brisa le crâne. La moelle de la tête tomba sur le sol, s'y

1. En 1108.

répandit et s'éparpilla. Hammâm se dessaisit de son épée et vomit tout ce qu'il avait dans le ventre, troublé qu'il était par la vue de cette moelle.

Ce même jour, je me rencontrai avec un Ismaélien qui avait dans la main un poignard, tandis que dans la mienne était une de mes épées. Il s'élança sur moi avec son poignard. Je le frappai au milieu de l'avant-bras, la poignée de son arme étant maintenue dans sa main et la lame adhérant à son avant-bras. La lame de son poignard avait été tranchée sur une longueur de quatre pouces et son avant-bras avait été coupé par le milieu qui était mis à nu. La trace de la pointe du poignard resta sur le tranchant de mon épée. Un artisan de chez nous la vit et me dit : « Je ferai disparaître cette brèche. » — Je lui répondis : « Laisse-la telle quelle, car elle est le plus bel ornement de mon épée. » Et aujourd'hui encore, lorsque quelqu'un la voit, il y reconnaît la trace du couteau.

Cette épée a une histoire que je vais raconter. Mon père (qu'Allâh l'ait en pitié!) avait un écuyer nommé Djâmi'. Les Francs firent une incursion contre nous. Mon père revêtit sa casaque rembourrée et sortit de sa maison pour monter à cheval. Mais il ne trouva pas sa monture et s'arrêta quelque temps pour l'attendre. Enfin, Djâmi' l'écuyer amena le cheval. Il s'était mis en retard. Mon père, qui avait ceint son épée, l'en frappa sans la sortir du fourreau, mit en pièces l'équipement, les sandales argentées, un manteau long et une tunique de laine, que portait cet écuyer, et lui fracassa l'os du coude. La main fut emportée du coup. Mon père (qu'Allâh l'ait en pitié!) l'entretint et entretint ses enfants après sa mort, en raison de ce coup. Quant au sabre, il était appelé le *Djâmi'ite*, du nom de cet écuyer.

Parmi les coups d'épées célèbres, je raconterai que quatre frères apparentés avec l'émir Iftikhâr ad-Daula Aboû 'l-Foutoûḥ Ibn 'Amroûn, seigneur de la forteresse de Boûḳoubais, montèrent vers lui dans la forteresse, tandis qu'il dormait, et le criblèrent de blessures. Or, il était seul dans la forteresse avec son fils. Ils partirent ensuite, s'imaginant qu'ils l'avaient tué et se dirigeant vers son fils. Or, à cet Iftikhâr ad-Daula Allâh avait donné une force peu commune. Il se leva tout nu de sa couche, saisit son épée accrochée dans sa demeure et sortit contre ses agresseurs. L'un d'eux, leur chef et leur héros, le rencontra. Iftikhâr ad-Daula lui asséna un coup d'épée, ne fit ensuite qu'un bond pour s'éloigner, dans la crainte que celui-ci ne se jetât sur lui avec un couteau qu'il tenait à la main, puis regarda en arrière et le vit étendu sur le sol, tué du coup. Ibn 'Amroûn se dirigea vers le deuxième qu'il frappa, qu'il tua. Les deux survivants s'enfuirent et se précipitèrent du haut de la citadelle. L'un d'eux mourut, l'autre échappa.

La nouvelle de cet événement nous parvint à Schaizar. Un messager fut chargé par nous de féliciter Ibn 'Amroûn de son salut. Trois jours après, nous montions à la forteresse de Boûkoubais pour lui faire visite, car sa sœur habitait chez mon oncle paternel 'Izz ad-Dîn [1], et il avait d'elle des enfants. Il nous raconta ce qui lui était arrivé et nous mit au courant, puis ajouta : « J'ai des démangeaisons sur l'omoplate et je ne puis y atteindre. » Il appela l'un de ses serviteurs pour faire examiner l'endroit sensible, la cause de cette piqûre. Le serviteur regarda. Or, il avait une blessure, où était restée la pointe d'une épée qui s'était brisée dans son dos, sans qu'il en eût connaissance, sans qu'il eût rien senti, sinon un grattement lorsque la plaie avait suppuré.

Cet homme avait une telle force qu'il saisissait le tarse du pied d'un mulet, frappait la bête sans qu'elle pût dégager son pied de la main qui la tenait, en même temps qu'il prenait entre ses doigts les clous du maréchal-ferrant et les enfonçait dans une planche de bois de chêne.

Sa voracité était comme sa force, même plutôt supérieure.

J'ai raconté quelques actions des hommes ; je vais mentionner quelques hauts faits des femmes, après les avoir fait précéder de certains détails, comme ceux-ci :

Antioche obéissait à un satan d'entre les Francs, nommé Roger (*Roûdjâr*). Il se rendit en pèlerinage à Jérusalem, dont le prince était alors le Baron Baudouin [2] (*Bagdouwîn*), un vieillard, tandis que Roger était jeune. Celui-ci dit à Baudouin : « Prenons un engagement mutuel. Si je meurs

1. 'Izz ad-Dîn Aboû 'l-'Asâkir Soulṭân.
2. Baudouin II, roi de Jérusalem.

avant toi, Antioche t'appartiendra; si tu meurs avant moi, Jérusalem est à moi. » Ils conclurent un pacte à ces conditions, sur lesquelles ils tombèrent d'accord.

Or, Allâh le Très Haut décréta que Nadjm ad-Dîn Îlgâzî l'Ortoķide (qu'Allâh l'ait en pitié!) eut une rencontre avec Roger à Dânîth le jeudi 5 du premier djoumâdâ en l'an 513 [1], le tua et massacra son armée entière. Il ne rentra pas vingt hommes à Antioche. Baudouin s'y rendit et en prit possession.

Quarante jours après, Baudouin livra bataille à Nadjm ad-Dîn Îlgâzî. Celui-ci, lorsqu'il buvait des liqueurs fermentées, contractait une fièvre qui durait vingt jours. Il en but après la défaite et l'extermination des Francs, et fut pris d'un violent accès de fièvre. Lorsqu'il en guérit, le roi Baudouin le Baron, à la tête de son armée, était déjà parvenu à Antioche.

Le deuxième choc entre Îlgâzî et Baudouin ne tourna à l'avantage ni de l'un ni de l'autre. Des compagnies franques mirent en déroute des compagnies musulmanes et des compagnies musulmanes mirent en déroute des compagnies franques. De part et d'autre, on perdit beaucoup de monde. Les musulmans firent captif Robert, prince de Ṣihyaun, de Balâṭounous et de la région avoisinante. C'était un ancien ami de Ṭogtakîn, maître de Damas, et il avait accompagné Nadjm ad-Dîn Îlgâzî, lorsque, à Apamée, celui-ci s'était associé aux Francs contre les armées orientales, venues en Syrie, sous le commandemant de Boursouķ, fils de Boursouķ.

Ce Robert, surnommé le Lépreux (*al-abraṣ*), avait dit alors à l'atâbek Ṭogtakîn : « Je ne sais comment exercer envers toi les devoirs de l'hospitalité, mais dispose des pays que je gouverne, fais-y pénétrer tes cavaliers, qu'ils y passent librement, qu'ils prennent tout ce qu'ils y trouveront, pourvu qu'ils ne fassent pas de prisonniers et qu'ils ne tuent pas. Pour ce qui est des troupeaux, de l'argent et des denrées, ils peuvent en disposer et s'en saisir à leur guise. »

Or, ce même Robert venait d'être fait prisonnier dans une bataille, à laquelle avait pris part Ṭogtakîn, prêtant assistance à Îlgâzî. Robert évalua lui-même sa rançon à dix mille

1. Le 14 août 1119.

pièces d'or. Îlgâzî dit : « Amenez-le vers l'atâbek. Peut-être, en lui faisant peur, lui arrachera-t-il une plus forte contribution. » On l'amena. L'atâbek buvait dans sa tente. Lorsqu'il le vit s'avancer, il se leva, mit les pans retroussés de sa robe dans sa ceinture, brandit son épée, sortit vers Robert, et lui trancha la tête. Îlgâzî rejoignit l'atâbek et lui fit des reproches : « Nous manquons, lui dit-il, même d'une pièce d'or pour la solde des Turcomans. Voici qu'un prisonnier nous offre dix mille dînârs pour sa rançon. Je te l'envoie pour que, par la terreur, tu lui extorques une plus grosse somme, et tu l'as tué ! » — L'atâbek répondit : « Pour ma part, je n'approuve aucun autre procédé pour provoquer la terreur. »

Puis ce fut le Baron Baudouin qui régna dans Antioche. Or, mon père et mon oncle paternel (qu'Allâh les ait tous deux en pitié !) avaient rendu de nombreux services à Baudouin. Fait captif par Noûr ad-Daula Balak (qu'Allâh l'ait en pitié !), il avait passé, après le meurtre de Balak, entre les mains de Housâm ad-Dîn Timourtâsch, fils d'Îlgâzî, qui nous l'avait envoyé à Schaizar, afin que mon père et mon oncle paternel (qu'Allâh les ait tous deux en pitié !) s'interposassent pour discuter le prix de son rachat. Il fut traité par tous deux avec de grands égards ; car, lorsqu'il était monté sur le trône, nous devions une contribution au maître d'Antioche. Il nous en avait relevé gracieusement et, depuis lors, nos relations avec Antioche s'étaient maintenues excellentes.

Telle était la situation de Baudouin, et il avait auprès de lui en audience l'un de nos envoyés, lorsqu'un navire arriva à As-Souwaidiyya. Un jeune homme en débarqua, couvert de vêtements usés. On l'introduisit auprès de Baudouin, auquel il se fit reconnaître comme le fils de Boémond (*Ibn Maimoûn*). Baudouin lui livra Antioche, en sortit, et alla établir ses campements en dehors de la ville. Notre représentant auprès du roi Baudouin nous a juré que celui-ci avait dû acheter sur le marché, le soir de ce même jour, l'orge nécessaire à ses chevaux, alors que les greniers d'Antioche regorgeaient de denrées. Baudouin retourna ensuite à Jérusalem.

Le fils de Boémond, ce satan, fit subir à nos hommes une épreuve terrible. Un certain jour, il vint camper et dresser ses tentes à nos portes avec son armée. Nous étions déjà montés sur nos chevaux pour leur tenir tête. Pas un d'entre eux ne s'avança à notre rencontre. Ils ne quittèrent pas leurs tentes, tandis que nous chevauchions sur une éminence, les observant, n'étant séparés d'eux que par le cours de l'Oronte.

Le fils d'un de mes oncles paternels, Laith ad-Daula Yaḥyâ, fils de Mâlik, fils de Ḥoumaid (qu'Allâh l'ait en pitié!), sortit de nos rangs dans la direction de l'Oronte. Nous nous imaginions qu'il allait abreuver sa jument. Il s'enfonça dans l'eau, franchit le fleuve et se dirigea vers un petit détachement des Francs, immobile auprès des tentes. Lorsqu'il se fut approché d'eux, un de leurs cavaliers vint à sa rencontre. Les deux adversaires s'élancèrent l'un contre l'autre, mais chacun d'eux esquiva le coup de lance qui lui était destiné.

J'arrivai en hâte, à ce moment même, vers les deux combattants, avec d'autres jeunes hommes comme moi. Le détachement s'ébranla. Le fils de Boémond monta à cheval, ainsi que ses soldats. Ils se précipitèrent, rapides comme le torrent. La jument de mon parent avait reçu un coup de lance. Les premières lignes de nos cavaliers se heurtèrent aux premières lignes de leur cavalerie. Dans nos troupes, il y avait un Kurde, nommé Mîkâ'îl, qui avait atteint en fuyant leur avant-garde. Sur ses derrières, un cavalier Franc l'avait percé de sa lance. Le Kurde, étendu devant lui, gémit bruyamment et poussa les hauts cris. Je le rejoignis. Quant au Franc, il s'était détourné du cavalier Kurde et avait filé loin de ma route à la poursuite de cavaliers à nous, postés en nombre au bord du fleuve, sur notre rive. J'étais derrière lui, éperonnant mon cheval pour qu'il le rattrapât et que je pusse le frapper; mais je n'y réussis pas. Le Franc ne faisait pas attention à moi; il était uniquement occupé de nos cavaliers groupés. Enfin, il les atteignit, toujours poursuivi par moi. Mes compagnons portèrent à son cheval un coup de lance mortel. Mais ses compagnons étaient sur sa trace, trop nombreux pour que nous pussions rien contre eux. Le cavalier Franc partit sur son cheval expirant, rencontra ses soldats, les ramena tous en arrière et s'en retourna sous leur protection. Or, ce cavalier n'était autre que le fils de Boémond, seigneur d'Antioche. Encore adolescent, il avait laissé envahir son âme par la terreur. S'il eût permis à ses soldats d'agir, nous eussions été mis en déroute et refoulés jusque dans l'enceinte de notre ville.

Pendant la bataille, une vieille servante, nommée Bouraika, au service d'un Kurde de nos compagnons 'Alî ibn Maḥboûb, se tenait au milieu des cavaliers sur la rive du fleuve. Elle tenait à la main de la boisson pour se désaltérer et pour désaltérer les hommes. La plupart de nos compagnons, lorsqu'ils virent les Francs s'avancer en telles masses, rebroussèrent chemin vers la ville, tandis que cette diablesse demeurait, n'étant nullement épouvantée par ce grave événement.

Et je vais mentionner un trait à propos de cette Bouraika, bien que ce ne soit pas ici la place; mais l'anecdote a des ramifications. 'Alî, le maître de Bouraika, était religieux et ne buvait pas de vin. Il dit un jour à mon père (qu'Allâh l'ait en pitié!) : « Par Allâh, ô émir, je ne me croirais pas autorisé par la loi à manger sur les fonds publics. Je ne veux manger que grâce aux bénéfices réalisés par Bouraika. » Et lui, ce sot, s'imaginait que ce trafic illicite était plus légitime que de s'adresser au trésor pour lui demander un salaire. Quant à la servante, elle avait un fils, du nom de Naṣr, homme de haute taille, intendant d'un domaine appartenant à mon père (qu'Allâh l'ait en pitié!), qu'il dirigeait avec un certain Baḳiyya, fils d'Al-Ouṣaifir.

Baḳiyya m'a raconté ce qui suit : « J'entrai, à la tombée de la nuit, dans la ville, voulant pénétrer dans ma maison où j'avais à faire. Lorsque j'approchai de Schaizar, j'aperçus au milieu des tombeaux, à la lueur de la lune, un être vivant qui ne paraissait ni un homme ni un animal sauvage. Je me tins à distance et je me sentis effrayé. Puis je me dis : « Ne suis-je donc pas Baḳiyya? Que signifie cette crainte d'un être isolé? » Je déposai mon épée, mon bouclier et ma lance que j'avais avec moi et je m'avançai pas à pas, en entendant cet être chanter et parler. Puis, lorsque je me fus approché, je m'élançai sur lui, tenant dans la main un poignard, et je le saisis violemment. Or, c'était Bouraika, avec la tête découverte, les cheveux hérissés, chevauchant sur une branche, hennissant et tournant au milieu des tombeaux. Je dis : « Malheur à toi! Que fais-tu à cette heure ici? » — Elle répondit : « De la sorcellerie. » — Je repris : « Qu'Allâh t'abomine, qu'il abomine ta sorcellerie et tes artifices entre tous ! »

L'énergie de cette chienne m'a rappelé l'attitude des femmes dans le combat qui eut lieu entre nous et les Ismaéliens [1], bien qu'elles aient agi tout différemment. Dans cette journée, le chef des Ismaéliens, 'Alawân ibn Ḥarâr [2], se rencontra avec mon cousin Sinân ad-Daula Schabîb ibn Ḥâmid ibn Ḥoumaid (qu'Allâh l'ait en pitié !) dans notre château fort. Or, mon cousin était mon contemporain, venu au monde le même jour que moi : tous deux nous sommes nés le dimanche, 27 djoumâdâ, en l'an 488 [3]. Il ne prit point part au combat dans cette journée, tandis que j'en fus le pivôt. 'Alawân voulut se l'attacher et lui dit : « Retourne vers ta maison ; emporte tout ce que tu pourras et viens, pour que tu ne sois pas tué. Car le château fort, nous en avons pris possession. » Schabîb rentra chez lui et dit : « Quiconque a quelque chose me le remettra. » Il parlait ainsi à sa tante et aux femmes de son oncle paternel, et chacune d'elles s'empressa de lui donner ce qu'il demandait. Sur ces entrefaites, voici qu'un homme entra dans la maison, couvert d'une cotte de mailles et d'un casque, portant une épée et un bouclier. A sa vue, Schabîb se crut perdu. Le personnage retira son casque. Il n'était autre que la mère de son cousin Laith ad-Daula Yaḥyâ (qu'Allâh l'ait en pitié !). Elle dit : « Que veux-tu faire ? » — Il répondit : « Prendre tout ce que je pourrai, descendre du château fort à l'aide d'une corde et m'en aller vivre dans le monde. » — Elle reprit : « Quelle mauvaise action tu vas commettre ! Tu laisserais tes cousines et les femmes de ta famille aux séducteurs pour t'en aller ! Quelle existence sera la tienne, lorsque tu te seras déshonoré dans ta famille et que tu te seras enfui loin d'elle ! Cours au combat pour les tiens, afin de te faire tuer au milieu d'eux. Qu'Allâh te châtie, qu'il te châtie encore ! » Et cette femme (qu'Allâh l'ait en pitié !) l'empêcha de fuir. Et désormais il devint l'un des cavaliers les plus estimés.

Dans cette même journée, ma mère (qu'Allâh l'ait en pitié !) distribua mes épées et mes casaques rembourrées. Elle se ren-

1. En avril 1109.
2. Nom de lecture incertaine.
3. Le 4 juillet 1095.

dit auprès d'une de mes sœurs plus âgée que moi et lui dit : « Revêts tes bottines et ton manteau. » Elle obéit et sa mère l'entraîna vers un balcon de ma maison, qui dominait la vallée à l'est. Elle l'y fit asseoir, s'asseyant elle-même sur le pas de la porte du balcon. Allâh (gloire à lui !) nous donna la victoire sur les Ismaéliens. J'arrivai dans ma maison, réclamant quelqu'une de mes armes, sans trouver autre chose que les fourreaux des épées et les sacs en cuir des casaquins. Je dis à ma mère : « Où sont mes armes ? » — Elle répondit : « O mon cher fils, j'ai donné les armes à ceux qui combattaient pour nous, et je ne présumais pas que tu fusses en vie. » — Je repris : « Et ma sœur, que fait-elle ici ? » — Elle répliqua : « O mon cher fils, je l'ai fait asseoir sur le balcon, et je me suis assise en arrière d'elle. Dès que j'aurais vu les Baṭéniens parvenir jusqu'à nous, je l'aurais poussée, je l'aurais lancée dans la vallée pour la voir morte plutôt qu'emmenée en captivité avec les paysans et les séducteurs. » Je remerciai ma mère, que ma sœur remercia également en lui témoignant sa reconnaissance. En vérité, ce point d'honneur est plus strict que les points d'honneur des hommes.

Une vieille, nommée Fanoûn, qui avait servi mon grand-père l'émir Aboû 'l-Ḥasan 'Alî (qu'Allâh l'ait en pitié !) se couvrit, dans cette même journée, la bouche d'un voile, saisit une épée et s'élança au combat. Elle ne discontinua pas jusqu'à ce qu'elle nous vît prendre le dessus et l'emporter sur nos adversaires.

On ne saurait dénier aux femmes distinguées la bravoure, le point d'honneur et la sagesse du jugement. J'étais parti un certain jour avec mon père (qu'Allâh l'ait en pitié !) à la chasse. Il était épris de ce divertissement et possédait une collection presque unique de faucons, de gerfauts, de sacres, de guépards et de chiens braques. Il montait à cheval à la tête de quarante cavaliers, ses enfants et ses serviteurs, tous experts en matière de chasse, au courant de la pêche. Or il avait à Schaizar deux rendez-vous de chasse. Un jour il chevauchait à l'ouest de la ville vers des cannaies et des rivières, où il poursuivait les francolins, les oiseaux aquatiques, les lièvres et les gazelles, tuait les sangliers ; l'autre jour, il gravissait à cheval la montagne au sud de la ville, faisant la chasse aux perdrix et aux lièvres. Un jour que nous étions sur la montagne, arriva l'heure de la prière de l'après-midi. Il fit halte et nous fîmes halte pour faire notre prière chacun pour soi. Voici qu'un écuyer nous rejoignit au galop, s'écriant : « Le lion est là. » Je fis mes oraisons finales avant mon père (qu'Allâh l'ait en pitié!), afin qu'il ne m'empêchât pas d'aller combattre le lion. Je montai à cheval, ayant avec moi ma lance. Je m'élançai vers le lion qui se porta à ma rencontre et rugit. Mais mon cheval m'emmena à l'écart et la lance me tomba des mains à cause de sa lourdeur, le cheval m'entraînant dans une course rapide, pour revenir ensuite s'arrêter au pied de la montagne. Le lion était des plus corpulents, bombé comme une arcade cintrée, affamé. Toutes les fois que nous approchions de lui, il descendait de la montagne, repoussait les chevaux et retournait à sa tanière. Et il ne descendait pas une seule fois sans marquer la trace de son passage dans notre compagnie. Je l'avais même vu monter en croupe derrière un écuyer de mon oncle, un nommé Baschtakîn Garza, s'accrocher aux deux hanches de son cheval et lui déchirer avec les griffes ses vêtements et ses guêtres, puis retourner vers la montagne. Je n'avais aucune prise sur ce lion, lorsque je m'avisai de monter au-dessus de lui sur le versant de la montagne. Ensuite, je précipitai mon cheval sur lui, je le frappai avec ma lance que j'enfonçai dans son corps et que je laissai dans son flanc. Il roula jusqu'au bas de la montagne, sans pouvoir se débarrasser de la lance. Le lion mourut et la lance se brisa, tandis que mon père (qu'Allâh l'ait en pitié!) était arrêté à nous regarder, en société des fils de son frère 'Izz ad-Dîn [1], de tout jeunes gens curieux de voir ce qui se passerait. Nous transportâmes le lion, et notre entrée dans la ville eut lieu à la tombée du soir.

Au milieu de la nuit, ma grand'mère du côté de mon père (puisse Allâh les avoir tous deux en pitié!) était venue me trouver, tenant une cire allumée. C'était une femme très âgée, presque centenaire. Je ne mis pas en doute qu'elle était venue me féliciter d'avoir échappé au danger et m'exprimer sa joie de ma noble action. Je m'avançai vers elle et je lui

1. 'Izz ad-Dîn Aboû 'l-'Asâkir Soulṭân.

baisai la main. Mais elle me dit avec colère et emportement : « O mon cher fils, quel motif te pousse à affronter ces dangers, dans lesquels tu risques ta vie et celle de ton cheval, tu brises tes armes et tu aggraves les mauvaises dispositions et l'antipathie de ton oncle paternel à ton égard? » — Je répondis : « O ma princesse, je n'expose ma vie en cette occasion et dans d'autres que pour gagner le cœur de mon oncle. » — Elle répliqua : « Non, par Allâh, ce n'est pas ce qui te rapprochera de lui, c'est au contraire ce qui t'en éloignera de plus en plus, ce qui aggravera envers toi son inimitié et son aversion. » Or, j'ai reconnu que cette femme (qu'Allâh l'ait en pitié!) m'avait donné un avis sage et qu'elle avait dit vrai en parlant ainsi. Par ma vie, de telles femmes sont assurément les mères des hommes!

Ma grand'mère (qu'Allâh l'ait en pitié!) était parmi les plus vertueuses musulmanes, pratiquant la religion, l'aumône, le jeûne et la prière d'une façon admirable. J'étais un jour présent, la veille au soir du 15 scha'bân, alors qu'elle priait auprès de mon père. Et celui-ci (qu'Allâh l'ait en pitié!) excellait à psalmodier le Livre d'Allâh le Très Haut, sa mère s'associant à sa prière. Il eut compassion de sa mère et lui dit : « O ma mère, si tu priais assise! » — Elle répondit : « O mon cher fils, me reste-t-il assez de jours à vivre pour que je revoie une nuit comme celle-ci? Non, par Allâh, je ne m'assiérai pas. » Or, mon père, à ce moment, était septuagénaire, et ma grand'mère (qu'Allâh l'ait en pitié!) était presque centenaire.

J'ai vu merveilles de l'héroïsme des femmes. C'est ainsi qu'un des compagnons de Khalaf ibn Moulâ'ib, un certain 'Alî 'Abd Ibn Abî 'r-Raidâ, avait été doué par Allâh le Très Haut d'une vue aussi étonnante que celle de Zarḳâ Al-Yamâma. Car il faisait campagne avec Ibn Moulâ'ib, apercevant les caravanes à une distance d'un jour entier.

Il m'a été raconté par un de ses amis, Sâlim Al-'Idjâzî, qui passa au service de mon père après l'assassinat de Khalaf ibn Moulâ'ib : « Nous étions montés un jour, et, dès le lendemain matin, nous avions envoyé en avant 'Alî 'Abd Ibn Abî 'r-Raidâ pour faire le guet à notre profit. Il nous rejoignit et dit : « Réjouissez-vous du butin. En ce moment une caravane considérable s'avance. » Nous eûmes beau regarder, rien ne nous apparut. Nous dîmes : « Nous ne voyons ni caravane ni quoi que ce soit. » — Il répondit : « Par Allâh, je vois une caravane, et en tête s'avancent deux chevaux qui ont telle et telle marque, avec les couleurs effacées. » Nous restâmes dans l'embuscade jusque dans l'après-midi. La caravane nous arriva, précédée par les deux chevaux marqués. Une sortie nous en rendit maîtres. »

Sâlim Al-'Idjâzî m'a encore raconté ce qui suit : « Nous montâmes un jour et 'Alî 'Abd Ibn Abî 'r-Raidâ monta pour faire le guet à notre profit. Il s'endormit et, à son insu, fut saisi par un Turc, qui appartenait à un détachement de Turcs et qui s'était attaqué à lui. On lui dit : « Qui es-tu? » — Il répondit : « Je suis un mendiant qui ai loué mon chameau à un commerçant de la caravane. Donne-moi ta main comme gage que tu me rendras mon chameau, à condition que je vous guide vers la caravane. » Leur chef lui donna la main. Il marcha devant eux jusqu'à ce qu'il les eût fait parvenir à nous, à l'embuscade. Nous fîmes une sortie contre eux et ils devinrent nos captifs. 'Alî s'attacha à celui qui était devant lui, prit son cheval et son équipement. Notre butin fut abondant.

« Lorsque Ibn Moulâ'ib eut été assassiné [1], 'Alî 'Abd Ibn Abî 'r-Raidâ se mit au service de Théophile le Franc, seigneur de Kafarṭâb. Il entraînait les Francs vers les musulmans pour piller ceux-ci, pour leur nuire avec acharnement, pour s'emparer de leurs biens et pour verser leur sang, au point qu'il détroussait les voyageurs sur les chemins. Il avait avec lui à Kafarṭâb, sous la domination franque, une femme, qui lui reprochait sa conduite et le retenait, sans qu'il se soumît. Elle envoya chercher l'un de ses parents à elle, un artisan, son frère, je suppose, et le cacha dans sa maison jusqu'au soir. Tous deux conspirèrent contre son mari 'Alî 'Abd Ibn Abî 'r-Raidâ, le tuèrent et s'approprièrent tout son bien. Le lendemain matin, elle apparut parmi nous à Schaizar. « Je me suis irritée, dit-elle, pour les musulmans de ce que faisait contre eux cet infidèle. » Elle soulagea les hommes de ce satan et nous lui tînmes compte de sa belle action, en lui assurant chez nous l'honneur et le respect. »

1. En 1106.

Il y avait parmi les émirs de Miṣr un homme nommé Nadî As-Ṣoulaiḥî, sur la figure duquel ressortaient deux traces de coups; l'une s'étendait de son sourcil droit à la lisière de ses cheveux, l'autre de son sourcil gauche jusqu'à ses cheveux les plus rapprochés. Je l'interrogeai au sujet de ces deux coups. Il me répondit : « Au temps de ma jeunesse, je montais d'Ascalon à pied. Un jour, je montai dans la direction de Jérusalem pour attaquer les pèlerins des Francs. Nous nous heurtâmes à quelques-uns d'entre eux. Dans le nombre je rencontrai un homme avec une lance, ayant derrière lui sa femme qui portait une jarre en bois remplie d'eau. L'homme me frappa de ce coup que voici; j'usai de représailles et je le tuai. Je marchai vers sa femme qui me frappa au visage avec la jarre en bois et m'infligea cette autre blessure. Tous deux ils marquèrent ma face. »

Voici un autre trait de bravoure des femmes : Une troupe de pèlerins Francs, ayant accompli le pèlerinage, revint à Rafaniyya qui, à ce moment, appartenait aux Francs [1]. Ils en sortirent pour se rendre à Apamée, mais s'égarèrent de nuit et arrivèrent à Schaizar, au nombre de sept à huit cents, hommes, femmes et jeunes gens. Or, l'armée de Schaizar était sortie sous la direction de mes deux oncles 'Izz ad-Dîn Aboû 'l-'Asâkir Soulṭân et Fakhr ad-Dîn Aboû Kâmil Schâfi' (qu'Allâh les ait tous deux en pitié!) pour aller à la rencontre des deux femmes qu'ils avaient épousées, deux sœurs, de la famille Alépine des Banoû 'ṣ-Ṣoûfî. Mon père (qu'Allâh l'ait en pitié!) était demeuré dans la forteresse. Un des nôtres était sorti de la ville pendant la nuit, pour une besogne urgente. Il vit un Franc, retourna sur ses pas prendre son épée, sortit et le tua. Le cri de guerre retentit à Schaizar. Les habitants sortirent, tuèrent les Francs et pillèrent ce qu'ils avaient avec eux, femmes, jeunes gens, argent et bêtes de somme.

Or, il y avait à Schaizar une femme mariée à l'un de nos compagnons. Elle se nommait Nadra, fille de Boûzarmâṭ et était sortie avec les habitants. Cette femme fit captif un Franc, qu'elle introduisit dans sa maison; elle en sortit pour prendre un autre Franc qu'elle introduisit dans sa maison, puis en sortit

1. Après 1126.

pour prendre un troisième Franc. Ils furent réunis à trois chez elle. Alors, elle s'empara de ce qu'ils avaient avec eux et de ce qu'il lui convint de leur enlever, appela ensuite quelques-uns de ses voisins qui les mirent à mort.

Mes deux oncles et l'armée arrivèrent pendant la nuit. De nombreux Francs avaient été mis en déroute et poursuivis par des habitants de Schaizar, qui les avaient tués à l'extérieur de la ville. Aussi les cavaliers qui rentraient trébuchaient-ils dans l'obscurité au milieu des cadavres, sans savoir ce qui les faisait trébucher. L'un d'eux mit pied à terre et vit les cadavres dans les ténèbres. Ce spectacle les épouvanta et ils s'imaginèrent que Schaizar avait été envahi par surprise. En réalité, c'était un butin qu'Allâh le Tout Puissant avait poussé vers les habitants.

On avait amené dans la maison de mon père (qu'Allâh l'ait en pitié!) quelques jeunes filles captives d'entre les Francs. Ils sont (qu'Allâh les maudisse!) une race maudite, qui ne s'allie pas avec qui est d'autre origine. Mon père distingua une jeune fille belle, à la fleur de l'âge. Il dit à l'intendante de sa maison : « Fais-la entrer dans le bain, répare le désordre de sa toilette et outille-la pour le voyage. » L'intendante obéit. Mon père confia la jeune fille à l'un de ses écuyers et la fit conduire vers l'émir Schihâb ad-Dîn Mâlik ibn Sâlim ibn Mâlik, seigneur de Ḳal'at Dja'bar, l'un de ses amis, auquel il écrivit : « Nous avons fait sur les Francs du butin, dont je t'ai envoyé une part. » La jeune fille plut à l'émir et le charma. Il se la réserva et elle mit au monde pour lui un fils qu'il nomma Badrân. Son père le constitua son héritier présomptif. Il grandit, son père mourut. Badrân gouverna la ville et les sujets, sa mère conservant le droit d'ordonner et de défendre. Celle-ci s'entendit avec quelques hommes et se laissa glisser sur une corde du haut de Ḳal'at Dja'bar. Ces hommes l'accompagnèrent jusqu'à Saroûdj qui appartenait alors aux Francs. Elle se maria avec un cordonnier Franc, tandis que son fils était seigneur de Ḳal'at Dja'bar.

Parmi les femmes Franques qui avaient été dirigées vers la maison de mon père, il y avait une vieille avec une de ses filles, jeune et bien faite, et un fils robuste. Le fils devint musulman et son islamisme fut de bon aloi, étant donné ce qu'il étalait de sa prière et de son jeûne. Il apprit l'art de travailler le marbre à l'école d'un artiste qui pavait en marbre la maison de mon père. Puis, son séjour s'étant prolongé, mon père le maria avec une femme d'une famille pieuse et lui fournit tout ce dont il avait besoin pour ses noces et pour son installation. Sa femme lui donna deux fils, qui grandirent parmi nous. Ils avaient cinq et six ans, quand leur père, l'ouvrier Raoul, dont ils étaient la joie, partit avec eux et avec leur mère, emportant tout ce qu'il avait dans sa maison pour rejoindre les Francs à Apamée. Il redevint chrétien, lui et ses enfants, après des années d'islamisme, de prière et de foi. Puisse Allâh le Très Haut purifier le monde de cette engeance!

Gloire à Allâh, l'auteur de toutes choses, le créateur! Quiconque s'est mis au courant de ce qui concerne les Francs ne peut que glorifier et sanctifier Allâh le Tout Puissant; car il a vu en eux des bêtes qui ont la supériorité du courage et de l'ardeur au combat, mais aucune autre, de même que les animaux ont la supériorité de la force et de l'agression.

Je vais rapporter quelques traits relatifs aux Francs et à mes surprises au sujet de leurs intelligences.

Il y avait dans l'armée du roi Foulques fils de Foulques un chevalier Franc respectable, qui était venu de leurs contrées pour accomplir le pèlerinage et s'en retourner ensuite. Il fit ma connaissance et s'attacha à moi au point qu'il m'appelait : Mon frère. Nous nous aimions et nous nous fréquentions. Lorsqu'il se disposa à repasser la mer pour rentrer dans son pays, il me dit : « O mon frère, je m'en retourne chez moi, et je voudrais, avec ta permission, emmener ton fils pour le conduire dans nos régions (j'avais avec moi mon fils âgé de quatorze ans) [1]. Il y verra nos chevaliers [2], il y apprendra la sagesse et la science de la chevalerie. Lorsqu'il reviendra, il aura pris l'allure d'un homme intelligent. » Mon oreille fut blessée de paroles qui n'émanaient pas d'une tête sensée. Car mon fils, eût-il été fait prisonnier, la captivité ne lui aurait pas apporté d'autre calamité que d'être transporté dans les

1. Aboû 'l-Fawâris Mourhaf.
2. Le texte porte : nos cavaliers.

pays des Francs. Je répondis : « Par ta vie, telle était mon intention, mais j'en ai été empêché par l'affection que porte à mon fils sa grand'mère, ma mère. Elle ne l'a laissé partir avec moi qu'en me faisant jurer de le lui ramener. » — « Ta mère vit donc encore? » me dit-il. — « Oui », répondis-je. — Il me dit : « Ne la contrarie pas. »

Parmi les curiosités de la médecine chez les Francs, je raconterai que le gouverneur d'Al-Mounaiṭira avait écrit à mon oncle paternel pour le prier de lui adresser un médecin qui s'y chargerait de plusieurs cures urgentes. Mon oncle arrêta son choix sur un médecin chrétien, nommé Thâbit (?). Celui-ci ne resta absent que pendant dix jours, puis remonta vers nous. Ce fut un cri général : « Comme tu as rapidement obtenu la guérison des malades ! » — Thâbit répondit : « On a fait venir devant moi un chevalier pour un abcès, qui lui avait poussé à la jambe, et une femme, que rongeait une fièvre de consomption. J'ai appliqué au chevalier un petit cataplasme; son abcès s'est ouvert et a pris bonne tournure; quant à la femme, je lui ai interdit certains aliments et je lui ai rafraîchi le tempérament. J'en étais là, lorsque survint un médecin Franc, qui dit : « Cet homme est incapable de les guérir. » Puis, s'adressant au chevalier : « Que préfères-tu, lui demanda-t-il, vivre avec une seule jambe, ou mourir avec tes deux jambes ? » — « J'aime mieux, répondit le chevalier, vivre avec une seule jambe. » — « Qu'on m'amène, dit alors le médecin Franc, un chevalier robuste, avec une hache tranchante. » Chevalier et hache ne tardèrent pas à paraître. J'assistais à la scène. Le médecin étendit la jambe du patient sur un billot de bois, puis dit au chevalier : « Abats-lui la jambe avec la hache; qu'un seul coup la détache. » Sous mes yeux, le chevalier asséna un coup violent, sans que la jambe se détachât. Il asséna au malheureux un second coup, à la suite duquel la moelle de la jambe s'écoula, et le chevalier expira sur l'heure. Quant à la femme, le médecin l'examina et dit : « C'est là une femme dans la tête de laquelle est un satan, dont elle est possédée. Rasez-lui les cheveux ! » On accomplit sa prescription et elle se remit à manger, comme ses compatriotes, de l'ail et de la moutarde. Sa consomption empira. Le médecin dit alors : « C'est que le satan lui a pénétré dans la tête. » Saisissant le rasoir, le médecin lui fendit la tête en forme de croix, et lui écorcha la peau dans le milieu si profondément que les os furent mis à découvert. Il frotta ensuite la tête avec du sel. La femme à son tour expira sur l'heure. Après leur avoir demandé si mes services étaient encore réclamés et après avoir obtenu une réponse négative, je revins, ayant appris à connaître de leur médecine ce que jusque-là j'avais ignoré. »

J'ai assisté à un fait, où leur médecine se montra sous un jour absolument opposé. Le roi des Francs [1] avait pour trésorier un de leurs chevaliers, nommé Bernard [2] (puisse Allâh le maudire!), qui comptait parmi les plus détestables et les plus criminels d'entre eux. Un cheval lui avait lancé à la jambe une ruade qui détermina chez lui des douleurs au pied. On fit des incisions à quatorze endroits; mais les blessures, dès qu'elles étaient fermées sur un point, se rouvraient sur un autre. Je faisais des vœux pour la mort de cet impie. Mais il reçut la visite d'un médecin Franc, qui enleva les emplâtres et se mit à laver les blessures avec du vinaigre très acide. Les blessures se cicatrisèrent; il revint à la santé et se releva, semblable à un satan.

Entre les procédés étonnants de la médecine des Francs, je parlerai aussi de ce qui advint à un artisan, nommé Aboû 'l-Fatḥ, qui habitait parmi nous, à Schaizar. Il avait un fils dont le cou était gonflé de scrofules. Toutes les fois qu'une tumeur se fermait, il s'en ouvrait une autre. Aboû 'l-Fatḥ se rendit à Antioche pour une affaire et prit avec lui son fils. Un Franc remarqua l'état du malade et demanda qui il était. — L'artisan répondit : « C'est mon fils. » — Le Franc dit alors : « Tu me jureras par ta foi que, si je te donne une recette pour le guérir, tu n'accepteras de personne, à qui tu feras part de ce remède, aucun salaire. Dans ce cas, je vais t'apprendre un moyen de guérir ton fils. » L'artisan jura et son interlocuteur lui dit : « Tu prendras pour ton fils de la soude non pilée, que tu feras cuire et que tu arroseras

1. Foulques d'Anjou, quatrième roi de Jérusalem.
2. Le texte porte Barnâd.

d'huile d'olive et de vinaigre très acide ; tu feras des frictions avec ce mélange jusqu'à ce qu'il ait été absorbé par l'endroit sensible. Procure-toi ensuite du plomb fondu, dont tu corrigeras l'effet en y ajoutant de la graisse, répands-le sur les scrofules et tu les feras disparaître. » L'artisan appliqua ce traitement à son fils qui guérit. Les plaies se cicatrisèrent et la santé revint, aussi florissante qu'auparavant. Je recommandai ce mode de traitement à quiconque était frappé par cette maladie. Il fut toujours employé avec succès et arrêta le mal, dont bien des gens se plaignaient.

Il n'est personne parmi ceux qui habitent de fraîche date les territoires des Francs qui ne se montre plus inhumain que ses prédécesseurs fixés parmi nous et familiarisés avec les musulmans.

Une preuve de la dureté des Francs (qu'Allâh les flétrisse !) est ce qui m'arriva lorsque je visitai Jérusalem [1]. J'entrai dans la Mosquée Al-Aḳṣâ. A côté se trouvait une petite mosquée que les Francs avaient convertie en église. Lorsque j'entrais dans la Mosquée Al-Aḳṣâ, qui était occupée par les Templiers, mes amis, ils m'assignaient cette petite mosquée pour y faire mes prières. Un jour, j'y entrai, je glorifiai Allâh. J'étais plongé dans ma prière, lorsque l'un des Francs fondit sur moi, me saisit et retourna ma face vers l'orient, en disant : « Voici comment l'on prie ! » Une troupe de Templiers se précipita sur lui, se saisit de sa personne et l'expulsa. Je me remis à prier. Échappant à leur surveillance, ce même homme fondit de nouveau sur moi et retourna ma face vers l'orient, en répétant : « Voici comment l'on prie ! » Les Templiers s'élancèrent de nouveau sur lui et l'expulsèrent ; puis ils s'excusèrent auprès de moi et me dirent : « C'est un étranger, qui est arrivé ces derniers jours des pays des Francs. Il n'a jamais vu prier personne qui ne fût tourné vers l'orient. » — Je répondis : « J'ai assez prié pour aujourd'hui. » Je sortis, en m'étonnant combien ce satan avait le visage décomposé, comme il tremblait et quelle impression il avait ressentie de voir quelqu'un prier dans la direction de la *ḳibla* [2].

1. Vers 1140.
2. Dans la direction de La Mecque.

Je vis l'un des Templiers rejoindre l'émir Mou'în ad-Dîn [1] (qu'Allâh l'ait en pitié!), alors qu'il était dans le Dôme de La Roche (*As-Sakhra*). « Veux-tu, lui demanda-t-il, voir Dieu (*Allâh*) enfant? » — « Oui, certes », répondit Mou'în ad-Dîn. Le Templier nous précéda, jusqu'à ce qu'il nous montrât l'image de Marie, avec le Messie (sur lui soit le salut!) enfant dans son giron. « Voici, dit le Templier, Dieu (*Allâh*) enfant. Puisse Allâh s'élever très haut au-dessus de ce que disent les impies! »

Les Francs ne savent pas ce qu'est le sentiment de l'honneur, ce qu'est la jalousie. Si l'un deux se promène avec sa femme et qu'il rencontre un autre homme, celui-ci prend la main de la femme et se retire avec elle pour causer, tandis que le mari demeure à l'écart, attendant la fin de l'entretien. Si la femme le prolonge outre mesure, le mari la laisse seule avec l'interlocuteur et s'en retourne.

Voici un fait du même genre, dont j'ai été témoin. Lorsque je venais à Naplouse, j'habitais la maison d'un nommé Mou'izz, chez lequel descendaient les musulmans. Nos fenêtres s'ouvraient sur la route. En face, de l'autre côté, habitait un Franc, qui vendait du vin aux marchands. Il tirait en bouteilles du vin et faisait appel aux consommateurs : « Le marchand un tel a ouvert la barrique de ce vin. Quiconque en veut n'a qu'à se présenter à l'endroit que je lui désigne. Je lui fournirai de ce vin autant de bouteilles qu'il en désirera. »

Un jour, en entrant dans sa chambre, le marchand de vin trouva dans son lit un homme couché avec sa femme : « Quel motif, dit-il, t'a fait entrer auprès de ma femme? » — « J'étais fatigué, dit l'autre, je suis entré pour me reposer. » — « Mais comment, reprit le Franc, as-tu osé pénétrer dans mon lit? » — « J'ai trouvé une couche unie comme un tapis et je m'y suis endormi. » — « Mais ma femme dormait à tes côtés. » — « Le lit était à elle, aurais-je pu la chasser de sa couche? » — « Par la vérité de ma religion, répondit le mari, je le jure, si tu recommences, nous viderons ensemble le différend. » Voilà ce qu'est chez un Franc son mécontentement, voilà ce qu'est le comble de sa jalousie.

1. Mou'în ad-Dîn Anar.

Autre fait du même genre : Nous avions chez nous un baigneur, nommé Sâlim, originaire de Ma'arrat an-No'mân, employé au service de mon père (qu'Allâh l'ait en pitié !). Sâlim nous dit un jour : « J'avais installé des bains à Ma'arrat an-No'mân, pour en vivre. Un chevalier d'entre les Francs y entra. Or, ils ont une répugnance contre notre usage d'avoir au bain le caleçon serré à la ceinture. Mon client étendit la main, détacha mon caleçon et le jeta. Il me vit alors. Or j'avais, peu de temps auparavant, rasé mes poils du pubis. Il me cria : « Sâlim! ». Je m'approchai de lui. Il étendit la main sur mon pubis et dit : « Sâlim est magnifique (*sâlim*)! Par la vérité de ma religion, fais-m'en autant. » Il s'étendit sur le dos, et la partie du corps dont il s'agissait ressemblait chez lui à sa barbe. Je lui rasai ce membre. Il y passa la main et s'aperçut que la peau y était devenue lisse. Il me dit alors : « O Sâlim, par ta religion, je t'en conjure, fais cette même opération à la dame (*dâmâ*). » Or, dans leur langue, la dame (*dâmâ*), c'est l'épouse. C'était à sa femme qu'il pensait. Il envoya un de ses serviteurs prévenir la dame pour qu'elle vînt. Le serviteur se rendit auprès de la dame, l'amena et la fit entrer. A son tour, elle s'étendit sur le dos. Le chevalier répéta : « Fais-lui ce que tu m'as fait. » Je lui rasai ces mêmes poils, pendant que son mari était assis, me regardant faire. Celui-ci me remercia et me remit ensuite le salaire qui me revenait pour ma peine. »

Considérez cette contradiction absolue. Voilà des hommes sans jalousie et sans point d'honneur. D'un autre côté, ils sont doués d'un grand courage. Or, en général, le courage tire son origine uniquement du point d'honneur et du souci que l'on a d'éviter toute atteinte à sa réputation.

Il m'arriva une aventure du même genre. J'étais entré dans les bains publics à Tyr (*Ṣoûr*), et j'y avais pris place dans une salle réservée. Un de mes serviteurs me dit : « Il y a dans le bain, en même temps que nous, une femme. » Lorsque je sortis de l'eau, je m'assis sur l'un des bancs en pierre. Et voici que la femme, qui avait été dans le bain, était sortie elle aussi et me faisait face. Elle était rhabillée et se tenait avec son père. Je n'étais pas sûr de son sexe et je dis à l'un de mes compagnons : « Par Allâh, regarde donc si c'est une femme, et j'aimerais bien si tu l'informais qui elle est. » Il me quitta tandis que je le suivais des yeux, pendant qu'il relevait la queue de sa robe et parvenait jusqu'à elle. Le père se tourna vers moi et me dit : « C'est ma fille, sa mère est morte, et elle n'a plus personne pour soigner la toilette de sa tête. Aussi l'ai-je fait entrer avec moi au bain pour lui faire des ablutions à la tête. » — Je répondis : « Tu as bien fait! C'était de ta part une œuvre pie. »

Un autre procédé surprenant de leur médecine est celui que nous a rapporté Guillaume de Bures, seigneur de Tibériade, l'un des principaux chefs chrétiens. Celui-ci accompagnait l'émir Mou'in ad-Dîn [1], qui se rendait d'Acre à Tibériade. J'étais du voyage. On causa en chemin, et voici ce que Guillaume de Bures nous raconta : « Il y avait, dit-il, chez nous, dans nos contrées, un chevalier très puissant. Il tomba malade et fut sur le point de mourir. Notre dernière ressource fut d'aller vers un prêtre chrétien (*ḳouss*) d'une grande autorité et de lui confier le malade, en lui disant : « Tu viendras avec nous pour examiner le chevalier un tel. » Il y consentit et se mit en route avec nous. Notre conviction était qu'il n'aurait besoin que d'imposer ses mains sur lui pour le guérir. Lorsque le prêtre vit le malade, il dit : « Apportez-moi de la cire. » Nous lui en avions aussitôt apporté un peu qu'il pétrit pour en faire des fils minces comme les articulations des doigts. Il les lui enfonça dans les narines. Le chevalier mourut sur l'heure. Nous dîmes au prêtre : « Eh bien, il est mort! » — « Oui, il se tourmentait, répondit le prêtre. Je lui ai bouché le nez afin qu'il mourût et qu'il reposât. »

Laisse ceci et remets-toi à parler de Harim [2].

Nous passons à un autre sujet, après avoir rapporté les procédés médicaux des Francs.

Je me trouvai à Tibériade, alors que les Francs célébraient l'une de leurs fêtes. Les cavaliers étaient sortis de la ville pour s'adonner à des jeux de lances. Ils avaient entraîné avec eux deux vieilles femmes décrépites qu'ils placèrent à une extrémité de l'hippodrome, tandis qu'à l'autre on maintenait

1. Mou'in ad-Dîn Anar.
2. Hémistiche du poète antéislamique Zohair.

un porc, attaché et placé en avant sur un quartier de roc. Les chevaliers ordonnèrent une course à pied entre les deux vieilles. Chacune d'elles s'avançait, escortée par un détachement de cavalerie qui lui obstruait la route; à chaque pas qu'elles faisaient, elles tombaient et se relevaient, aux grands éclats de rire des spectateurs. Enfin, l'une d'elles arriva la première et saisit le porc comme prix de sa victoire.

A Naplouse, j'assistai un jour à un spectacle curieux. On introduisit deux hommes pour le combat singulier, le motif étant le suivant. Des brigands d'entre les musulmans avaient envahi un domaine dans la banlieue de Naplouse. Un cultivateur avait été soupçonné d'avoir guidé les brigands vers cet endroit. Le cultivateur prit la fuite, mais revint bientôt, le roi [1] ayant fait emprisonner ses enfants. « Traite-moi avec équité, dit l'accusé, et permets que je me mesure avec celui qui m'a désigné comme ayant introduit les brigands au cœur du village. » Le roi dit alors au seigneur qui avait reçu en fief le village : « Fais venir l'adversaire. » Le seigneur rentra dans son village, jeta son dévolu sur un forgeron qui y travaillait, et lui dit : « C'est toi qui iras te battre en duel ». Car le possesseur du fief se préoccupait surtout qu'aucun de ses laboureurs n'allât se faire tuer, de peur que ses cultures ne fussent ravagées.

Je vis ce forgeron. C'était un jeune homme fort, mais qui, en marchant ou en s'asseyant, avait toujours envie de réclamer quelque chose à boire. Quant à l'autre, au provocateur du combat singulier, c'était un vieillard au courage robuste, faisant claquer ses doigts en signe de défi, affrontant la lutte sans inquiétude. Le vicomte (*al-biskound*), gouverneur (*schiḥna*) de la ville, vint, donna à chacun des deux combattants la lance et le bouclier, et fit ranger tout autour la foule en cercle.

L'attaque s'engagea. Le vieillard pressait le forgeron en arrière, le rejetant vers le cercle, puis revenait vers le milieu de l'arène. Il y eut un échange de coups si violents, que les rivaux, restés debout, semblaient ne former qu'une seule colonne de sang.

1. Foulques d'Anjou, quatrième roi de Jérusalem.

Le combat se prolongea, et pourtant le vicomte leur recommandait d'en hâter le dénoûment. « Plus vite! » leur criait-il. Le forgeron profita de son expérience à manier le marteau. Quand le vieillard fut épuisé, le forgeron lui asséna un coup qui le renversa, et lui fit tomber derrière le dos la lance qu'il tenait à la main. Le forgeron s'accroupit sur le vieillard, afin de lui enfoncer ses doigts dans les yeux, mais il ne pouvait y parvenir à cause des flots de sang qui en découlaient; il se releva, et, de sa lance, le frappa à la tête avec tant de violence qu'il l'acheva.

Aussitôt on attacha au cou du cadavre une corde, avec laquelle on l'enleva, et on le pendit au gibet.

Le seigneur, qui avait délégué le forgeron, lui donna une grande propriété, le fit monter à cheval dans sa suite, l'emmena et partit. Vois, par cet exemple, ce que sont la jurisprudence et les décisions juridiques des Francs (qu'Allâh les maudisse!).

Une autre fois, j'eus l'occasion de me rendre avec l'émir Mou'în ad-Dîn à Jérusalem [1]. Nous fîmes halte à Naplouse. Là il vit venir à lui un aveugle, jeune encore, portant un beau costume, un musulman, qui lui apporta des douceurs et lui demanda la permission d'entrer à son service à Damas. Mou'în ad-Dîn y consentit.

Je m'informai de cet homme, et j'appris que sa mère avait été mariée à un Franc et qu'elle avait tué son mari. Son fils usait de ruse contre les pèlerins francs, et se servait d'elle pour l'aider à les assassiner. Les Francs l'avaient finalement soupçonné de pareils méfaits et lui avaient appliqué la coutume franque.

On avait installé une grande barrique, et on l'avait remplie d'eau, puis on avait placé en travers une planchette de bois. Alors, l'homme qui était l'objet des suspicions fut garrotté, suspendu par ses omoplates à une corde et précipité dans la barrique. S'il était innocent, il enfoncerait dans l'eau, et on l'en retirerait au moyen de cette corde, sans qu'il fût exposé à y mourir. Avait-il au contraire commis quelque faute, impossible pour lui de plonger dans l'eau. Le malheureux, lorsqu'on le jeta dans la barrique, fit des efforts pour aller jusqu'au

1. Mou'in ad-Din Anar. Vers 1140.

fond, mais il n'y réussit pas, et dut se soumettre aux rigueurs de leur jugement (qu'Allâh les maudisse!). On lui passa sur les yeux le poinçon d'argent rougi au feu, et on l'aveugla.

Puis, ce même homme se rendit à Damas, où l'émir Mou'în ad-Dîn [1] (qu'Allâh l'ait en pitié!) subvint à tous ses besoins et dit un jour à l'un de ses serviteurs : « Tu le conduiras chez Bourhân ad-Dîn de Balkh (qu'Allâh l'ait en pitié!), auquel tu enjoindras en mon nom de lui donner un professeur qui lui enseigne le Coran, avec quelques notions de jurisprudence. » — L'aveugle s'écria : « Aussi vrai que le secours et la victoire émanent d'Allâh, telle n'était pas mon ambition. » — « Qu'espérais-tu de moi? » reprit Mou'în ad-Dîn. — L'aveugle répondit : « Que tu me donnerais un cheval, une mule et des armes, que tu ferais de moi un cavalier. » Mou'în ad-Dîn dit alors : « Je ne me serais pas imaginé qu'un aveugle pût être rangé parmi les cavaliers. »

Entre les Francs, nous en voyons qui sont venus se fixer au milieu de nous et qui ont fréquenté la société des musulmans. Ils sont bien supérieurs à ceux qui, plus récemment, les ont rejoints dans les régions qu'ils occupent. Ils constituent, en effet, une exception qu'il ne faut point ériger en règle.

C'est ainsi que j'envoyai un de mes compatriotes à Antioche pour régler une affaire. A ce moment, le chef de la municipalité (*ar-ra'îs*) y était Theodoros Sophianos (*Ta'odoros ibn Aṣ-Ṣafî*). Nous avions l'un avec l'autre des liens d'amitié. Son autorité prévalait à Antioche. Il dit un jour à mon compatriote : « Je suis invité par un Franc de mes amis, tu viendras avec moi, afin que tu voies leurs usages. »

Voici ce que m'a raconté mon compatriote : « J'allai avec lui, et nous entrâmes dans la maison d'un chevalier parmi les chevaliers de vieille roche, qui étaient arrivés avec la première expédition des Francs. Il avait été rayé des rôles pour l'impôt et dispensé de tout service militaire, et de plus avait été doté à Antioche d'un fief, d'où il tirait sa subsistance. Sur son ordre, on apporta une table magnifique, dressée avec des mets d'une pureté excessive et d'une perfection absolue. Cependant, mon hôte s'aperçut que je m'abstenais de manger.

1. Mou'in ad-Din Anar.

« Mange, me dit-il, tu t'en trouveras bien. Car moi non plus, je ne mange pas de la nourriture des Francs, mais j'ai des cuisinières égyptiennes, et je ne me nourris que de leur cuisine. De plus, il n'entre jamais dans ma maison aucune viande de porc. » Je me décidai à manger, mais avec circonspection. Ensuite nous prîmes congé de notre hôte. Quelques jours après, je passais sur la place du marché, lorsqu'une femme franque s'attacha à moi, proférant des cris barbares dans leur langue, et je ne comprenais pas un mot de ce qu'elle me disait. Un rassemblement se forma autour de moi. C'étaient des Francs, et j'eus la conviction que ma mort était proche. Mais voici que ce même chevalier s'était avancé. Il me vit, s'approcha et dit à la femme : « Qu'as-tu donc à faire avec ce musulman? » — « Il est, répondit-elle, le meurtrier de mon frère Hurso (*'Ours*). » Or, Hurso était un chevalier d'Apamée, qui avait été tué par un soldat de l'armée de Ḥamâ. Le chevalier chrétien fit des reproches à la femme, et lui dit : « Tu as devant toi un bourgeois (*bourdjâsî*), c'est-à-dire un commerçant, qui ne combat pas, qui n'assiste même pas aux combats. » Il réprimanda ensuite la foule assemblée, qui se dispersa. Puis il me prit par la main et m'accompagna. Ce fut grâce à ce repas que j'échappai à une mort certaine. »

La nature humaine présente cette singularité que le même homme s'enfonce dans les abîmes, affronte les dangers, sans éprouver aucun effroi, et s'effraye de ce dont ne s'effrayent ni les jeunes gens ni les femmes.

J'ai constaté cela chez mon oncle paternel 'Izz ad-Dîn Aboû 'l-'Asâkir Soulṭân (qu'Allâh l'ait en pitié!), l'un des hommes les plus braves de sa race. Il avait à son actif des campagnes illustres et des coups de lance réputés. Apercevait-il une souris, les traits de son visage en étaient altérés, il était pris d'une sorte de frisson à son aspect et il s'éloignait de l'endroit où il la voyait.

Au nombre de ses serviteurs, il y avait un brave, connu pour son courage et pour sa hardiesse, nommé Ṣandoûḳ. Il avait peur des serpents au point d'en perdre la tête. Un jour, mon père (qu'Allâh l'ait en pitié!) lui dit en présence de mon oncle paternel : « O Ṣandoûḳ, tu es un homme remarquable, d'une bravoure reconnue. Ne rougis-tu pas de la peur que te font éprouver les serpents? » — Il répondit : « O mon maître, qu'y a-t-il là de surprenant? A Ḥomṣ, il y avait un homme courageux, un héros d'entre les héros, qui s'effrayait des souris et qui en mourait. » Il faisait allusion à son maître, mon oncle paternel (qu'Allâh l'ait en pitié!), qui lui dit : « Qu'Allâh te flétrisse, ô Ṣandoûḳ! »

J'ai vu un esclave (*mamloûk*) de mon père (qu'Allâh l'ait en pitié!), nommé Lou'lou'. C'était un brave, plein d'audace. J'étais sorti une nuit de Schaizar, avec nombre de mulets et de bêtes de somme, voulant aller dans la montagne pour en rapporter des charges de bois, que j'y couperais afin d'en fabriquer une noria (*nâ'oûra*). Nous avions quitté les alentours de Schaizar, nous imaginant que l'aurore était proche, et nous étions arrivés à un village nommé Doubais, la moitié de la nuit n'étant pas encore écoulée. Je dis : « Descendez de vos montures, car nous n'entrerons pas avant le jour dans la montagne. » Lorsque nous fûmes descendus et installés, nous entendîmes le hennissement d'un cheval et nous dîmes : « Ce sont les Francs. » Nous montions aussitôt à cheval dans les ténèbres, tandis que je me promettais de donner un coup de lance à l'un d'eux et de lui prendre son cheval, résigné que j'étais à leur laisser enlever nos bêtes de somme et leurs valets. Je chargeai Lou'lou' et trois serviteurs de nous devancer et de nous renseigner sur ce hennissement. Ils partirent en avant au galop, rencontrèrent ceux que nous avions entendus en troupes et en masses nombreuses. Lou'lou' les aborda en disant : « Parlez; sinon, je vous tuerai jusqu'au dernier. » Il était un archer très habile, ses interlocuteurs le reconnurent et lui dirent : « N'es-tu pas le gardien (*ḥâdjib*) Lou'lou'? » — « En effet, » répondit-il. Or c'était l'armée de Ḥamâ, commandée par l'émir Saif ad-Dîn Souwâr (qu'Allâh l'ait en pitié!), qui revenait d'une incursion sur le territoire des Francs [1]. La bravoure de Souwâr assurait son autorité sur ces troupes si nombreuses; mais, lorsqu'il voyait dans sa maison un serpent, il sortait en fuyant et disait à sa femme : « A toi de t'en tirer avec le serpent! » Elle se levait pour attaquer et elle tuait le serpent.

1. En 1137.

Le combattant, fût-il le lion, peut être anéanti et réduit à l'impuissance par le plus infime obstacle, comme il m'arriva devant Ḥoms. Dans une sortie, mon cheval fut tué et je fus frappé par cinquante épées. Tout cela par un effet de la volonté divine, puis par la négligence de mon écuyer dans l'adaptation des rênes du mors, qu'il avait attachées aux anneaux, au lieu de les faire passer à travers. Lorsque je tirai les rênes pour me sauver, elles se détachèrent du lien qui les unissait aux anneaux, et il m'arriva ce qui m'arriva.

Un jour, le crieur public s'était fait entendre à Schaizar du côté de la *ḳibla* (du sud). Nous fûmes bientôt équipés, prêts à partir. Mon père et mon oncle paternel (qu'Allâh les ait tous deux en pitié!) se mirent en mouvement et je me tins derrière eux. Le crieur public se montra alors au nord, du côté des Francs. Je montai sur mon cheval pour me diriger vers le crieur public. Je vis nos hommes traverser le gué, les uns sur les talons des autres; je le traversai à mon tour et je leur dis : « Ne craignez rien, je suis là pour vous défendre. » Puis je gravis au galop la colline des Ḳarmates (*râbiyat Al-Ḳarâmiṭa* [1]), et de là j'aperçus des cavaliers qui s'avançaient en masses considérables, ayant à leur tête un cavalier recouvert par une cotte de mailles et par un casque. Celui-ci s'était approché de moi. Je me dirigeai vers lui, voulant profiter de l'occasion contre lui d'abord, contre ses compagnons ensuite. Il vint à ma rencontre. Au moment où je poussais mon cheval vers lui, mon étrier se détacha. Je me trouvai forcément face à face avec lui et je m'élançai à sa rencontre sans étrier. Lorsque notre contact fut immédiat et qu'il ne me resta plus qu'à pointer de ma lance, mon adversaire me salua et m'offrit ses services. Or c'était le général (*as-sallâr*) 'Omar, l'oncle maternel du général (*as-sallâr*) Zain ad-Dîn Ismâ'îl ibn 'Omar ibn Bakhtiyâr, qui était monté avec l'armée de Ḥamâ vers la place de Kafarṭâb. Les Francs avaient fait une sortie contre les assaillants qui, mis en déroute, s'en retournaient vers Schaizar où ils avaient été précédés par l'émir Souwâr (qu'Allâh l'ait en pitié!).

Le guerrier est exposé fréquemment à perdre l'équipement de son cheval. Or, la moindre chose, la plus légère, cause du

1. Lecture douteuse, peut-être *râbiyat Al-Karâfiṭa*.

dommage, parfois la mort, sans compter ce qu'amènent les décrets et les décisions d'Allâh.

J'ai pris part à la lutte contre les lions dans des campagnes innombrables et j'en ai tué plus que personne au monde, sans qu'ils m'aient fait éprouver aucun mal.

Je sortis un jour à la chasse avec mon père (qu'Allâh l'ait en pitié!) sur une montagne voisine de Schaizar, où nous lancions les faucons sur les perdrix. Nous étions sur la montagne, mon père et nous avec lui, ainsi que les fauconniers. Au pied de la montagne se tenaient quelques écuyers et des fauconniers pour recueillir les faucons et assurer leur repos dans les touffes de jusquiame. Une lionne nous apparut. J'entrai dans une caverne qui renfermait un repaire où elle s'était réfugiée. Je criai pour appeler un de mes écuyers, nommé Yoûsouf. Celui-ci se déshabilla, saisit un couteau et pénétra dans le repaire. Quant à moi, une lance à la main, je me tins en face de l'endroit. Lorsqu'elle sortirait, je lui donnerais un coup de lance. Mon écuyer cria : « Sur vos gardes! Elle est sortie. » Je lui donnai un coup de lance, mais je la manquai, parce qu'elle avait le corps mince. L'écuyer cria : « Il y avait auprès de moi une autre lionne, qui est sortie sur les traces de la première. » Je me levai, je me tins près de la porte de la caverne, porte étroite, haute d'environ deux tailles d'homme, pour voir ce que nos compagnons, qui étaient dans la plaine, feraient à l'égard des lions qui étaient descendus vers eux.

Une troisième lionne sortit, alors que j'étais absorbé par l'attention que je prêtais aux deux premières. Elle me renversa, me jeta de la porte de la caverne vers les bas-fonds qui étaient au-dessous. Elle faillit me déchirer. Je fus endommagé par une lionne, moi qui n'avait pas été endommagé par les lions. Gloire à Celui qui rend les décrets, qui cause les causes!

J'ai assisté à des manifestations de faiblesse d'âme et de lâcheté chez certains hommes, que je n'aurais pas soupçonnées possibles, même chez les femmes. J'étais un jour sur la porte de la maison de mon père (qu'Allâh l'ait en pitié!). Je n'avais pas encore dix ans. Voici qu'un écuyer de mon père, nommé Moḥammad Al-ʿAdjamî, souffleta un tout jeune serviteur de la maison. Celui-ci prit la fuite devant son agresseur et vint se suspendre à mon vêtement. Il fut bientôt rejoint par l'autre, tandis qu'il ne lâchait pas ma robe, et reçut un second soufflet. Je frappai Moḥammad avec un bâton que je tenais à la main. Moḥammad me repoussa. Je tirai alors un couteau que j'avais sur moi, je l'en frappai; la lame pénétra dans son sein gauche et il tomba. Un vieil écuyer de mon père, nommé le *ḳâ'id* Asad, nous rejoignit, s'arrêta près du blessé, examina sa plaie. Lorsque celui-ci revint à lui, les flots de sang en jaillissaient, semblables aux bulles qui se forment à la surface de l'eau. Le patient devint jaune, eut des frissons et perdit connaissance. On le porta dans sa maison. Il habitait avec nous dans la forteresse. Il ne put jamais se remettre de son étourdissement jusqu'à son dernier jour. Enfin, il mourut et fut enterré. »

Un fait de même nature est le suivant. Nous recevions à Schaizar la visite d'un Alépin, homme distingué, lettré qui jouait aux échecs, soit devant une table, soit à distance. On l'appelait Aboû 'l-Mardja' Sâlim ibn Ḳânit (qu'Allâh l'ait en pitié!). Il passait chez nous chaque année un temps plus ou moins long. Plusieurs fois il tomba malade. Le médecin lui conseillait alors la saignée. Mais, lorsque l'opérateur se présentait devant lui, son teint s'altérait et il était saisi de frayeur. Après la saignée, il perdait connaissance et restait évanoui jusqu'à ce que l'ouverture fût bandée. Alors il se remettait.

Le contraire de cela était que nous avions parmi nos compagnons, parmi les Banoû Kinâna, un nègre nommé 'Alî ibn Faradj, sur le pied duquel avait poussé un furoncle. Les doigts du pied se gâtèrent et tombèrent malades; le pied lui-même sentit mauvais. Le chirurgien dit au malade : « Il n'y a rien à faire pour ton pied, sinon de le couper. Autrement tu es perdu. » Le chirurgien se procura une scie et se mit à lui scier la jambe, au point que, terrassé par l'effusion de son sang, il perdit connaissance. Lorsqu'il fut remis, le chirurgien recommença son opération, jusqu'à ce qu'il eût enlevé le pied depuis le milieu de la jambe qui, bien soignée, guérit.

'Alî ibn Faradj (qu'Allâh l'ait en pitié!) était un des hommes les plus robustes et les plus vigoureux. Il chevauchait sur sa selle avec un seul étrier; de l'autre côté, il y avait une courroie dans laquelle était son genou. Il assistait au combat, luttait de la lance avec les Francs, malgré cet état d'infériorité. Je le voyais (qu'Allâh l'ait en pitié!), défiant tout homme de le vaincre, soit par la ruse, soit par la contrainte. Il était d'humeur douce, en dépit de sa force et de sa bravoure.

Lui et les Banoû Kinâna, ils habitaient notre forteresse, la Forteresse du pont (*ḥousn al-djisr*). Un certain jour, il envoya dès le matin vers des hommes parmi les notables des Kinânites pour leur faire dire : « Aujourd'hui, il tombe une petite pluie. Or, j'ai chez moi un restant de boisson fermentée et de victuailles. Faites-moi l'honneur de venir chez moi, que nous buvions. » On se réunit chez lui. Il s'assit devant la porte de la maison et dit : « Y en a-t-il un parmi vous qui pourrait sortir par cette porte, si je m'y opposais? » Il faisait allusion à sa force. — « Non, répondirent les assistants, par Allâh. » — Il reprit : « Aujourd'hui, il tombe une petite pluie. Il n'y a rien ce matin dans ma maison, ni farine, ni pain, ni boisson fermentée. Or, aucun de vous n'est dépourvu dans sa maison de ce dont il a besoin pour sa journée. Envoyez quérir dans vos maisons votre nourriture et votre boisson fermentée. Quant à moi, je fournirai la maison et nous nous réunirons aujourd'hui pour boire et pour converser. » — « D'accord, ô Aboû 'l-Ḥasan, » répondirent-ils unanimement. Ils envoyèrent alors quérir ce que leurs maisons renfermaient à manger et à boire et achevèrent leur journée chez ʿAlî ibn Faradj, qu'ils vénéraient. Que soit exalté celui qui a créé ses créatures de plusieurs catégories! Où retrouver pareille énergie, pareille force d'âme en présence de la lâcheté et de la faiblesse d'esprit de ces autres?

Je rapprocherai de cela ce que m'a raconté un Kinânite dans la Forteresse du pont (*ḥousn al-djisr*). Un de ceux qui l'habitaient devint hydropique. Il se fendit le ventre, guérit et reprit son ancien état de santé. Je dis : « J'aimerais le voir et l'interroger. » Or, mon information émanait d'un Kinânite, nommé Aḥmad ibn Maʿbad ibn Aḥmad, qui manda cet homme auprès de moi. Je l'interrogeai sur son état et sur la manière dont il s'était traité lui-même. Il répondit : « Je suis un mendiant dans la solitude. Mon ventre s'est gonflé par l'hydropisie au point que j'étais incapable de me mouvoir et que je me suis dégoûté de la vie. Alors j'ai pris un rasoir, j'ai asséné plusieurs coups sur les orifices de mon nombril, dans la largeur de mon ventre, que j'ai fendu. Il en est sorti deux marmites pleines d'eau (il voulait dire : deux mesures). A peine l'eau en avait-elle suinté sans arrêt que mon ventre s'est aminci. J'ai recousu le trou et soigné la blessure qui a guéri. Mon mal a complètement cessé. » J'examinai l'endroit où il avait pratiqué la fente de son ventre sur une longueur d'un empan. Sans aucun doute, cet homme avait eu sur la terre une faveur exceptionnelle.

Dans d'autres circonstances, j'ai vu un hydropique, dont le ventre avait été ouvert par le médecin. Il en sortit de l'eau, comme du ventre de celui qui se l'était fendu lui-même. Seulement il mourut de cette opération. Mais la destinée est une forteresse imprenable.

La victoire dans la guerre vient d'Allâh (qu'il soit béni et exalté!), non pas des dispositions prises, de l'organisation, du nombre des fuyards et des vainqueurs. Toutes les fois que mon oncle paternel (qu'Allâh l'ait en pitié!) m'envoyait pour combattre les ennemis, Turcs ou Francs, je lui disais : « O mon maître, ordonne-moi les dispositions à prendre, lorsque je rencontrerai l'ennemi. » — Il répondait : « O mon cher fils, la guerre se dirige elle-même. » Et il disait vrai.

Mon oncle paternel m'avait prescrit de me charger de sa femme et de ses enfants, celle-là une princesse (*khâtoûn*), fille de Tâdj ad-Daula Toutousch, avec une escorte de troupes, et de partir pour les conduire à la forteresse de Masyâth, qui lui appartenait alors. Dans sa sollicitude pour eux, il voulait les soustraire aux chaleurs excessives de Schaizar.

Je montai à cheval. Mon père et mon oncle paternel (qu'Allâh les ait tous deux en pitié!) montèrent à cheval avec nous, afin de nous conduire à une certaine distance. Puis, ils s'en retournèrent, accompagnés seulement de quelques jeunes mamloûks qui traînaient les montures de rechange et portaient les armes. Toutes les troupes étaient avec moi. En approchant de la ville, ils entendirent tous deux remuer le tablier[1] du pont, et dirent : « Il s'est passé quelque chose sur le pont. » Ils stimulèrent leurs chevaux, s'avancèrent avec précaution, et trottèrent dans cette direction. Une trêve avait été conclue entre nous et les Francs (qu'Allâh les mau-

1. Peut-être convient-il de traduire : Ils entendirent tous deux battre la timbale du pont.

disse !), et pourtant ceux-ci s'étaient fait précéder par un homme qui leur révéla le secret d'un gué, d'où ils passeraient vers la Ville du pont (*madînat al-djisr*), située dans une île, à laquelle on ne pouvait accéder que par un pont voûté, construit de pierre et de chaux, protégé contre l'entrée des Francs. Cet espion leur indiqua la place du gué. Ils vinrent en masse d'Apamée sur leurs chevaux, et, dès l'aurore, ils arrivèrent au passage, qui leur avait été montré, traversèrent le fleuve, s'emparèrent de la ville, pillèrent, firent des prisonniers, tuèrent, envoyèrent une partie des captifs et du butin à Apamée, et s'installèrent dans les maisons. Chacun d'eux plaça comme marque distinctive sa croix sur une maison, ficha en terre devant la porte son étendard.

Lorsque mon père et mon oncle paternel (qu'Allâh les ait tous deux en pitié !) remontèrent à la citadelle, les habitants les implorèrent et se lamentèrent bruyamment. Or, il advint qu'Allâh (gloire à lui !) répandit sur les Francs la terreur et l'impuissance. Les Francs ne reconnurent pas l'endroit où ils avaient franchi le fleuve. Ils lancèrent leurs chevaux, qu'ils montaient couverts de leurs cottes de mailles, sur un autre point que celui où était le gué de l'Oronte. Le nombre des noyés fut considérable, chaque cavalier plongeant dans l'eau, tombant de sa selle, et s'enfonçant dans l'abîme, tandis que le cheval remontait à la surface. Ceux qui ne périrent pas s'enfuirent en désordre, sans se préoccuper les uns des autres. Voilà ce qu'était devenue une armée considérable, tandis que mon père et mon oncle avaient en tout une escorte de dix mamloûks adolescents.

« Mon oncle resta dans la Ville du pont (*al-djisr*), et mon père retourna à Schaizar. Quant à moi, j'avais conduit les enfants de mon oncle paternel à Masyâth. Le lendemain, je revins vers le soir, je fus informé des événements, je me présentai chez mon père (qu'Allâh l'ait en pitié !) et je le consultai pour savoir si je devais me rendre incontinent auprès de mon oncle à la Forteresse du pont (*ḥouṣn al-djisr*). « Tu arriveras de nuit, me répondit-il, lorsqu'ils seront endormis. Vas-y plutôt demain matin. » Dès l'aurore, je me mis en route, je me présentai chez mon oncle et nous montâmes à cheval, afin de visiter l'endroit où les Francs s'étaient noyés. Quantité de nageurs lui offrirent leurs services et retirèrent de l'eau de nombreux cadavres de cavaliers Francs. Je dis à mon oncle : « O mon maître! ne trancherons-nous pas leurs têtes, pour les envoyer à Schaizar? » — « Fais-le, si tu veux », me répondit-il. Il nous suffit de trancher vingt têtes environ. Le sang en découlait, comme si la mort les avait atteints à ce moment même, et cependant elle remontait à un jour et une nuit. J'imagine que l'eau avait conservé leur sang dans cet état. Nos hommes s'approprièrent des armes de tout genre en grand nombre, cottes de mailles, épées, bois de lances, casques, chausses de mailles.

Et j'ai vu un des laboureurs (*fallâḥ*) de la Ville du pont (*al-djisr*), qui s'était présenté devant mon oncle paternel, sa main cachée sous ses vêtements. Mon oncle lui dit, en plaisantant avec lui : « Que m'as-tu donc réservé comme ma part du butin? » — Il répondit : « Je t'ai réservé un cheval avec son équipement, une cotte de mailles, un bouclier et une épée. » L'homme partit et apporta le tout. Mon oncle accepta l'équipement, mais rendit le cheval, et reprit : « Qu'as-tu dans la main? ». — L'autre répondit : « Nous nous sommes empoignés, moi et le Franc. Je ne possédais ni équipement, ni épée. Je renversai le Franc, et je lui donnai un si violent coup de poing à la figure, que recouvrait le bas d'un heaume en mailles, que je l'étourdis et que je saisis son épée avec laquelle je le tuai. La peau des articulations de mes doigts fut réduite en charpie, et ma main enfla au point que je ne pouvais pas m'en servir. » Il nous montra sa main. Elle ressemblait à sa description et laissait voir à découvert les os de ses doigts.

Il y avait dans l'armée de la Ville du pont (*al-djisr*) un Kurde, nommé Aboû 'l-Ḥabasch, dont la fille Rafoûl avait été faite prisonnière par les Francs. Aboû 'l-Ḥabasch soupirait sur la captivité de sa fille, disant à quiconque le rencontrait pendant une journée entière : « Rafoûl a été faite prisonnière ». Nous sortîmes le lendemain pour nous avancer le long du fleuve et nous vîmes sur la rive une masse noire. Aussitôt l'un des écuyers reçut l'ordre de nager, d'examiner cette masse noire. Il s'y rendit. Or, voici que c'était Rafoûl revêtue d'un vêtement bleuâtre. Elle s'était jetée de sur le cheval du Franc qui l'avait conquise et s'était noyée, son vêtement restant suspendu à un saule. Le gémissement de son père Aboû 'l-Ḥabasch finit par s'apaiser.

Le cri de détresse qui avait retenti au milieu des Francs, leur déroute et leur mort furent dus à une grâce d'Allâh et non à une supériorité de forces ou à une armée. Béni soit Allâh qui décrète ce qu'il veut!

La crainte que l'on inspire est quelquefois profitable à la guerre. C'est ainsi que l'atâbek parvint en Syrie, et je l'accompagnais, en l'année 529 [1]. Damas était son objectif. Nous avions fait halte à Al-Ḳouṭayyifa. Ṣalâḥ ad-Dîn [2] me dit : « Monte à cheval, et devance-nous jusqu'à Al-Foustouḳa. Ne t'écarte pas de la route, afin qu'aucun de nos soldats ne puisse fuir dans la direction de Damas. » Je pris les devants et, après une heure d'attente, voici que Ṣalâḥ ad-Dîn était venu me rejoindre à la tête d'un petit nombre de ses compagnons. Un nuage de fumée s'élevait sous nos yeux à 'Adhrâ. Ṣalâḥ ad-Dîn envoya des cavaliers examiner d'où provenait cette fumée. C'étaient des hommes de l'armée de Damas, qui faisaient brûler de la paille en abondance dans 'Adhrâ. Ils s'enfuirent. Ṣalâḥ ad-Dîn les poursuivit, et nous l'escortions, trente ou quarante cavaliers tout au plus. Arrivés à Al-Ḳouṣair, nous y trouvâmes l'armée de Damas toute entière, barrant l'accès du pont. Nous nous tenions dans le voisinage du caravansérail. Ce fut notre cachette. Nous en faisions sortir cinq ou six cavaliers à la fois, pour que l'armée de Damas les aperçût. Ils revenaient ensuite se mettre à l'abri dans le caravansérail, nos ennemis étant convaincus que nous y avions établi une embuscade.

Ṣalâḥ ad-Dîn fit partir un cavalier vers l'atâbek pour lui faire connaître notre situation critique. Tout à coup, nous vîmes environ dix cavaliers se diriger vers nous en toute hâte et derrière eux s'avançait l'armée en rangs serrés. Ils parvinrent jusqu'à nous. A ce moment même, l'atâbek venait d'arriver. Son armée le suivait. Zenguî adressa des reproches à Ṣalâḥ ad-Dîn sur ce qu'il avait fait, et lui dit : « Tu t'es lancé précipitamment jusqu'à la porte de Damas avec trente

1. L'atâbek Zengui. Du 22 octobre 1131 au 10 octobre 1135.
2. Ṣalâḥ ad-Dîn Moḥammad, fils d'Ayyoûb, Al-Yâguisiyâni.

cavaliers pour te faire tailler en pièces, ô Moḥammad [1]. » Et il le réprimanda. Tous deux s'exprimaient en turc, et je ne savais pas le sens de leurs paroles.

Lorsque les avant-gardes de notre armée nous eurent rejoints, je dis à Ṣalâḥ ad-Dîn : « Ordonne seulement, je prendrai avec moi ceux qui sont arrivés jusqu'à présent, je fondrai sur les cavaliers de Damas, qui sont postés en face de nous, et je les délogerai. » — « N'en fais rien », me répondit-il. Pour donner un tel conseil, quand on est au service de Zenguî, il faut n'avoir pas entendu la manière dont il m'a traité. » N'était la faveur d'Allâh le Très Haut, n'était cette crainte et cette terreur qui leur fut inspirée, nos ennemis nous auraient délogés.

Il m'arriva pareille chose. J'avais accompagné mon oncle paternel (qu'Allâh l'ait en pitié!), se rendant de Schaizar à Kafarṭâb. Avec nous il y avait pas mal de laboureurs (*fallâḥ*) et de vagabonds, avides de piller dans la banlieue de Kafarṭâb des récoltes et du coton. Ces hommes se dispersèrent pour piller, tandis que les cavaliers de Kafarṭâb étaient montés à cheval pour se poster devant leur ville. Nous étions entre eux et la populace disséminée au milieu des champs et des plants de coton. Voici qu'un de nos compagnons, un cavalier d'entre les éclaireurs, arriva vers nous au galop en disant : « La cavalerie d'Apamée est arrivée. » Mon oncle paternel me dit : « Tu resteras en face des cavaliers de Kafarṭâb, tandis que j'emmènerai les troupes pour aller à la rencontre des cavaliers d'Apamée. » Je me tins à la tête de dix cavaliers dissimulés par les oliviers. De temps en temps, trois ou quatre d'entre eux nous quittaient pour faire illusion aux Francs et pour retourner ensuite vers les oliviers, tandis que les Francs s'imaginaient que nous étions en nombre. Eux étaient concentrés, criaient, poussaient leurs chevaux jusque dans notre voisinage, tandis que nous ne bougions pas, afin de les voir rebrousser chemin. Cette situation se prolongea jusqu'au retour de mon oncle paternel et jusqu'à la déroute des Francs venus d'Apamée.

Un des écuyers de mon oncle lui dit : « O mon maître, tu

1. Le texte porte : *yâ moûsâ* « ô Moïse ».

vois ce qu'il a fait (c'était de moi qu'il parlait). Il est resté en arrière et n'a pas pris part à la bataille que tu as livrée aux cavaliers d'Apamée. » — Mon oncle lui répondit : « Si Ousâma n'avait pas, à la tête de dix cavaliers, retenu la cavalerie et l'infanterie de Kafarṭâb, ils auraient pris possession de cette contrée entière. » Inspirer la crainte et la terreur aux Francs avait, à cette époque, plus d'avantages que leur livrer bataille. Car nous étions peu nombreux, tandis qu'ils disposaient d'armées considérables.

Il m'arriva encore pareille aventure à Damas. J'étais un jour avec l'émir Mou'în ad-Dîn [1] (qu'Allâh l'ait en pitié), lorsqu'un cavalier vint lui dire : « Les brigands ont fait main basse sur une caravane, qui passait sur la colline, emportant des étoffes de coton écru. » Mou'în ad-Dîn me dit : « Tu vas chevaucher dans leur direction. » — Je répondis : « A toi d'ordonner; dis aux officiers de ta garde de faire monter à cheval tes troupes pour t'accompagner. » — Il reprit : « Qu'avons-nous besoin des troupes? » — J'insistai : « En quoi, dis-je, leur concours peut-il nous nuire? » — Il répéta : « Nous n'avons pas besoin d'elles. »

Mou'în ad-Dîn était un cavalier intrépide; mais, dans certaines circonstances, l'audace est un excès et une calamité. Nous partîmes, vingt cavaliers au plus. Le lendemain matin, Mou'în ad-Dîn lança deux cavaliers par ci, deux autres par là, encore un sur une autre piste pour explorer les chemins. Nous deux également, nous nous avancions à la tête de quelques hommes. Lorsqu'il fut temps de faire notre prière de l'après-midi, Mou'în ad-Dîn dit à un de mes écuyers : « O Sawindj, monte examiner vers l'ouest, dans quel sens nous devons nous tourner pour prier. » Celui-ci nous avait à peine salués qu'il revenait au galop, disant : « Ces hommes sont dans la vallée; ils portent sur leurs têtes des pièces d'étoffes écrues. » Mou'în ad-Dîn (qu'Allâh l'ait en pitié!) ordonna de monter à cheval. Je lui dis : « Laisse-nous quelque répit pour revêtir nos casaques rembourrées. Puis, lorsque nous les approcherons, nous saisirons les têtes de leurs chevaux et nous les frapperons de nos lances, sans qu'ils sachent si nous

1. Mou'în ad-Dîn Anar.

sommes plus ou moins nombreux. » — « Non, répondit-il, c'est lorsque nous les aurons rejoints que nous revêtirons nos casaques. »

Il monta à cheval et se dirigea avec nous vers les brigands. Nous les atteignîmes dans la vallée de Ḥalboûn, vallée étroite, où la distance entre les deux montagnes est à peine de cinq coudées et aux deux côtés de laquelle les montagnes sont escarpées, très élevées. Le défilé ne livre passage qu'à un cavalier après l'autre.

Les brigands formaient une troupe de soixante-dix fantassins, munis d'arcs et de flèches en bois. Nous étions arrivés jusqu'à eux, mais nos écuyers étaient en arrière avec nos armes, fort à distance de nous. Nos adversaires étaient, les uns dans la vallée, les autres au pied de la montagne. Je m'imaginai que les premiers étaient de nos compagnons, et je les pris pour des laboureurs de la campagne, que la frayeur aurait entraînés jusque-là; à mes yeux, les seconds seuls étaient les brigands.

Je brandis mon épée, et je m'élançai contre ceux-ci. Mon cheval, en grimpant sur le roc escarpé, faillit rendre le dernier soupir. Lorsque je fus arrivé, et que mon cheval s'arrêta, incapable de se mouvoir, l'un d'eux agita sa flèche en bois dans sa main pour me frapper. Je poussai un cri retentissant, et je l'intimidai. Il retira sa main de sur moi, et je fis aussitôt redescendre mon cheval. J'avais peine à croire que je leur échapperais.

L'émir Mou'în ad-Dîn gravit le sommet de la montagne, espérant y trouver des laboureurs (*fallâḥ*), qu'il comptait exciter au combat. Il me cria d'en haut : « Ne lâche pas nos ennemis jusqu'à ce que je revienne », et demeura caché à nos regards. Je revins vers ceux qui étaient dans la vallée; j'avais enfin reconnu que c'étaient les brigands. Je fis une charge contre eux, à moi seul, tant l'endroit était resserré! Ils s'enfuirent en laissant tomber les étoffes de coton écru qu'ils portaient, et je leur enlevai deux mulets qu'ils emmenaient et qui portaient également des étoffes de coton écru. Ils montèrent jusqu'à une caverne située sur la pente de la montagne. Nous les voyions sans pouvoir nous frayer un chemin jusqu'à eux.

L'émir Mou'în ad-Dîn revint vers le soir, mais il n'avait pas fait de nouvelles recrues. Si l'armée avait été avec nous, pas un de ces brigands n'aurait eu la vie sauve, et nous aurions recouvré toute leur capture.

Une aventure analogue m'arriva une autre fois, et la cause en fut, d'abord l'accomplissement de la volonté divine, puis le manque d'expérience guerrière. Nous étions partis avec l'émir Ḳoṭb ad-Dîn Khosroû ibn Talîl de Ḥamâ pour nous rendre à Damas au service d'Al-Malik Al-'Âdil Noûr ad-Dîn (qu'Allâh l'ait en pitié!), et nous étions parvenus à Ḥoms. Lorsque Khosroû se disposa au départ sur la route de Ba'lbek, je lui dis : « J'irai en avant pour visiter l'église de Ba'lbek [1], en attendant que tu me rejoignes. » — « Fais, » répondit-il. Je montai à cheval et je m'en allai.

J'étais dans l'église, lorsqu'un cavalier vint me dire de la part de Khosroû : « Une bande de voleurs a marché contre une caravane, dont ils se sont emparés. Monte à cheval, reviens vers moi dans la direction de la montagne. » Je montai à cheval, je le rencontrai et, ayant gravi la montagne, nous aperçûmes les voleurs, au-dessous de nous dans la vallée, que cette montagne, sur laquelle nous étions, entoure de tous les côtés. Un compagnon de Khosroû lui dit : « Tu vas descendre vers eux. » — J'intervins : « Ne le fais pas. Nous contournerons le sommet, gardant notre position au-dessus de leurs têtes, nous leur barrerons la route vers l'ouest et nous les ferons captifs. » Ces voleurs venaient des régions franques. Un autre compagnon dit : « A quoi bon contourner le sommet? Nous sommes arrivés jusqu'à eux, c'est comme s'ils étaient déjà nos prisonniers. » On résolut de descendre. Lorsque les voleurs nous virent, ils montèrent sur la montagne. Khosroû me dit : « Monte, rattrape-les. » Je fis des efforts pour gravir la pente, mais sans y réussir.

Il était resté sur la montagne quelques-uns de nos cavaliers, six ou sept, qui mirent pied à terre pour se mesurer avec les brigands et marchèrent, menant en laisse leurs chevaux. Les brigands, qui étaient nombreux, se précipitèrent sur nos compagnons, tuèrent deux de leurs cavaliers et s'emparèrent de leurs deux chevaux, ainsi que d'un troisième cheval dont le

1. Mot douteux.

possesseur put s'échapper. Quant aux brigands, ils descendirent par l'autre versant de la montagne, emportant leur butin.

Nous nous en retournâmes, après que deux de nos cavaliers eurent été tués et qu'on nous eut pris trois chevaux, ainsi que la caravane. Un tel aveuglement avait eu pour origine le manque d'expérience guerrière.

Lorsqu'on se jette aveuglément dans les périls, ce n'est pas que l'on fasse fi de l'existence. La seule cause de cette témérité, c'est que l'homme, connu pour son courage et appelé un héros, lorsqu'il assiste au combat, subit l'obsession de son ambition qui l'oblige à faire ce dont il a la réputation et ce qui le distingue des autres hommes. Et pourtant son âme, qui redoute la mort et le danger, le dominerait presque et le détournerait de ses projets, s'il ne la contraignait pas et s'il ne l'entraînait pas à ce qu'elle déteste. Il éprouve au début de la stupeur et il pâlit ; mais, une fois lancé dans la mêlée, son effroi disparaît et son trouble s'apaise.

J'ai assisté au siège de la forteresse d'Aṣ-Ṣaur [1], avec le roi des émirs, l'atâbek Zenguî (qu'Allâh l'ait en pitié !), dont j'ai déjà rapporté plusieurs exploits. La forteresse appartenait à l'émir Fakhr ad-Dîn Ḳarâ Arslân, fils de Dâwoud, fils de Soḳmân, l'Ortoḳide (qu'Allâh l'ait en pitié !), et elle était garnie d'arbalétriers. L'atâbek Zenguî s'était auparavant épuisé en vains efforts contre Âmid.

Aussitôt que les tentes furent dressées, l'atâbek envoya l'un de ses compagnons crier au-dessous de la citadelle : « O troupe d'arbalétriers, l'atâbek me charge de vous dire : Par la grâce du sultan, si un seul de mes compagnons tombe victime de vos flèches, je vous couperai les mains. » L'atâbek mit en position contre Aṣ-Ṣaur les machines de guerre qui abattirent un côté de la place. A peine ce côté était-il abattu que les troupes y montèrent. Un garde du corps de l'atâbek, un Alépin, nommé Ibn Al-'Ouraiḳ, monta par cette brèche, attaqua de son épée les arbalétriers qui lui infligèrent plusieurs blessures et le jetèrent du haut de la forteresse dans le fossé. Nombre de nos combattants passèrent ensuite par cette brèche

1. Vers 1133.

et conquirent la forteresse. Les lieutenants de l'atâbek y arrivèrent et en prirent les clefs qu'ils firent parvenir à Housâm ad-Dîn Timourtâsch, fils d'Îlgâzi, l'Ortokide, auquel l'atâbek la céda.

Il advint qu'une flèche d'arbalète atteignit au genou un homme de la troupe du Khorâsân et lui fendit la partie arrondie qui est à l'intersection du genou. Cet homme mourut. Au premier moment, après que l'atâbek se fut emparé de la forteresse, il fit mander les arbalétriers, neuf en tout, qui vinrent avec leurs arcs bandés sur les épaules. Il ordonna de détacher à chacun d'eux les pouces des poignets ; leurs mains se desséchèrent et dépérirent.

Quant à Ibn Al-'Ouraiḳ, il soigna ses blessures et guérit, après avoir frôlé la mort. Il était courageux, affrontant les dangers.

J'ai été témoin d'un fait du même genre. L'atâbek Zengui avait campé devant la forteresse d'Al-Bâri'a, qui est entourée de blocs de rochers sur lesquels on ne peut pas dresser les tentes. L'atâbek descendit dans la plaine et délégua dans le commandement les émirs à tour de rôle. Un jour, l'atâbek se dirigea à cheval vers ses troupes. Le roulement avait amené à leur tête Aboû Bakr Ad-Doubaisî, qui était mal outillé pour le combat. L'atâbek s'arrêta et dit à Aboû Bakr : « Va de l'avant, combats les ennemis. » Aboû Bakr entraîna ses compagnons, bien qu'ils n'eussent pas d'équipement. Les défenseurs de la citadelle firent une sortie contre les assaillants.

Un compagnon d'Aboû Bakr, nommé Mazyad, qui ne s'était encore fait connaître, ni par son ardeur batailleuse, ni par son courage, prit les devants, se battit avec acharnement, donna des coups d'épée dans les rangs ennemis, dispersa leurs masses et reçut plusieurs blessures. Je le vis lorsqu'on le transporta vers notre armée. Il semblait rendre le dernier soupir. Puis il guérit. Aboû Bakr Ad-Doubaisî en fit un officier, lui donna un manteau d'honneur et se l'attacha comme garde du corps.

L'atâbek disait : « J'ai trois serviteurs dont l'un craint Allâh le Très Haut et ne me craint pas. » Il désignait ainsi Zain-ad-Dîn 'Alî Koûdschek (qu'Allâh l'ait en pitié !). « Le deuxième me craint et ne craint pas Allâh le Très Haut. »

Il désignait ainsi Naṣîr ad-Dîn Sonḳor (qu'Allâh l'ait en pitié !). « Le troisième ne craint ni Allâh ni moi. » Il désignait ainsi Ṣalâḥ ad-Dîn Moḥammad, fils d'Ayyoûb, Al-Yâġuisiyânî (qu'Allâh l'ait en pitié !).

J'ai constaté chez Ṣalâḥ ad-Dîn (puisse Allâh se détourner de lui !) ce qui justifie la parole de l'atâbek à son sujet. Un jour nous avions assailli Ḥomṣ où, la nuit précédente, le sol avait été détrempé par une pluie si abondante que les chevaux ne pouvaient pas se mouvoir dans l'épaisseur de ce bourbier, tandis que les fantassins luttaient corps à corps. Ṣalâḥ ad-Dîn s'était arrêté, m'ayant avec lui. Nous voyions les fantassins devant nous. L'un d'eux se rendit de grand matin vers les fantassins de Ḥomṣ et se mêla à eux, sous les yeux de Ṣalâḥ ad-Dîn. Celui-ci dit à un de ses compagnons : « Amène cet homme qui était à côté du déserteur. » On partit et on l'amena. Ṣalâḥ ad-Dîn lui dit : « Quel était ce fantassin qui s'est enfui d'auprès de toi et qui est entré dans Ḥomṣ ? » — Il répondit : « Par Allâh, ô mon maître, je ne le connais pas. » — « Tranchez-le par le milieu », s'écria Ṣalâḥ ad-Dîn. — Je dis : « O mon maître, emprisonne-le, et fais une enquête sur le déserteur. S'il le connaissait ou s'il était uni avec lui par quelque parenté, tu lui couperas le cou. Sinon, tu aviseras. » Ṣalâḥ ad-Dîn parut incliner à mes idées. Mais un de ses écuyers, placé derrière lui, dit : « L'un s'enfuit, on met la main sur son voisin. Qu'on lui coupe le cou ou qu'on le tranche par le milieu ! » Sa parole mit en fureur Ṣalâḥ ad-Dîn qui dit : « Tranchez-le par le milieu. » On lui lia le pied selon l'usage et on le trancha par le milieu. Cet homme n'avait commis aucune faute, sinon d'avoir persisté dans son attitude et d'avoir trop peu craint Allâh le Très Haut.

J'ai vu dans une autre circonstance Ṣalâḥ ad-Dîn, à notre retour de la bataille de Baġdâdh, alors que l'atâbek voulait faire montre de persévérance et d'énergie, alors qu'il avait ordonné à Ṣalâḥ ad-Dîn de se diriger vers l'émir Kafdjâk pour l'assiéger. Notre voyage au départ de Mauṣil dura six jours, avec des privations extrêmes, pour arriver à l'endroit où était l'émir et où nous le trouvâmes comme suspendu dans les montagnes du Koûhistân. Nous établîmes notre camp devant une forteresse nommé Mâsourra, où notre arrivée eut lieu au lever du soleil. Une femme se montra sur le rebord de la citadelle et dit : « Avez-vous apporté du coton écru ? » — Notre réponse fut : « Le moment nous semble peu propice à la vente et à l'achat. » — Elle reprit : « Nous voudrions du coton écru pour vos linceuls; car, d'ici cinq jours, vous mourrez tous. » Elle entendait par là que cet endroit était insalubre.

Ṣalâḥ ad-Dîn s'établit et prit ses mesures pour attaquer la citadelle dès le lendemain matin. Il ordonna aux sapeurs de pénétrer sous une des tours, la citadelle étant toute entière construite en argile et les hommes qui s'y trouvaient appartenant tous à la classe des laboureurs (*fallâḥ*). L'attaque eut lieu, nous gravîmes la colline qui portait la citadelle, les troupes du Khorâsân minèrent une tour qui tomba avec deux hommes, dont l'un mourut et dont l'autre fut fait captif par nos compagnons. On l'amena à Ṣalâḥ ad-Dîn qui dit : « Tranchez-le par le milieu. » — Je dis : « O mon maître, nous sommes au mois de ramaḍân, c'est un musulman, ne nous chargeons pas d'un péché par son meurtre. » — Il reprit : « Tranchez-le par le milieu, afin que la citadelle capitule. » — Je répliquai : « O mon maître, la citadelle, tu la posséderas dans un instant. » Il répéta : « Tranchez-le par le milieu », et s'entêta dans cette résolution. On trancha l'homme par le milieu et aussitôt après nous prîmes possession de la citadelle.

On vit bientôt Ṣalâḥ ad-Dîn s'avancer vers la porte, dans l'intention de redescendre de la citadelle, avec ses troupes victorieuses. Il confia la garde de la citadelle à quelques-uns de ses compagnons et partit pour s'installer un moment dans sa tente, tant que durerait la dispersion de son armée. Ensuite il monta à cheval et me dit : « Monte aussi. » Nous chevauchâmes pour aller vers les hauteurs de la citadelle. Il s'assit, fit venir le gardien de la citadelle, qui devait le renseigner sur ce qu'elle renfermait et qui introduisit devant lui des femmes et des jeunes gens, des chrétiens et des juifs.

Il se présenta une vieille, une Kurde, qui dit à ce gardien : « As-tu vu mon fils, un tel ? » — Le gardien répondit : « Il a été tué; une flèche en bois l'a atteint. » — Elle reprit : « Et mon fils, un tel ? » — Le gardien répondit : « L'émir l'a tranché par le milieu. » Elle cria, se découvrit la tête, montra sa chevelure semblable à du coton cardé. Le gardien lui dit : « Tais-toi à cause de l'émir. » — « Mais, répondit-elle, que reste-t-il à l'émir qu'il puisse faire contre moi? J'avais deux fils qu'il a tués. » On la renvoya.

Le gardien fit comparaître ensuite un vieillard (*schaikh*) très âgé, avec des cheveux blancs magnifiques, qui marchait sur deux bâtons. Il salua Ṣalâḥ ad-Dîn, qui dit : « Qu'est-ce que ce vieillard? » — Le gardien répondit : « C'est l'imâm de la forteresse. » — « Avance, ô vieillard, s'écria Ṣalâḥ ad-Dîn, avance! » Il le fit asseoir devant lui, étendit la main, le saisit par la barbe, sortit un couteau serré dans la ceinture de sa robe et coupa cette barbe à partir du menton. Elle lui resta dans la main en fils comme des articulations de doigts. Le vieillard dit à Ṣalâḥ ad-Dîn : « O mon maître, comment ai-je mérité ta manière d'agir envers moi? » — L'émir répondit : « Par ta rébellion contre le sultan. » — « Par Allâh, reprit le vieillard, je n'ai rien su de ton arrivée avant qu'à l'instant le gardien soit venu m'en instruire et me faire comparaître. »

Puis nous allâmes camper devant une autre citadelle, appelée Al-Karkhînî, dont le seigneur était aussi l'émir Ḳafdjâḳ, et dont nous prîmes possession. On y trouva un magasin rempli de vêtements cousus en coton écru, aumône destinée aux pauvres de La Mecque. Ṣalâḥ ad-Dîn s'empara de ce que possédaient les habitants de la citadelle, chrétiens et juifs coalisés, et on les dépouilla de leurs biens, à la manière dont le pillage est pratiqué par les Grecs (*Ar-Roûm*). Puisse Allâh (gloire à lui!) se détourner de Ṣalâḥ ad-Dîn!

C'est à ce point du chapitre que je m'arrêterai pour lui appliquer ce vers dont je suis l'auteur :

Renonce à mentionner avec complaisance les assassins; car ce qu'on raconte d'eux ferait blanchir parmi nous les cheveux des nouveau-nés.

Je reviens à rapporter quelques détails sur ce qui nous advint, à nous et aux Ismaéliens, dans la forteresse de Schaizar.

Pendant cette journée [1], un de mes cousins, nommé Aboû 'Abd Allâh ibn Hâschim (qu'Allâh l'ait en pitié!), vit en passant

1. Vers 1135.

un Baṭénien dans une tour du palais de mon oncle paternel. Ce Baṭénien avait avec lui son épée et son bouclier. La porte était ouverte. Au dehors stationnait une foule nombreuse de nos compagnons. Pas un n'osait se diriger vers le Baṭénien. Mon cousin dit à l'un de ceux qui se tenaient là : « Entre vers lui. » Cet homme entra. Sans tarder, le Baṭénien lui asséna un coup et le blessa. Il sortit blessé. Mon cousin dit à un autre : « Entre vers lui. » Cet autre entra, fut frappé, blessé, et sortit comme était sorti son prédécesseur. Alors mon cousin dit : « O chef (*ra'îs*) Djawâd, entre vers lui. » Le Baṭénien s'adressa au chef Djawâd en ces termes : « O artisan de souffrances que tu es! Que n'entres-tu pas? Tu fais entrer vers moi les autres hommes, tandis que tu demeures immobile. Entre, ô artisan de souffrances, pour voir de tes yeux. » Le chef Djawâd entra vers le Baṭénien qu'il tua. Ce Djawâd était un arbitre dans les luttes, un homme d'une grande bravoure.

Peu d'années se passèrent jusqu'à l'époque où je le revis à Damas [1]. Il était devenu marchand de fourrages, vendeur d'orge et de paille, et avait vieilli, au point d'être devenu semblable à l'outre usée, de ne plus pouvoir chasser les rats de sa marchandise.

Qu'est-ce donc que la vie des hommes? Je m'étonnais des commencements de Djawâd pour aboutir à ce dénoûment et des changements que sa longévité avait apportés à son état. J'ai longtemps ignoré que la maladie de la vieillesse est générale, s'attaquant à tous ceux que la mort a oubliés. Mais, maintenant que j'ai gravi le sommet des quatre-vingt-dix ans, que le passage des jours et des années m'a épuisé, je suis devenu comme Djawâd le marchand de fourrages et non pas comme le prodigue (*al-djawâd*), le dissipateur. La faiblesse m'a figé au sol, la vieillesse a fait rentrer une partie de mon corps dans l'autre, au point que je ne me suis plus reconnu moi-même, que j'ai soupiré sur ce que j'étais hier et que j'ai dit en décrivant mon état :

Lorsque j'atteins de la vie un terme que je désirais, je souhaite le trépas.

1. Du 28 août 1139 au 16 août 1140.

La longueur de mon existence ne m'a pas laissé d'énergie pour combattre les vicissitudes du temps, quand elles m'attaquent en ennemies.

Mes forces sont affaiblies et j'ai été trahi par les deux alliés en qui j'avais mis ma confiance, ma vue et mon ouïe, alors que je suis monté jusqu'à cette limite.

Car, lorsque je me lève, je m'imagine soulever une montagne; si je marche, je crois marcher attaché avec des chaînes.

Je rampe, le bâton dans cette main que j'ai connue portant pour les combats une lance fauve et une épée en acier de l'Inde.

Je passe la nuit sur la couche la plus moelleuse dans l'insomnie et dans l'agitation, comme si j'étais étendu sur des rochers.

L'homme est renversé de haut en bas dans la vie. C'est au moment même où il arrive à la perfection et à la plénitude qu'il retourne à ses commencements.

Et c'est moi pourtant qui disais autrefois à Miṣr pour condamner le bien-être et le laisser-aller de l'existence (comme elle a rapidement et promptement marché vers son dénoûment!) :

Regarde les vicissitudes de ma vie, comme elle m'a accoutumé, après que mes cheveux sont devenus blancs, à de nouvelles habitudes!

Et dans cette transformation qu'a apportée le revirement du temps il y a un enseignement par l'exemple. Quel est l'état que les jours écoulés n'aient point modifié?

J'avais été un brandon de guerre; toutes les fois que la guerre s'éteignait, je la rallumais en frottant comme des briquets les épées blanches sur les gardes des sabres.

Mon seul souci était de lutter avec mes rivaux que je considérais comme des proies que je déchirerais; car ils tremblaient devant moi;

Qui faisais pénétrer plus de terreur qu'une nuit, qui m'élançais plus impétueux qu'un torrent, plus entreprenant sur le champ de bataille que la mort.

Or, je suis devenu comme la jeune fille flexible, langoureuse, qui repose sur les coussins rembourrés, derrière le voile et les rideaux.

J'ai failli tomber en poussière par la durée de ma halte, comme l'épée indienne est rouillée par une trop longue attente dans les fourreaux.

Après les cottes de mailles de la guerre, je suis enveloppé dans des manteaux en étoffes de Dabîk; malheureux que je suis, malheureux manteaux!

L'aisance n'est ni ce que je recherche ni ce que je poursuis; la jouissance n'est ni mon affaire, ni ma préoccupation.

Et je n'aimerais atteindre ni la gloire dans une vie d'abondance, ni la célébrité sans briser les épées blanches et les fers des lances.

Et je m'imaginais alors que le favori du temps n'est jamais usé, que son héros n'est jamais affaissé, et que, lorsque je retournerais en Syrie, j'y retrouverais mes jours comme je les avais connus, sans que le temps y eût rien changé pendant mon absence. Mais, lorsque je revins, les promesses de mes désirs me prouvèrent le mensonge de mes illusions, et cette imagination s'évanouit comme l'éclat du mirage. O Allâh, pardonne-moi cette phrase incidente qui m'a échappé par l'effet d'un chagrin qui s'est abattu sur moi et qui s'est ensuite dissipé. Je reviens au sujet qui m'occupe et je me dégage de l'oppression de la nuit ténébreuse.

Si les cœurs étaient purifiés de la souillure des péchés, s'ils s'en remettaient à Celui qui connaît les mystères, ils sauraient que s'exposer aux dangers des guerres n'abrège pas l'éloignement du terme inscrit d'avance. Car j'ai vu, au jour où nous nous combattions, nous et les Ismaéliens, dans la forteresse de Schaizar, un enseignement par l'exemple, qui démontre à l'homme courageux et intelligent, et même à l'homme lâche et stupide, que la durée de l'existence est fixée, marquée par le destin, sans que le terme en puisse être avancé ni retardé.

Lorsque, dans cette journée, nous eûmes fini de combattre, un homme cria sur le côté de la forteresse : « Les ennemis! » J'avais auprès de moi quelques-uns de mes compagnons avec leurs armes. Nous courûmes en hâte vers celui qui avait crié. Nous lui dîmes : « Qu'as-tu ? » — Il répondit : « Je flaire ici les ennemis. » Nous nous rendîmes vers une étable vide, obscure, et nous y entrâmes. Il s'y trouvait deux hommes armés qui furent tués par nous. Nos recherches nous firent ensuite rencontrer un de nos compagnons qui avait été assassiné. Son corps reposait sur quelque chose. Lorsqu'il eut été soulevé, il recouvrait un Baṭénien qui s'était enveloppé d'un linceul et avait placé le corps sur sa poitrine. Après avoir emporté notre compagnon, nous tuâmes celui qui était au-dessous de lui et, par nos soins, il fut déposé, lui, dans la mosquée voisine de cet endroit, criblé de blessures graves. Nous ne mettions pas en doute qu'il fût mort, puisqu'il ne se mouvait pas et qu'il ne respirait plus. Et moi, par Allâh, je remuais avec mon pied sa tête sur les dalles de la mosquée, et nous doutions de moins en moins qu'il fût mort. Le malheureux avait passé devant cette étable, avait entendu un bruit léger et avait avancé sa tête pour vérifier ce qu'il entendait. Un des Baṭéniens l'ayant tiré en avant, on lui avait donné des coups de poignard jusqu'à ce qu'il passât pour mort. Mais Allâh (gloire à lui !) décida que ces blessures au cou et sur tout le corps fussent recousues, qu'il guérît et qu'il revînt à son ancien état de santé. Béni soit Celui qui rend les décrets, qui fixe les trépas et les vies !

J'ai assisté à quelque chose de semblable. Les Francs (qu'Allâh les maudisse !) avaient fait une incursion contre nous dans le dernier tiers de la nuit. Nous montâmes à cheval dans l'intention de les poursuivre. Mon oncle 'Izz ad-Dîn [1] (qu'Allah l'ait en pitié !) nous retint et nous dit : « C'est une embuscade et l'attaque aura lieu de nuit. » A notre insu, des fantassins avaient quitté Schaizar pour se lancer à la poursuite des Francs qui tombèrent sur une compagnie d'entre eux à sa rentrée et la décimèrent. Les autres échappèrent au massacre.

Le lendemain matin, je me tenais à Bandar Ḳanîn, village dans la banlieue de Schaizar, losque je vis s'avancer trois individus, deux ressemblant à des hommes, celui du milieu avec une face différente de ce que sont les faces humaines.

1. 'Izz ad-Dîn Aboû 'l-'Asâkir Soulṭân.

Ils approchèrent de nous. Celui du milieu avait été frappé par un Franc d'un coup d'épée en plein nez et son visage avait été fendu jusqu'aux oreilles. La moitié de son visage, devenu pendant, était retombée sur sa poitrine, et entre les deux moitiés de sa face était une ouverture presque large d'un empan. Il marchait entre deux compagnons. Ce fut ainsi qu'il rentra à Schaizar. Le chirurgien lui recousit le visage et le soigna. Cette blessure fut de nouveau recouverte de chair. Il guérit et revint à son ancien état jusqu'à ce qu'il mourût sur sa couche. Il vendait des bêtes de sommes et était appelé Ibn Gâzî le Balafré (*Ibn Gâzî al-maschṭoûb*). Son surnom de Balafré était dû à ce coup d'épée.

Qu'on n'aille pas s'imaginer que la mort peut être avancée par la témérité à affronter le danger, ni retardée par l'excès de la prudence. En effet, ma vie prolongée fournit l'instruction la plus frappante par l'exemple. Car que d'effrois j'ai bravés, combien de fois me suis-je précipité dans les lieux redoutables et au milieu des dangers! Combien ai-je combattu de cavaliers, tué de lions! Que de coups j'ai portés avec les épées, d'atteintes avec les lances! Que de blessures j'ai faites avec les flèches et avec les arbalètes! Je n'en suis pas moins par rapport au trépas dans une forteresse inaccessible, au point que j'ai accompli mes quatre-vingt-dix ans et que j'ai considéré mon état de santé et de vie comme conforme à la parole du Prophète : « La santé me suffit comme maladie. » En effet, ma délivrance de ces dangers a eu comme conséquence ce qui est plus pénible que la mort violente et que le combat. Et mourir à la tête d'un détachement de l'armée m'eût été plus doux que les difficultés de l'existence. Parce que ma vie a duré trop longtemps, les jours écoulés m'ont repris tous les plaisirs qui en faisaient le charme, et la souillure de la privation a troublé la limpidité de mon existence prospère.

C'est de moi-même que j'ai dit :

Avec mes quatre-vingts années, le temps a flétri ma peau, et j'ai enduré la faiblesse de mon pied, le tremblement de ma main;

Lorsque j'écris, alors je semble tracer des caractères avec la pointe de l'épée d'un homme effrayé; on les dirait l'œuvre d'un vieillard aux paumes vacillantes, saisi d'épouvante.

Aussi étonne-toi d'une main incapable de manier le kalam, après qu'elle a brisé les lances dans le poitrail du lion.

Si je marche, soutenu par mon bâton, il n'y a pas terrain si dur que mon pied alourdi n'y enfonce, comme dans la vase.

Dis à celui qui souhaite une longue existence : Regarde les conséquences de la longévité et de la sénilité !

Mon énergie s'est affaiblie et a été ruinée, le bien-être de ma vie a disparu et a pris fin, j'ai été renversé par la trop longue durée de mon séjour parmi les humains, mon feu allumé dans les ténèbres tend à s'éteindre, et je suis devenu conforme à ce que j'avais dit :

Les destins paraissent m'avoir oublié, au point que je me sens harassé comme une chamelle exténuée d'avoir longtemps voyagé dans le désert.

Et mes quatre-vingts ans ne m'ont laissé aucune force ; si je veux me lever la nuit pour prier, je suis comme brisé en morceaux.

J'accomplis ma prière en restant assis ; et me prosterner, lorsque je désire me mettre à genoux, m'est un supplice.

Cet état m'a averti que le temps du voyage suprême est proche, et que l'heure du départ est arrivée.

Affaibli par les années, j'étais devenu impuissant à servir les sultans; je cessai de vivre sur le seuil de leurs palais, je séparai mes destinées de leurs destinées, je demandai à être relevé de mes fonctions, et je leur rendis les biens dont ils m'avaient gratifié. Je ne savais que trop combien l'abaissement produit par la caducité fait perdre les forces nécessaires pour remplir de lourdes tâches, et combien le vieillard (*schaikh*) âgé est pour l'émir une marchandise hors de vente. Je me confinai dans ma maison, je fis de l'obscurité mon trait distinctif, je finis par trouver une vraie satisfaction dans mon isolement à l'étranger et dans ma retraite, loin de ma patrie et du sol natal. Ma répugnance finit par s'apaiser au point que je n'éprouvai plus aucune amertume. Je pris patience, comme le captif s'habitue à ses chaînes, comme le voyageur altéré supporte la violence de la soif, tant qu'il ne trouve pas à l'étancher.

Enfin, je fus mandé par une lettre missive de notre maître Al-Malik An-Nâṣir Ṣalâḥ ad-Dîn [1], le sultan de l'islâm et des musulmans, celui qui sert de trait d'union pour l'affirmation de la foi, qui frappe les adorateurs des croix, qui élève le drapeau de la justice et des bonnes œuvres, qui ressuscite l'autorité de l'émir des croyants [2], Aboû 'l-Mouṭhaffar Yoûsouf, fils d'Ayyoûb. Puisse Allâh embellir l'islâm et les musulmans en lui accordant longue vie, les fortifier par les épées et les conceptions acérées de notre maître, leur concéder la faveur de s'abriter à son ombre étendue, comme il leur a concédé la faveur de remplacer les sources impures par les abreuvoirs de sa générosité ! Puisse Allâh faire pénétrer jusqu'aux extrémités de la terre sa haute puissance d'ordonner et de défendre, établir ses sabres tranchants comme des arbitres sur les cous de ses ennemis ! Car sa clémence a creusé des mines pour m'atteindre dans les contrées, alors que j'y vivais, séparé de lui par les montagnes et les plaines, dans un coin perdu de la terre, n'ayant plus ni fortune ni famille.

Tout à coup, il m'arracha à la morsure des malheurs, grâce à sa belle initiative, me transporta à sa noble cour par un effet de sa bienveillance large et abondante, répara ce que le temps avait brisé de ma personne, et, dans sa grandeur d'âme, remit en vogue le vieillard qui, hors lui, n'aurait pas trouvé preneur. Il répandit sur moi les faveurs les plus étonnantes, m'autorisa, dans sa générosité, à m'emparer, comme d'un butin, de ses dons les plus parfaits, au point que, grâce à sa libéralité débordante, il me récompensa de mes services antérieurs auprès d'autres princes. Il m'en tenait compte et y avait égard avec tant de sollicitude qu'il paraissait y avoir assisté, en avoir été témoin. Ses cadeaux prenaient le chemin de ma maison pendant mon sommeil, et affluaient vers moi, alors que j'étais accroupi, que je restais assis.

Maintenant, grâce à sa munificence, je suis de plus en plus comblé chaque jour de biens et d'honneurs ; grâce à la noblesse de ses intentions, il m'a mis, moi, le plus humble des serviteurs d'Allâh, à l'abri des chances d'accidents. Sa

1. Le grand Saladin, en 1174. Le texte porte la formule plus complète : *Ṣalâḥ ad-dounyâ wa-'d-dîn.*
2. L'émir des croyants est le khalife 'Abbaside de Bagdâdh, Al-Moustaḍî'.

grâce m'a rendu ce que m'avait arraché le temps par des chocs terribles; il a versé sur moi ses largesses, après que sa règle et sa tradition m'eurent tant alloué que les cous les plus solides ne sauraient porter le plus léger de ses bienfaits; et sa générosité n'a laissé subsister aucun de mes désirs, dont j'aie à souhaiter la satisfaction, que j'emploie mon temps à lui réclamer jour et nuit.

Sa miséricorde s'est étendue à tous les serviteurs d'Allâh, ses bénédictions ont fait revivre les contrées. Il est le sultan qui a restauré la tradition des khalifes bien dirigés [1], qui a relevé la colonne de la dynastie et de la foi, la mer dont l'eau ne s'épuise point par le grand nombre de ceux qui s'y désaltèrent, le donateur prodigue, dont la libéralité ne s'arrête pas, malgré les rangs serrés des visiteurs. La nation n'a pas cessé de se sentir, par ses épées comme dans une forteresse imprenable, par sa générosité comme dans un printemps aux pluies bienfaisantes, par sa justice comme dans des rayons de lumière, qui dissipent les ténèbres des vexations et qui éloignent la main étendue de l'ennemi violent, par son autorité puissante comme sous des ombrages touffus, dans un bonheur ininterrompu, le bonheur nouveau suivant la trace du bonheur passé, tant que se succéderont la nuit et le jour, tant que tournera le globe céleste.

J'ai prié, tandis que les deux Anges qui tiennent les registres avaient dit Amen, *et qu'Allâh, assis sur son trône, s'était rapproché de celui qui l'avait prié;*

Tandis que le Glorifié avait dit à ses serviteurs : Invoquez-moi, car j'écoute, j'exauce.

Et gloire à Allâh, le maître des mondes! Qu'il répande ses bénédictions sur notre maître Moḥammad et sur tous les membres de sa famille! Allâh nous suffit; qu'il est parfait comme protecteur! Quoi que vous ayez en fait de bonheur vient d'Allâh.

1. Expression imité du *Coran*, XLIX, 7, par laquelle on désigne les quatre khalifes orthodoxes, successeurs immédiats du Prophète, Aboû Bekr, 'Omar, 'Othmân et Ali.

PREMIER SUPPLÉMENT

Section. Dire d'Ousâma, fils de Mourschid, fils de ʿAli, fils de Moukallad, fils de Naṣr, le Mounḳidhite; qu'Allâh lui pardonne, ainsi qu'à son père et à sa mère, ainsi qu'à tous les musulmans!

Voici des anecdotes piquantes relatives à des faits, dont j'ai vu les uns, dont j'ai connu les autres par les récits de gens qui ont ma confiance. Je les ai ajoutées, comme un supplément, à ce livre, puisqu'elles ne faisaient point partie des sujets que je m'étais proposé de traiter dans ce qui précède.

J'ai commencé par les histoires où il est parlé des saints; qu'Allâh les ait tous en sa grâce!

Il m'a été raconté par le schaikh, l'imâm, le prédicateur (*al-khaṭîb*) Aboû Ṭâhir Ibrâhîm, fils d'Al-Ḥosain, fils d'Ibrâhîm, qui faisait le prône (*khaṭîb*) dans la ville d'Isʿird, alors que j'y étais, en dhoû 'l-ḳaʿda 562[1], qu'Aboû 'l-Faradj de Bagdâdh lui avait rapporté le fait suivant en propres termes : « J'assistai, dit Aboû 'l-Faradj, à la séance tenue à Bagdâdh par le schaikh, l'imâm Aboû ʿAbd Allâh Moḥammad de Baṣra. Une femme se présenta à lui et lui dit : « O mon maître, tu as été l'un des témoins pour la donation lors de mon mariage. Or, j'ai perdu l'acte relatif à ma dot. Je te demande de me favoriser en venant confirmer ton témoignage au tribunal. » — Moḥammad répondit : « Je ne le ferai pas avant que tu m'aies apporté une pâte sucrée. » La femme s'arrêta, s'imaginant qu'il plaisantait en parlant ainsi. Mais il ajouta : « Ne traîne pas les choses en longueur. Je n'irai pas avec toi, à moins que tu m'apportes une pâte sucrée. » Elle partit, puis elle revint et tira de son sac, sous son vêtement, un feuillet où était enveloppée une douceur

1. Du 19 août au 17 septembre 1167.

sèche. Les amis de Moḥammad furent surpris de ce qu'un ascète, voué à l'abstinence comme lui, réclamait la pâte sucrée. Il saisit le feuillet, l'ouvrit, jeta la pâte sucrée morceau par morceau jusqu'à ce qu'il eût achevé l'examen du feuillet. Or, c'était l'acte relatif à la dot de la femme, acte qu'elle avait perdu. Il lui dit : « Prends ton contrat que voici. » Tous les assistants furent émerveillés de ce qui venait de se passer. Il leur dit : « Nourrissez-vous de ce qui est licite [1]. Ce que vous avez fait d'ailleurs et le plus souvent. »

J'ai entendu faire le récit suivant par le schaikh Aboû 'l-Ḳâsim Al-Khiḍr, fils de Mouslim, Ibn Ḳousaim [2], de Ḥamâ, dans cette ville, le lundi, dernier jour de dhoû 'l-ḥidjdja 570 [3] : « Il arriva vers nous un descendant du Prophète qui habitait Koûfa et qui nous rapporta ce qui suit, dans les termes mêmes où son père le lui avait rapporté : « J'avais mes entrées, dit celui-ci, chez le ḳâḍî suprême de la Syrie, né à Ḥamâ, qui m'honorait et me distinguait. Il m'adressa un jour la parole : « J'aime, me dit-il, les gens de Koûfa en souvenir de l'un d'entre eux. J'étais à Ḥamâ, jeune encore, lorsqu'y mourut 'Abd Allâh Ibn Maimoûn, de Ḥamâ (qu'Allâh l'ait en pitié !). On lui demanda de faire connaître ses dernières volontés. Il répondit : « Lorsque je serai mort et que vous aurez achevé les préparatifs de mon enterrement, faites sortir mon cadavre vers le désert, qu'un homme monte sur la hauteur qui domine les tombeaux et qu'il s'écrie : « O 'Abd Allâh ibn Al-Ḳoubais, sache que 'Abd Allâh Ibn Maimoûn est mort, viens vers lui et prie pour lui. » Lorsque Ibn Maimoûn fut décédé, on fit ce qu'il avait ordonné. Alors s'avança un homme, portant un costume de coton écru et un manteau de laine, venant du côté où l'appel avait été prononcé. Il vint, récita les prières des morts, sans que les assistants ébahis lui adressassent la parole ; puis, les prières terminées, il s'en retourna par où il était venu. Les uns reprochèrent aux autres de ne pas l'avoir retenu pour l'interroger. On courut à sa poursuite, mais il leur échappa et ne leur adressa pas une parole.

J'ai assisté à un événement analogue à Ḥouṣn Kaifâ. Il y

1. Voyez *Coran*, II, 163 ; V, 90 ; VIII, 70 ; XVI, 115.
2. Manuscrit : Ibn Ḳâsim.
3. Le 1er août 1174.

avait là, dans la mosquée appelée Masdjid Al-Khiḍr, un homme, connu sous le nom de Moḥammad As-Sammâ', qui occupait une cellule sur le côté de la mosquée. Il en sortait à l'heure de la prière, disait à haute voix les oraisons, puis rentrait dans sa cellule. C'était un saint. La mort le frappa, alors qu'il était dans le voisinage de ma demeure. Il dit : « Je désirerais, par Allâh le Très Haut, qu'on fît venir vers moi mon maître (mon *schaikh*) Moḥammad Al-Boustî. On n'avait pas encore terminé les préparatifs pour le laver et pour l'ensevelir que son maître Moḥammad Al-Boustî était près de son cadavre qu'il se chargea de laver, qu'il suivit en marchant devant nous, sur lequel il prononça les prières. Ensuite Moḥammad Al-Boustî s'installa dans la cellule de Moḥammad As-Sammâ' et y séjourna quelque temps, me faisant des visites, en recevant de moi. C'était (qu'Allâh l'ait en pitié!) un savant, un ascète tel que je n'en ai jamais vu, ni entendu mentionner de pareil. Il jeûnait sans cesse, ne buvait pas d'eau, ne mangeait ni pain ni graines quelconques, et rompait le jeûne avec deux grenades ou une grappe de raisins, ou deux pommes. Une ou deux fois par mois, il mangeait quelques petites bouchées de viande frite. Je lui dis un jour : « O vieillard (*schaikh*), ô Aboû 'Abd Allâh, comment en es-tu venu à ne pas manger de pain et à ne pas boire d'eau? Tu jeûnes sans cesse. » — Il répondit : « J'ai jeûné et je me suis privé; puis je me suis senti fortifié pour cette épreuve, je me suis privé pendant trois jours et je me suis dit : Je réduirai désormais ma nourriture aux animaux morts, qui sont autorisés en cas de nécessité[1] après trois jours de jeûne. Ensuite, je me suis senti plus fort pour endurer, j'ai renoncé à manger régulièrement et à boire de l'eau. Maintenant j'y suis accoutumé, mes besoins se sont apaisés et mon être s'est maintenu dans l'état où tu me vois à présent. »

Un notable de Ḥouṣn Kaifâ avait fait arranger pour ce vieillard (*schaikh*) un jardin qu'il mit à sa disposition. Le vieillard vint me trouver, le 1er ramaḍân, et me dit : « Je vais te faire mes adieux. » — Je répondis : « Et la cellule qui a été préparée pour toi? Et le jardin? » — « Je n'en ai nul besoin, ô mon frère, s'écria-t-il, et je ne veux pas rester. » Il prit

1. Voir *Coran*, II, 168.

congé de moi et partit (qu'Allâh l'ait en pitié!). Cela se passait en 570[1].

Le schaikh Aboû 'l-Kâsim Al-Khiḍr, fils de Mouslim, Ibn Kousaim, de Ḥamâ, m'a raconté dans cette ville, l'année précédente[2], qu'un homme travaillait dans un jardin appartenant à Moḥammad, fils de Mis'ar (qu'Allâh l'ait en pitié!). Cet homme vint trouver les gens de Moḥammad, alors qu'ils étaient assis devant les portes de leurs maisons à Ma'arrat an-No'mân, et leur dit : « A l'instant, j'ai entendu une chose étonnante. » — « Quelle est-elle? » demandèrent-ils tous. — Il répondit : « Quelqu'un est passé devant moi, porteur d'une outre. dans laquelle il m'a imploré de mettre de l'eau. Quand je lui en eus donné, il s'est livré à des ablutions répétées. Je voulais lui donner deux concombres qu'il refusa d'accepter. Je lui dis alors : « Certes de ce jardin la moitié est à moi, par le droit que me confère mon travail et l'autre moitié à Moḥammad, fils de Mis'ar, par le droit que lui confère sa propriété. » — « Moḥammad a-t-il fait cette année le pèlerinage? », demanda le passant. — Je répondis : « Oui. » — Il reprit : « Hier, après que nous avions quitté la station, il est mort. » Nous priâmes pour le défunt. On courut après celui qui avait donné la nouvelle pour l'interroger. Mais on le vit à telle distance qu'on ne pouvait pas le rattraper. On revint et on répéta son récit. Il était conforme à la réalité.

Le très honoré Schihâb ad-Dîn Aboû 'l-Fatḥ Al-Mouṭhaffar, fils d'As'ad, fils de Mas'oûd, fils de Bakhtakîn, fils de Saboukṭakîn, ce dernier un affranchi de Mou'izz ad-Daula le Boûyide (*Ibn Bouwaih*), m'a raconté à Mauṣil, le 18 ramaḍân 565[3], ce qui suit : « L'émir des croyants Al-Mouḳtafî li-amr Allâh (qu'Allâh l'ait en pitié!) visita la mosquée de Ṣandoûdiyâ, dans la banlieue d'Al-Anbâr, sur la rive occidentale de l'Euphrate. Le vizir accompagnait le khalife. J'étais présent. Le khalife entra dans la mosquée, appelée la Mosquée de l'émir des croyants Ali (que la faveur d'Allâh soit sur lui!). Le khalife était revêtu d'un costume fabriqué à Damiette et ceint d'une

1. Le 26 mars 1175.
2. En 569 de l'hégire, entre le 12 août 1173 et le 1er août 1174.
3. Le 5 juin 1170 et non pas dans les derniers jours de mai, comme j'ai imprimé dans la *Vie d'Ousâma*, p. 353.

épée aux ornements en fer. Quiconque ne le connaissait pas ignorait qu'il fût l'émir des croyants. Le préposé à la mosquée se mit à faire des vœux pour le vizir qui lui dit : « Misérable, prie plutôt pour l'émir des croyants. » Al-Mouktafî dit au vizir : « Demande-lui ce qui pourrait l'obliger. Interroge-le sur la maladie qui autrefois le défigurait. Car je l'ai vu, sous notre maître Al-Moustathhir (qu'Allâh l'ait en pitié !), avec une maladie à la face. Il avait alors une glande scrofuleuse qui s'étendait sur la plus grande partie de sa face et, voulait-il manger, il la couvrait avec une serviette, afin que la nourriture parvînt à sa bouche. » Le préposé dit au vizir : « J'étais dans l'état que tu connais, j'allais et venais entre cette mosquée et Al-Anbâr, lorsque quelqu'un me rencontra et me dit : Si, dans tes allées et venues, tu te rendais chez un tel (il m'indiquait le gouverneur d'Al-Anbâr), comme tu vas et viens vers cette mosquée, il manderait pour toi un médecin, et celui-ci te débarrasserait de la maladie qui te défigure. Je fus troublé et oppressé par sa parole. A peine endormi dans cette nuit-là, je vis l'émir des croyants Ali, fils d'Abou Țâlib (la grâce d'Allâh soit sur lui !), dans la mosquée, me disant : Qu'est-ce que cette tristesse? Ali entendait par là une tristesse pour des douleurs terrestres. Je me plaignis à lui de ma souffrance. Mais il se détourna de moi. J'insistai et je me plaignis à lui, en répétant ce que m'avait dit cet homme. Ali insista : Es-tu donc de ceux qui veulent les satisfactions de ce monde [1]? Ensuite je me réveillai. La glande avait été rejetée sur le côté et mon mal avait disparu. » Al-Mouktafî (qu'Allâh l'ait en pitié !) dit : « Il a été sincère » ; puis, s'adressant à moi, il ajouta : « Entretiens-toi avec lui, informe-toi de ce qu'il demande, rédige un acte en sa faveur et fais-le entrer pour que je fasse sa connaissance. » Je m'entretins avec le préposé qui me dit : « Je suis un père de famille et j'ai des filles. Je voudrais une pension de trois dînârs par mois. » Je rédigeai au nom du khalife une décision officielle, en tête de laquelle le khalife inscrivit de sa main : « Le serviteur, le préposé à la Mosquée d'Ali » ; et par laquelle il lui concéda ce qu'il avait souhaité. Le khalife me dit : « Va, fais-la enregistrer dans le bureau des

1. *Coran*, XVII, 19; cf. LXXV, 20; LXXVI, 27.

finances (*ad-dîwân*). » Je partis et je m'étais contenté de lire la désignation du préposé, objet de la générosité du khalife. Or, la coutume était qu'on écrivît pour le titulaire de l'ordonnance un acte scellé et qu'on lui reprît l'original contenant l'autographe de l'émir des croyants. Lorsque le scribe ouvrit la pièce officielle pour la copier, il y trouva, au-dessous de « le préposé à la Mosquée d'Ali », les mots suivants de l'écriture d'Al-Mouktafî, émir des croyants (les bénédictions d'Allâh soient sur lui!) : « S'il avait demandé plus, on lui aurait octroyé davantage [1]. »

Le kâḍî, l'imâm Madjd ad-Dîn Aboû Soulaimân Dâwoud, fils de Moḥammad, fils d'Al-Ḥasan, fils de Khâlid, Al-Khâlidî (qu'Allâh l'ait en pitié!), m'a raconté dans la banlieue de Ḥouṣn Kaifâ, le jeudi, 22 de rabî' premier 566 [2], d'après celui dont il tenait ce récit, qu'un vieillard (*schaikh*) demanda audience au premier ministre (*khôdjâ bouzourk*). Celui-ci, en le voyant entrer, reconnut en lui un vieillard respectable, plein d'autorité, et lui dit : « D'où viens-tu, ô vieillard? » — L'autre répondit : « De l'étranger. » — Le premier ministre reprit : « As-tu quelque besoin? » — Il répliqua : « Je suis l'envoyé de l'Envoyé d'Allâh (puisse Allâh répandre sur lui bénédiction et salut!) vers Malik-Schâh. » — « Qu'est-ce que cette histoire? », demanda le premier ministre. — Son interlocuteur lui répondit : « Si tu me fais parvenir vers lui, je lui communiquerai mon message. Sinon, je ne m'éloignerai pas avant d'avoir eu avec lui une entrevue et de lui avoir transmis ce dont je suis chargé. » Le premier ministre entra chez le sultan qui, informé des propos tenus par le vieillard, ordonna qu'il fût introduit. Admis en présence du sultan, il lui offrit un cure-dents et un peigne, en lui disant : « Je suis le malheureux père de plusieurs filles, un pauvre homme qui ne peut, ni les pourvoir, ni les marier. Chaque nuit, j'invoque Allâh le Très Haut, afin qu'il me gratifie des ressources nécessaires pour les établir. Je m'endormis dans la nuit qui précède le vendredi de tel et tel mois, je priai Allâh (gloire à lui!) de m'aider en leur faveur. Je vis alors

1. Rectifier d'après cette traduction quelques détails dans la *Vie d'Ousâma*, p. 353.
2. Le 3 décembre 1170.

dans un rêve l'Envoyé d'Allâh (puisse Allâh répandre sur lui bénédiction et salut!), qui me dit : « C'est toi qui implores Allâh le Très Haut, afin qu'il te gratifie des ressources nécessaires pour établir tes filles! » — Je répondis : « Oui, ô Envoyé d'Allâh. » — Il reprit : « Va vers un tel (il me nomma le sultan Mou'izz Malik-Schâh) et dis-lui : L'Envoyé d'Allâh (puisse Allâh répandre sur lui bénédiction et salut!) t'ordonne de donner le nécessaire à mes filles. » — Je demandai : « O Envoyé d'Allâh, s'il réclame de moi une preuve de ce que je lui dirai, que répondrai-je? » — Le Prophète répondit : « Indique-lui comme signe que chaque nuit, avant de s'endormir, il lit la soûra *tabâraka*[1]. » Lorsque le sultan entendit cette parole, il s'écria : « Voici un indice authentique, qui n'est connu que d'Allâh (qu'il soit béni et qu'il soit exalté!). Car mon précepteur m'a ordonné de lire chaque nuit cette soûra avant de m'endormir. Ce que je fais régulièrement. » Le sultan ordonna qu'on lui remît tout ce qu'il demanderait pour l'établissement de ses filles, le combla de présents et le congédia.

On peut rapprocher de ce récit ce que j'ai entendu raconter au sujet d'Aboû 'Abd Allâh Moḥammad, fils de Fâtik, le maître dans l'art de réciter le Coran (*al-mouḳri'*). Il dit : « J'étudiais un jour sous la direction d'Aboû Bakr Ibn Moudjâhid (qu'Allâh l'ait en pitié!), le maître dans l'art de réciter le Coran à Bagdâdh, lorsque se présenta devant lui un vieillard, avec un turban rapé, avec un manteau et des vêtements rapés. Ibn Moudjâhid, qui connaissait ce vieillard, lui dit : « Que m'a-t-on donc rapporté de la petite? » — Le vieillard répondit : « O Aboû Bakr, il m'est né hier une troisième fille. Mes femmes ont réclamé de moi hier une pièce de monnaie (*dânik*) pour acheter du beurre et du miel qu'elles feraient mâcher à l'enfant. Je n'ai pas pu la leur fournir et j'ai passé la nuit dans l'inquiétude. J'ai vu alors dans un rêve le Prophète (puisse Allâh répandre sur lui bénédiction et salut!), qui m'a dit : Ne te trouble pas et ne t'attriste pas. Dès demain, entre chez 'Alî, fils de 'Îsâ, le vizir du khalife[2], salue-le de

1. Soûra xxv ou soûra LXVII du *Coran*, toutes deux commençant par *tabâraka*.
2. Il s'agit du khalife 'Abbaside Al-Mouḳtadir Billâh, qui régna de 295 à 320 de l'hégire (907 à 932 de notre ère).

ma part et dis-lui : En raison de ce que, à ma connaissance, tu as prié pour le Prophète auprès de son tombeau quatre mille fois, donne-moi cent dînârs en or. »

Aboû Bakr Ibn Moudjâhid répondit : « O Aboû 'Abd Allâh, dans ton rêve il y a une instruction. » Il cessa son enseignement, saisit la main du vieillard, se leva et le conduisit chez 'Alî, fils de 'Îsâ. Celui-ci vit Ibn Moudjâhid accompagné d'un vieillard qu'il ne connaissait pas et lui demanda : « D'où te vient, ô Aboû Bakr, cet homme? » — Ibn Moudjâhid répondit : « Le vizir le fera approcher et entendra sa parole. » 'Alî accueillit le vieillard et lui dit : « Quelle est ton affaire, ô schaikh? » — Le schaikh répliqua : « Aboû Bakr Ibn Moudjâhid sait bien que j'avais deux filles. Hier, il m'en est né une troisième. Mes femmes ont réclamé de moi une pièce de monnaie pour acheter du miel et du beurre qu'elles feraient mâcher à l'enfant. Je n'ai pas pu la leur fournir et j'ai passé la nuit dans l'inquiétude. J'ai vu alors dans mon sommeil le Prophète (puisse Allâh répandre sur lui bénédiction et salut!), qui me disait : « Ne te trouble pas et ne t'attriste pas. Dès demain, entre chez 'Alî, fils de 'Îsâ, salue-le de ma part et dis-lui : En raison de ce que, à ma connaissance, tu as prié pour le Prophète auprès de son tombeau quatre mille fois, donne-moi cent dînârs en or. »

Ibn Moudjâhid poursuit en ces termes : « Les yeux de 'Alî, fils de 'Îsâ, furent baignés de larmes. Puis il dit : « Allâh et son Envoyé ont dit vrai et toi aussi, ô homme, tu as dit vrai. Voilà un fait que personne n'a connu, hors Allâh le Très Haut et son Envoyé (puisse Allâh répandre sur lui bénédiction et salut!). Serviteur, apporte le sac. » Le serviteur le plaça à sa portée; il y enfonça la main et en tira cent dînârs en disant : « Ce sont les cent dont t'a parlé l'Envoyé d'Allâh (puisse Allâh répandre sur lui bénédiction et salut!). Voici cent autres pour la bonne nouvelle que tu m'as annoncée. En voici encore cent dont nous te faisons présent. » L'homme sortit de chez 'Alî, emportant dans sa manche trois cents dînârs. »

Le chef, le pèlerin (*al-ḳâ'id al-ḥâdjdj*) Aboû 'Alî m'a raconté en ramaḍân 568[1], à Ḥouṣn Kaifâ, ce qui suit : « J'étais,

1. Entre le 16 avril et le 15 mai 1173.

dit-il, dans la boutique (*doukkân*) de Moḥammad, fils de 'Alî, fils de Moḥammad, fils de Mâma, lorsque passa devant nous un brasseur corpulent, aux jambes épaissies. Moḥammad[1] l'appela et lui dit : « O musulman, je t'en conjure par Allâh, raconte-lui ton histoire. » — Il répondit : « Je vendais, comme tu le vois encore, de la cervoise. Je m'endormis, dans la nuit du mardi au mercredi, très bien portant. Lorsque je me réveillai, la moitié de mon corps avait fondu, j'étais incapable de remuer, mes deux pieds s'étaient desséchés et amincis au point qu'il en restait seulement la peau et les os, et je me traînais en arrière, parce que mes pieds ne me suivaient pas et qu'ils restaient absolument immobiles. Je m'assis sur la route où devait passer Zain ad-Dîn 'Alî Koûdschek (qu'Allâh l'ait en pitié !). Cet émir ordonna de me transporter dans sa maison. On me transporta et l'on manda les médecins. Il leur dit : « Je désire que vous me guérissiez ce malade. » — « Oui, répondirent-ils, nous le guérirons, si Allâh le veut. » Ensuite ils prirent un clou qu'ils rougirent au feu et s'en servirent pour cautériser mon pied, sans que je le sentisse. Ils annoncèrent le résultat à Zain ad-Dîn : « Nous ne pouvons pas guérir ce malade, il n'y a pas moyen. » Alors l'émir me donna deux dînârs et un âne. L'âne resta chez moi environ un mois et mourut. Je retournai m'asseoir sur le chemin de Zain ad-Dîn : il me donna un autre âne qui mourut. Il m'en donna un troisième qui mourut. Je l'implorai de nouveau. Il dit à l'un de ses compagnons : « Emmène cet homme, et jette-le dans le fossé. » Je m'adressai à Zain ad-Dîn : « Par Allâh, ordonne qu'on me jette sur la hanche, car je n'y éprouve aucune espèce de sensation. » — Mais l'émir dit : « J'ordonne qu'on te jette la tête en avant. » L'envoyé de Zain ad-Dîn (qu'Allâh l'ait en pitié !) vint vers moi, mais il ne tarda pas à me ramener auprès de lui. Ce qu'il avait prescrit de me jeter dans le fossé n'était qu'une plaisanterie. Lorsque je me trouvai de nouveau en sa présence, il me donna quatre dînârs et un âne. Je demeurai dans ce même état jusqu'à une nuit où je vis en rêve un homme qui se tenait devant moi et qui me dit : « Lève-toi. » — Je lui demandai : « Qui es-tu ? » — Il répon-

1. Le manuscrit porte : Aḥmad.

dit : « Je suis Ali, fils d'Aboû Ṭâlib. » Je me levai, je me tins debout et je réveillai ma femme, en lui disant : « Pauvre amie, j'ai eu telle et telle vision. » — Elle répondit : « Te voici debout. » Je me mis à marcher sur mes pieds, mon mal avait disparu et je revins à l'état où tu me vois. Je me rendis à l'audience de l'émir Zain ad-Din 'Alî Koûdschek (qu'Allâh l'ait en pitié !), et je lui racontai mon rêve. Il constata ma guérison et me donna dix dînârs. Gloire à Celui qui guérit, qui préserve ! »

Le vieillard qui sait le Coran par cœur (*asch-schaikh al-ḥâfiṭh*) Aboû 'l-Khaṭṭâb 'Omar, fils de Moḥammad, fils de 'Abd Allâh, fils de Ma'mar Al-'Oulaimî, m'a raconté à Damas, dans les premiers jours de l'année 572 [1], d'après un Bagdâdhien qui lui a cité en propres termes ce qui suit, au nom du ḳâḍî Aboû Bakr Moḥammad, fils de 'Abd al-Bâḳî, fils de Moḥammad, Al-Anṣârî Al-Fourḍî, connu sous le nom du Ḳâḍî de l'hôpital (*ḳâḍî al-mâristân*) : « Lorsque je fis le pèlerinage, au moment où je faisais le tour de la Ka'ba, je trouvai un collier de perles que je serrai à l'intérieur de mon costume de pèlerin (*iḥrâm*). Quelques instants après, j'entendis un homme qui réclamait le collier dans le sanctuaire et qui promettait vingt dînârs à qui le lui restituerait. Je lui demandai le signe distinctif de ce qu'il avait égaré. Il me l'indiqua et je lui rendis son collier. Il me dit alors : « Tu vas venir avec moi dans ma demeure, pour que je te remette la somme fixée. » — Je répondis : « Non, je n'en ai pas besoin et je ne t'ai pas rendu le collier à cause de la gratification. Grâce à Allâh, je vis dans une large aisance. » — Il reprit : « Tu ne l'as donc rendu que pour Allâh (qu'il soit élevé et exalté !) ? » — Je répliquai : « Oui, certes. » — Il dit : « Accompagne-nous à la Ka'ba, et dis amen sur mon vœu. » Je l'accompagnai à la Ka'ba où il dit : « O Allâh, sois-lui clément, et permets-moi de lui rendre la pareille. » Puis il prit congé de moi et partit.

« Or, il advint que je voyageai de La Mecque vers les contrées d'Égypte. Je traversai la mer, me dirigeant vers l'occident. Les Grecs (*Ar-Roûm*) s'emparèrent de l'embarcation et je fus alloué à un prêtre chrétien (*ḳouss*) que je ne cessai pas

1. Après le 10 juillet 1176.

de servir jusqu'à sa mort. Par ses dernières volontés, il ordonnait de m'affranchir. Je sortis du pays des Grecs et je me dirigeai vers l'une des villes de l'occident. Je m'engageai comme scribe dans la boutique d'un boulanger qui avait dans sa clientèle l'un des propriétaires de cette ville.

« Au commencement du nouveau mois, un serviteur de ce propriétaire arriva chez le boulanger et lui dit : « Mon maître te fait mander, pour que tu règles tes comptes avec lui. » Le boulanger se fit accompagner par moi, et nous nous rendîmes vers son client, avec lequel je comptai à haute voix. Lorsqu'il eut reconnu mon talent de comptable et admiré mon écriture, il me réclama au boulanger qui me céda, et il me confia le soin de faire rentrer les impositions de ses immeubles. Il possédait une fortune considérable et il m'octroya une maison voisine de sa résidence.

« Lorsqu'un certain temps se fut écoulé, il me dit un jour : « O Aboû Bakr, que penses-tu du mariage? » — Je répondis : « Je n'ai pas les ressources nécessaires pour moi-même, comment aurais-je assez pour une femme? » — Il reprit : « Je te fournirai la dotation, la demeure, les vêtements et tout ce qu'il te faudra. » — Je dis : « Ordonne! « — Il continua : « O mon fils, la femme que je te destine a de nombreux défauts physiques. » Et il n'y eut sorte de défaut physique dans son corps, depuis la tête jusqu'au pied, qu'il ne m'énumérât, tandis que je disais : « Je suis satisfait. » Et ma pensée intime était conforme à ce que je laissais percer. Il finit par me dire : « Ton épouse est ma fille. » Il convoqua une réunion et l'union fut contractée.

« Au bout de quelques jours, il me dit : « Prépare-toi à entrer dans ta maison. » Puis il me fit revêtir un costume magnifique. J'entrai dans une maison luxueusement meublée et installée. Puis on me fit asseoir sur une estrade de coussins et l'on introduisit la mariée sous une robe colorée. Je me levai pour aller à sa rencontre. Lorsqu'elle eut soulevé la robe colorée, je vis une apparition telle que je n'avais jamais rien vu de plus beau dans ce monde.

« Je m'enfuis de la maison plutôt que je n'en sortis. Le vieillard me rencontra et m'interrogea sur la cause de ma fuite. Je lui répondis : « Assurément l'épouse n'est pas celle dont tu m'as décrit les défauts physiques. » — Il sourit et dit : « O mon fils, elle est ta femme et je n'ai pas d'autre enfant qu'elle. Je ne t'ai fait la description que tu rappelles que pour t'empêcher de dédaigner ce que tu verrais. » Je revins et elle se découvrit à moi.

« Le lendemain matin, je me mis à examiner les ornements et les pierres précieuses dont elle était parée. Je vis, parmi les objets qu'elle avait sur elle, le collier que j'avais trouvé à La Mecque. Je m'en étonnai et je me plongeai dans la réflexion à ce sujet. Lorsque je sortis de la maison, mon beau-père me fit appeler et m'interrogea sur mon état, en disant : « La jouissance licite a mutilé le nez de la jalousie. » Je le remerciai de sa conduite à mon égard, puis je fus obsédé par l'idée du collier qui était parvenu entre ses mains. Il me dit : « A quel propos réfléchis-tu ? » — Je répondis : « A propos de tel et tel collier. Car j'ai fait le pèlerinage en telle année; je l'ai trouvé ou bien un collier pareil dans le sanctuaire. » — Il poussa un cri et dit : « C'est donc toi qui m'as rendu le collier! » — Je repris : « Oui, c'est bien moi. » — Il répliqua : « Réjouis-toi; car Allâh nous a pardonné, à moi et à toi. J'avais invoqué alors Allâh (gloire à lui !), afin qu'il me pardonnât, ainsi qu'à toi, et afin qu'il me permît de te rendre la pareille. Je t'ai depuis lors confié ma fortune et mon enfant. Je ne pense pas que mon trépas se fasse longtemps attendre. » Ensuite il fit un testament en ma faveur et ne tarda pas à mourir (qu'Allâh l'ait en pitié!). »

L'émir Saif ad-Daula Zenguî, fils de Ḳarâdjâ (qu'Allâh l'ait en pitié !), m'a raconté ce qui suit : « Schâhânschâh nous invita à Alep (or, il était le mari de la sœur de Zenguî). Lorsque nous fûmes réunis chez lui, nous envoyâmes chercher un de nos compagnons que nous fréquentions, l'un de nos commensaux, irréfléchi de nature, aimable en société, en faveur de qui nous avions demandé une invitation. Il arriva et nous lui offrîmes de la boisson. Mais il répondit : « Je dois m'en abstenir, car le médecin m'en a interdit l'usage pour quelques jours, jusqu'à ce que cette glande scrofuleuse soit fendue. » Or, il avait sur le derrière du cou une glande énorme. Nous lui dîmes : « Fais comme nous aujourd'hui; tu t'abstiendras demain. » Ce qu'il fit et il but avec nous jusqu'à la fin du jour.

« Nous demandâmes à Schâhânschâh quelque chose à manger. Il prétendit ne rien avoir; mais, sur notre insistance, il consentit à nous faire apporter des œufs que nous ferions cuire sur le brasero. Il fournit les œufs, tandis que nous disposions d'un plat creux. Nous brisâmes les œufs, dont le contenu fut vidé dans le plat creux, et nous plaçâmes la poêle sur le brasero, afin qu'elle chauffât. Je fis signe à cet homme qui avait la glande au cou de gober des œufs. Il porta à sa bouche le plat creux pour en avaler quelques-uns; mais, au même moment où il en goba, le reste de ce que le plat renfermait se répandit sur son cou. Nous demandâmes au maître de la maison : « Remplace-nous les œufs, » mais il refusa net. Après avoir bu, nous nous séparâmes.

« Le lendemain, j'étais de bon matin sur ma couche, lorsqu'on frappa à ma porte. Une servante sortit pour voir qui était là. Voici que c'était ce même ami. Je dis : « Fais-le entrer. » Il vint à moi, tandis que j'étais étendu sur ma couche, et me dit : « O mon maître, cette glande que j'avais au cou, j'en suis débarrassé et il n'en est pas resté trace. » Je regardai l'endroit, qui maintenant ressemblait aux autres côtés de son cou, et je lui demandai par quel procédé il avait fait disparaître la glande. Il répondit : « Gloire à Allâh ! Je ne sache pas que j'aie employé aucun procédé en plus de ce que je faisais; seulement j'ai avalé ces œufs crus. » Gloire au Tout Puissant, qui met à l'épreuve, qui préserve! »

Il y avait chez nous à Schaizar deux frères, dont l'aîné se nommait Mouṭhaffar et le cadet Mâlik, tous deux fils de 'Ayyâḍ et natifs de Kafarṭâb. En leur qualité de commerçants, ils voyageaient à Bagdâdh et dans d'autres villes. Mouṭhaffar fut atteint d'une hernie très forte qui le fatiguait. Il traversa, dans une caravane, As-Samâwa pour se rendre à Bagdâdh. La caravane fit halte dans une tribu d'entre les tribus arabes, où l'on offrit aux voyageurs, comme plat d'hospitalité, des oiseaux cuits à leur intention, dont ils soupèrent. Puis ils s'endormirent. Mouṭhaffar se réveilla et réveilla le compagnon couché à côté de lui, auquel il dit : « Est-ce que je dors ou est-ce que je veille? » — L'autre lui répondit : « Tu veilles. Si tu dormais, tu ne parlerais pas. » — Mouṭhaffar s'écria : « Mon hernie a disparu et il n'en est pas resté trace. » Le voisin regarda. Mouthaffar était revenu au même état de santé que les autres. Le lendemain matin, les hôtes des Arabes leur demandèrent avec quoi ils les avaient hébergés. Ils répondirent : « Vous avez fait halte parmi nous, alors que nos bêtes de somme étaient dans des pâturages éloignés. Nous sommes sortis et nous avons capturé de jeunes corbeaux que nous avons fait cuire pour vous. »

Lorsque les hommes de la caravane parvinrent à Bagdâdh, ils se rendirent à l'hôpital et racontèrent au directeur l'histoire de Mouthaffar. Le directeur parvint à se procurer de jeunes corbeaux, dont il nourrit ceux qui souffraient de cette même maladie, mais sans obtenir aucun résultat, sans que le remède produisît aucun effet. Il en vint à dire : « Ces petits que Mouthaffar a mangés avaient reçu de leurs pères comme becquée des vipères. Telle a été la cause de leur action bienfaisante. »

Un pendant de cette anecdote est la suivante : Quelqu'un se présenta chez Youhannâ Ibn Botlân, le médecin célèbre par ses connaissances, par sa science et par sa supériorité dans la pratique de son art. Il le trouva dans sa boutique à Alep et se plaignit à lui d'une maladie bien apparente. Il était atteint d'hydropisie, avait le ventre gonflé, le cou aminci, le teint altéré. Ibn Botlân lui dit : « O mon fils, je n'ai point de remède pour toi, et la médecine est impuissante à l'égard de ton mal. » Le patient se retira ; puis, au bout d'un certain temps, il passa devant Ibn Botlân qui était dans sa boutique. La maladie avait disparu, le corps avait maigri, la mine était excellente. Ibn Botlân l'appela et lui dit : « N'est-tu pas celui qui s'est présenté chez moi naguère, étant atteint d'hydropisie ? Tu avais le ventre gonflé, le cou aminci et c'est bien à toi que j'ai dit n'avoir aucun remède pour te guérir ? » — « En effet, » répliqua-t-il. — « Par quel procédé, reprit le médecin, t'es-tu soigné au point que ton mal a disparu ? » — L'homme répondit : « Par Allâh, je ne me suis soigné en aucune façon. Je suis un indigent sans ressources et personne ne s'inquiète de moi, excepté ma mère, une vieille femme épuisée par l'âge. Or, elle possédait dans une petite jarre du vinaigre dont elle versait chaque jour quelques gouttes sur mon pain. » — Ibn Botlân dit alors : « Est-il resté un peu de ce vinaigre ? » —

« Oui, » répondit son interlocuteur. — « Viens avec moi, dit le médecin, montre-moi la jarre qui contenait le vinaigre. » L'homme précéda Ibn Boṭlân jusqu'à sa maison et lui fit examiner la jarre au vinaigre. Ibn Boṭlân en vida le contenu et trouva au fond deux vipères dépecées. « O mon cher fils, dit alors Ibn Boṭlân, pour te soigner avec ce mélange de vinaigre et de vipères de manière que tu guérisses, il n'y a qu'Allâh, le Glorieux, le Puissant. »

Cet Ibn Boṭlân avait en médecine des trouvailles merveilleuses. C'est ainsi qu'un homme vint à lui, tandis qu'il était dans sa boutique à Alep. Cet homme n'avait plus de voix et pouvait à peine se faire comprendre lorsqu'il parlait. « Quel est ton métier ? » lui demanda Ibn Boṭlân. — Il répondit : « Je suis un cribleur. » — « Apporte-moi, dit le médecin, une demi-livre de vinaigre piquant. » Il le lui apporta, reçut l'ordonnance de le boire, le but, s'assit un moment, fut pris de vomissements et rejeta, avec ce vinaigre, de la boue en abondance. Sa gorge fut dégagée et sa voix rétablie. Ibn Boṭlân dit alors à son fils et à ses élèves : « Ne soignez aucun malade par ce procédé, car vous le tueriez. Cet homme avait dans l'œsophage des grains de poussière provenant du crible, qui s'y étaient attachés. Rien ne pouvait les en faire sortir, hors le vinaigre. »

Ibn Boṭlân était attaché au service de mon arrière-grand-père Aboû 'l-Moutawwadj Mouḳallad ibn Naṣr Ibn Mounḳidh. Il se manifesta chez mon grand-père Aboû 'l-Ḥasan 'Alî ibn Mouḳallad ibn Naṣr Ibn Mounḳidh (qu'Allâh l'ait en pitié !) une apparence de lèpre, alors que celui-ci était un jeune enfant. Cela troubla son père qui se préoccupa de sa maladie et fit appeler Ibn Boṭlân. « Regarde, lui dit-il, l'accident qui s'est produit dans le corps de 'Alî. » Le médecin regarda et dit : « Je voudrais cinq cents dînârs pour le soigner et le débarrasser de cela. » — Mon arrière-grand-père répondit : « Si tu soignais 'Alî, je ne me croirais pas quitte envers toi avec cinq cents dînârs. » Lorsque Ibn Boṭlân eut remarqué la fureur de mon arrière-grand-père, il s'écria : « O mon maître, je suis ton serviteur, ton esclave, dans ta dépendance. Ce que j'ai dit, je ne l'ai dit qu'en plaisantant. Les taches ne sont chez 'Alî que la dartre de la jeunesse. Lorsqu'il deviendra un adolescent, elles disparaîtront. Ne t'en fais donc aucun souci. Aucun autre médecin ne s'engagera non plus à le soigner, en t'imposant l'achat de certains médicaments. Car cela s'en ira de soi-même quand il aura grandi. » Son pronostic se réalisa.

Il y avait à Alep, entre les femmes les plus distinguées, une femme nommée Barra. Elle fut atteinte d'un refroidissement à la tête. Elle y accumulait le coton de choix, le bonnet, les étoffes veloutées, les longues bandes roulées, au point qu'on eût dit sur sa tête un immense turban. Et pourtant elle demandait du secours contre le froid. Elle manda Ibn Boṭlân et se plaignit à lui de sa maladie. Il lui dit : « Procure-moi pour demain matin cinquante mesures (*mithḳâl*) de camphre sentant fort, que l'on te prêtera ou que tu loueras à quelque parfumeur, car la quantité lui retournera intégralement. » Elle avait le camphre, lorsque Ibn Boṭlân arriva dès l'aurore. Il jeta tout ce qu'elle avait sur la tête et lui bourra les cheveux avec ce camphre. On remit ensuite sur sa tête tout ce qui l'enveloppait, quand la malade gémissait sur le froid. Elle s'endormit un moment et se réveilla, en se plaignant de chaleur et de lassitude excessives à la tête. Elle enleva successivement, objet par objet, ce qui y était entassé au point qu'il n'y resta qu'un fichu. Ensuite elle secoua ses cheveux pour en faire tomber le camphre. Son refroidissement avait cessé. Elle se contenta désormais sur la tête d'un seul fichu.

Il m'arriva à Schaizar une aventure du même genre. J'éprouvais un refroidissement violent et des frissons sans chaleur. Pourtant j'étais couvert de nombreux vêtements et de ma pelisse. Toutes les fois que je faisais un mouvement pour m'asseoir, j'avais des tremblements, les cheveux de mon corps se hérissaient et je me repliais sur moi-même. Enfin, je fis appeler le schaikh Aboû 'l-Wafâ Tamîm le médecin. Je me plaignis à lui de ma souffrance. « Procurez-moi, dit celui-ci, une citrouille. » On lui en apporta une; il la partagea en plusieurs tranches et me dit : « Manges-en autant que tu pourras. » — « Mais, lui répondis-je, ô docteur! je suis à la mort par suite d'un refroidissement et la citrouille est froide; comment se fait-il que je doive cependant en manger? » — Le médecin reprit : « Mange, comme je te le dis. » J'obéis. Aussitôt je transpirai et mon impression de refroidissement disparut. « Ce que tu ressentais, me dit Aboû 'l-Wafâ, provenait d'un échauffement de la bile et non d'un froid réel. »

J'ai fait connaître plus haut quelques détails relatifs à ce qu'il y a d'extraordinaire dans les songes. J'avais, d'ailleurs, dans mon livre intitulé : « Le sommeil et les rêves », mentionné, au sujet du sommeil et des songes, les diverses opinions de ceux qui s'en sont occupés, les heures propices aux visions, les paroles mêmes des savants qui en ont parlé, avec citations à l'appui des vers arabes qui s'y rapportent. J'ai développé mon exposition et j'y ai épuisé le sujet. Il n'est donc pas nécessaire d'y revenir ici.

Cependant j'ai encore rapporté l'anecdote suivante pour ce qu'elle a de piquant et pour ce qu'elle me rappelle. Mon grand-père Sadîd al-Moulk Aboû 'l-Ḥasan 'Alî, fils de Mouḳallad, fils de Naṣr, le Mounḳidhite (qu'Allâh l'ait en pitié!), avait une servante nommée Lou'lou'a, qui prit soin de mon père Madjd ad-Dîn Aboû Salâma Mourschid, fils de 'Alî (qu'Allâh l'ait en pitié!). Lorsque celui-ci devint plus âgé et quitta la maison paternelle, elle le suivit. Ce fut mon père qui me nourrit, ce fut cette vieille qui m'éleva jusqu'à ce que je fusse d'âge à me marier et à quitter la maison de mon père (qu'Allâh l'ait en pitié!) Elle partit avec moi : à mon tour, je pourvus du nécessaire mes enfants et elle les éleva. Elle était (qu'Allâh l'ait en pitié!) pieuse, pratiquant le jeûne, passant la nuit en prières.

De temps en temps, Lou'lou'a souffrait de coliques. Elle en eut une attaque si violente à certain jour qu'elle en perdit la raison et que l'on désespéra de la sauver. Elle resta dans cet état pendant deux jours et deux nuits ; puis elle se remit et dit : « Il n'y a pas de Dieu excepté Allâh ! Combien était merveilleux ce par quoi j'ai passé! Je me suis rencontré avec tous nos morts : ils m'ont fait des récits extraordinaires et m'ont dit entre autres choses : « Certes, cette colique ne s'attachera plus à toi. » Elle vécut après cela de nombreuses années, sans subir aucune atteinte de colique. Elle vécut près de cent ans, faisant toujours ses prières avec régularité (qu'Allâh l'ait en pitié !).

J'allai une fois la voir dans une demeure que j'avais détachée pour elle de mon habitation. Elle se servait d'une écuelle, afin de laver une serviette pour les ablutions qui accompagnent les prières. Je lui dis : « Qu'est-ce que ceci, ô ma mère? » — Elle répondit : « Ils ont touché cette serviette avec des mains sentant fortement le fromage. J'ai eu beau la laver, elle a continué à exaler l'odeur du fromage. » — Je repris : « Montre-moi le savon avec lequel tu fais ton lavage. » Elle le sortit de la serviette. Or, voici que c'était un morceau de fromage, qu'elle avait pris pour du savon. Toutes les fois qu'elle frottait la serviette avec ce fromage, elle s'imprégnait de plus en plus de ses parfums. Je dis : « O ma mère, c'est du fromage, ce n'est pas du savon. » Elle examina ce dont elle s'était servi : « Tu as raison, ô mon cher fils; j'étais convaincue que ce ne pouvait être autre chose que du savon. » Béni soit Allâh, le plus véridique de ceux qui parlent!

Allâh dit : « Ceux que nous conservons en vie, nous renversons leur forme extérieure [1]. » La longévité provoque l'ennui, les accidents et les malheurs se multipliant au point de ne pouvoir plus être comptés. Il y a dans les existences un terme où l'on se sent attiré par un désir ardent vers Allâh le Puissant, le Glorieux, où l'on demande grâce pour le temps qui reste à vivre, où la miséricorde et la faveur d'Allâh envers l'homme consistent à le gratifier de la mort. Car Allâh (gloire à lui) est le plus noble pour exaucer les prières, le plus disposé à réaliser les espérances. Gloire à Allâh l'Unique; que ses bénédictions et son salut se répandent sur notre maître Moḥammad, ainsi que sur la famille du Prophète!

1. *Coran*, XXXVI, 68.

DEUXIÈME SUPPLÉMENT

J'ai mis ma confiance en Allâh le Très Haut [1].

C'est à Allâh qu'appartient l'un de mes deux côtés que je ne laisserai pas s'égarer; l'autre appartient au jeu et aux futilités.

J'ai mentionné les situations belliqueuses dont j'ai été témoin, luttes, batailles et dangers, autant que leur souvenir m'est resté présent et que le temps écoulé ne me les a pas fait oublier. Car ma vie s'est prolongée et j'ai été atteint par l'isolement, ainsi que par l'abandon. L'oubli du passé est un héritage dont l'antiquité remonte jusqu'à notre père Adam (sur lui soit le salut!).

Maintenant une section va être consacrée à ce que j'ai vu et à ce que j'ai expérimenté en fait de chasse, de pêche et d'oiseaux de proie.

Ce fut d'abord, au début de ma vie, à Schaizar; puis avec le roi des émirs, l'atâbek Zenguî, fils d'Âḳ Sonḳor (qu'Allâh l'ait en pitié!); plus tard, à Damas, avec Schihâb ad-Dîn Maḥmoûd, fils de Tâdj al-Moulouk [2] (qu'Allâh l'ait en pitié!); ensuite à Miṣr; puis encore avec Al-Malik Al-'Âdil Noûr ad-Dîn Aboû 'l-Mouṭhaffar Maḥmoûd, fils de l'atâbek Zenguî (qu'Allâh l'ait en pitié!); enfin, dans le Diyâr Bekr, avec l'émir Fakhr ad-Dîn Ḳarâ Arslân, fils de Dâwoud, l'Ortoḳide (qu'Allâh l'ait en pitié!).

Quant à ce qui se passa dans Schaizar, cela se passa en la compagnie de mon père (qu'Allâh l'ait en pitié!). Celui-ci était fanatique de la chasse, son ardeur s'étendant à tous les oiseaux de proie, et il faisait largement de la dépense pour

1. *Coran*, x, 72.
2. Tâdj al-Moulouk Boûri.

satisfaire cette passion; tant il y trouvait d'agrément! C'était sa distraction. Car il n'avait d'autre occupation que la bataille, la guerre sainte contre les Francs et la transcription du livre d'Allâh le Glorieux, le Puissant, lorsqu'il avait fini de régler les affaires de ses compagnons. Mon père (qu'Allâh l'ait en pitié!) jeûnait sans cesse et s'adonnait à la lecture psalmodiée du Coran. Quant à la chasse, elle justifiait pour lui l'aphorisme suivant : « Réjouissez vos cœurs, ils seront la sauvegarde de votre renommée. » Or je n'ai jamais vu talent comme le sien pour organiser les parties de chasse.

J'ai assisté aux chasses du roi des émirs, de l'atâbek Zenguî (qu'Allâh l'ait en pitié!). Il possédait les oiseaux de proie les plus nombreux. Je l'ai vu, tandis que nous nous avancions le long des fleuves, que les fauconniers prenaient l'avance avec les faucons pour les lancer sur les oiseaux aquatiques, qu'on frappait sur les tambours selon l'usage, que les faucons attaquaient ou manquaient le gibier, qu'on tenait en arrière les gerfauts de montagne (*asch-schawâhîn al-koûhiyya*) sur les mains de leurs fauconniers pour les lancer contre les oiseaux aquatiques qui auraient échappé aux faucons. Le perchoir ayant été enlevé, les gerfauts s'attachaient à pourchasser les perdrix, sur lesquelles ils étaient lancés, les serraient de près, tandis qu'elles gravissaient la pente de la montagne, et ne les lâchaient plus. Car la rapidité du vol est, chez les gerfauts, d'une qualité merveilleuse.

Je me trouvai un jour avec l'atâbek, alors que, dans la plaine inondée aux environs de Mauṣil, nous traversions des champs d'aubergines. Devant l'atâbek était un fauconnier, sur la main duquel était un faucon. Un francolin se mit à voler. Le faucon, lancé sur lui, le saisit et descendit. Parvenu sur le sol, le francolin échappa à son étreinte et s'envola. A son tour, le faucon se lança dans les airs, le saisit et redescendit. Cette fois, il le tenait ferme.

J'ai vu à plusieurs reprises l'atâbek Zenguî, acharné à la chasse des bêtes sauvages. L'enceinte était close et les bêtes sauvages y avaient été amassées, personne ne pouvant pénétrer dans le cercle. S'il en sortait une bête sauvage, on la visait avec des flèches. Or, l'atâbek était un des plus habiles archers. Quelque gazelle s'approchait-elle de lui, il l'atteignait, la voyait ensuite faire mine de trébucher, tomber, être égorgée. La première gazelle qu'il abattit dans chacune de ses chasses, tant que je fus avec lui, il me la fit envoyer par l'entremise d'un de ses écuyers.

L'atâbek Zenguî m'eut comme témoin, un jour que l'enceinte avait été close et que nous étions dans la région de Nisibe (*naṣîbîn*), sur les bords de l'Hermès (*al-hirmâs*). Les tentes avaient été dressées. Les bêtes sauvages sortirent jusqu'aux campements. Les écuyers, munis de bâtons et de massues, se montrèrent et frappèrent nombre d'entre ces bêtes. Un loup avait été enfermé dans l'enceinte, au milieu de laquelle il sauta sur un mâle de gazelle, qu'il saisit, qu'il couvrit de son corps, et qui fut tué, pendant que le loup était dans cette posture.

J'étais également auprès de l'atâbek Zenguî à Sindjâr, lorsqu'il fut abordé par un cavalier d'entre ses compagnons qui lui dit : « Il y a ici une hyène endormie. » Il partit en notre compagnie jusqu'à une vallée voisine, où l'hyène dormait sur un rocher de la côte. L'atâbek mit pied à terre et s'avança jusqu'à ce qu'il fit face à l'hyène, qu'il atteignit par une flèche en bois et qu'il précipita dans le fonds de la vallée. On descendit et on la rapporta devant lui. Elle était morte.

J'ai vu également l'atâbek Zenguî dans la banlieue de Sindjâr. On lui avait montré un lièvre. Sur son ordre, les cavaliers tournèrent tout autour du lièvre, et un écuyer placé derrière lui porta le loup-cervier, comme l'on porte le guépard. Il ordonna de lancer le loup-cervier sur le lièvre, qui pénétra entre les jambes des chevaux, sans se laisser prendre. Jamais auparavant, je n'avais aperçu le loup-cervier en chasse.

A Damas, j'ai assisté à des parties de chasses sous Schihâb ad-Dîn Maḥmoûd, fils de Tâdj al-MoulOûk [1]. On s'attaquait aux oiseaux, aux gazelles, aux onagres et aux chevreuils. J'étais à ses côtés un jour que nous nous étions rendus jusque dans la forêt de Panéas (*Bâniyâs*). Sur le sol, l'herbe était touffue. Nous abattîmes nombre de chevreuils. On dressa les tentes dans une enceinte. Nous y étions établis, lorsqu'on vit paraître dans l'enceinte un chevreuil qui dormait sur l'herbe. Il fut pris au milieu des tentes.

1. Maḥmoûd, fils de Tâdj al-Moulоûk Boûri, en 1138 ou en 1139.

Pendant que nous rentrions, je m'aperçus que l'un d'entre nous avait vu un petit-gris monter à un arbre. Il en informa Schihâb-ad-Dîn. Celui-ci se posta sous l'arbre, visa l'animal à deux ou trois reprises sans l'atteindre, puis y renonça et se retira furieux de l'avoir manqué. Je vis alors un Turc, qui, l'ayant visé, coupa le petit-gris en deux de sa flèche en bois. Ses deux pattes de devant devinrent flasques, et il resta suspendu par les deux pattes de derrière, avec la flèche en bois enfoncée dans le corps, jusqu'au moment où l'on secoua l'arbre et où il tomba. Si cette flèche en bois avait été ainsi fichée dans le corps d'un fils d'Adam, il serait mort à l'instant même. Gloire au Créateur des créatures! »

J'ai vu aussi les chasses de Miṣr. Al-Ḥâfiṭh li-dîn Allâh ʿAbd al-Madjîd Aboû Maimoûn (qu'Allâh l'ait en pitié!) possédait de nombreux oiseaux de proie, faucons, sacres et gerfauts apportés d'au-delà des mers (*asch-schawâhîn al-baḥriyya*). Un grand veneur était préposé à leur garde et les faisait sortir deux jours par semaine, la plupart d'entre eux perchés sur les mains de leurs hommes. Quant à moi, toutes les fois qu'ils étaient conduits en chasse, je montais à cheval pour me distraire par le spectacle qu'ils m'offraient.

Le grand veneur se rendit au jour auprès d'Al-Ḥâfiṭh et lui dit : « Ton hôte, un tel, nous accompagne régulièrement, comme s'il espérait prendre part à ce que nous faisons. » — Al-Ḥâfiṭh répondit : « Emmène-le désormais avec vous, qu'il trouve une distraction dans nos oiseaux de proie. »

Il advint que nous étions sortis ensemble. L'un des fauconniers tenait un faucon ayant mué dans la maison, dont les yeux étaient rouges. Nous aperçûmes des grues. Le chef dit au fauconnier : « Avance-toi, lance sur elles ton faucon aux yeux rouges. » Ce qu'il fit. Les grues s'envolèrent. Mais le faucon en atteignit une à grande distance de nous et la lia. Je dis à l'un de mes écuyers monté sur un excellent cheval : « Pousse ta monture vers le faucon, descends de cheval, enfonce le bec de la grue dans la terre, maintiens-le et laisse ses deux pattes sous tes deux pieds jusqu'à ce que nous t'ayons rejoint. » Mon écuyer partit et se conforma à mes instructions. Le fauconnier arriva ensuite, tua la grue et s'occupa de repaître le faucon. Puis le grand veneur, à son retour, fit son rapport à Al-Ḥâfiṭh sur ce qui s'était passé et sur les ordres que j'avais donnés à mon écuyer. Il termina en disant : « Ses propos ont été ceux d'un chasseur de profession. » — Al-Ḥâfiṭh répondit : « Quelle autre occupation cet homme a-t-il, sinon le combat et la chasse ? »

Les fauconniers emportaient aussi des sacres qu'ils lançaient sur les hérons au vol. Le héron apercevait-il le sacre, il tournoyait et s'élevait en l'air, tandis que le sacre décrivait plusieurs tours à un autre endroit pour s'élever ensuite au-dessus du héron, puis faire sa pointe et le saisir.

Il y a dans cette région des oiseaux aquatiques qu'on nomme *al-boudjdj*, qui ressemblent à l'espèce d'oies appelée *naḥḥâm*, et que l'on chasse également. Or, les oiseaux aquatiques se laissent facilement prendre dans les bras du Nil. Les gazelles sont rares en Égypte, mais on y rencontre le bœuf des Banoû Isrâ'îl, animal de petite taille, dont les cornes sont pareilles à celles d'un bœuf, le reste du corps n'étant pas à l'avenant, un coureur rapide.

On voit sortir du Nil une bête que l'on nomme la jument fluviatile, qui ressemble à la vache de taille inférieure, avec de tout petits yeux. Elle n'a pas plus de poils que le buffle. A la mâchoire inférieure elle a des dents longues ; les dents de sa mâchoire supérieure sont dans des creux dont les extrémités ressortent au-dessous de ses yeux. Son cri ressemble à celui du cochon. Elle ne peut vivre que dans un étang où il y a de l'eau. Elle mange du pain, du chanvre et de l'orge.

Je m'étais rendu avec l'émir Mou'în ad-Dîn [1] (qu'Allâh l'ait en pitié) à Acre (*'Akkâ*), auprès du roi des Francs, Foulques fils de Foulques. Nous vîmes un Génois, récemment arrivé du pays des Francs, qui avait avec lui un faucon de grande taille, ayant mué dans la maison, faisant la chasse aux grues, et une petite chienne. Lorsqu'il lâchait le faucon sur les grues, la chienne courait au dessous ; puis, le faucon avait-il saisi la grue et l'avait-il posée à terre, la chienne la mordait, sans lui laisser la possibilité de s'échapper. Le Génois nous dit : « Chez nous, le faucon, pour chasser la grue, doit avoir sur la queue treize plumes. » Nous fîmes le compte des plumes

1. Mou'în ad-Dîn Anar, vers 1140.

sur la queue de ce faucon. Il y en avait treize. L'émir Mou'în ad-Dîn (qu'Allâh l'ait en pitié!) demanda ce faucon au roi. Celui-ci le prit, ainsi que la chienne, au Génois qui les possédait pour en faire présent à Mou'în ad-Dîn. Ce faucon, sur le chemin, sautait sur les gazelles comme sur une proie. Une fois arrivé à Damas, il n'y vécut pas longtemps, n'y prit point part aux chasses et mourut.

J'ai assisté également aux chasses à Ḥouṣn Kaifâ avec l'émir Fakhr ad-Dîn Ḳarâ Arslân, fils de Dâwoud (qu'Allâh l'ait en pitié!). Il y avait là des perdrix, des gangas (?) en quantité et aussi des francolins. Quant aux oiseaux aquatiques, ils occupaient la rive du Tigre, sur un espace trop vaste pour que les faucons eussent prise sur eux. Les habitants chassaient surtout les mouflons et les chèvres de la montagne. Ils dressaient des filets et les tendaient au travers des vallées; puis ils traquaient la bête, jusqu'à ce qu'elle tombât dans leurs filets. Les mouflons abondaient dans la contrée, et il était facile de les prendre ainsi. On procédait de même pour les lièvres.

J'ai aussi assisté à des parties de chasse avec Al-Malik Al-'Âdil Noûr ad-Dîn (qu'Allâh l'ait en pitié!). J'étais à ses côtés sur le territoire de Ḥamâ, alors qu'on venait de lui montrer la femelle d'un lièvre. Incontinent, il lui lança une flèche en bois. Elle bondit et se jeta en avant jusqu'à son repaire où elle entra. Nous nous élançâmes au galop à sa poursuite. Noûr ad-Dîn resta en observation. Voici que le noble seigneur (*asch-scharîf as-sayyid*) Bahâ ad-Dîn (qu'Allâh l'ait en pitié!) me tendit le pied de cette femelle, qui avait été détaché par la flèche en bois au-dessus du jarret, la pointe du fer lui ayant fendu les entrailles d'où était tombée la matrice. Après cela, cette femelle s'était portée en avant jusqu'à son repaire. Sur l'ordre de Noûr ad-Dîn, quelqu'un de sa domesticité descendit, ôta ses sandales et entra à la suite de la bête, mais sans parvenir jusqu'à elle. Je dis alors au porteur de la matrice où étaient deux levreaux : « Brise-la et fais-les sauter dans la poussière. » Quand ce fut fait, ils se mirent à se mouvoir et vécurent.

Ce fut en ma présence qu'un jour Noûr ad-Dîn lança une chienne sur un renard, près de Ḳarâḥiṣâr, dans la région d'Alep. Il galopa à la poursuite du renard, m'ayant avec lui. La chienne s'acharna, saisit la queue du renard. Celui-ci retourna sa tête vers elle et lui mordit les cartilages du nez. La chienne aboyait, tandis que Noûr ad-Dîn (qu'Allâh l'ait en pitié !) riait. Puis il dégagea la chienne. Le renard, sur lequel nous n'avions pas prise, retourna dans son repaire.

Un jour, l'on apporta un faucon à Noûr ad-Dîn, pendant que nous chevauchions sous la citadelle d'Alep, au nord de la ville. Il dit à Nadjm ad-Dîn Aboû Ṭâlib, fils de 'Alî Kourd (qu'Allâh l'ait en pitié !) : « Ordonne à Ousâma de prendre ce faucon et de l'exercer. » — La commission m'ayant été faite, je répondis : « J'en suis incapable. » — Noûr ad-Dîn reprit : « Vous êtes à la chasse sans trêve. Comment ne saurais-tu pas dresser le faucon? » — Je répondis : « O mon maître, ce n'est pas nous qui dressons les faucons nous-mêmes. Nous avons des fauconniers et des écuyers qui les dressent et qui s'en servent pour chasser devant nous. » Je n'acceptai pas de prendre le faucon.

J'ai assisté, dans la société de ces grands personnages, à des parties de chasse si nombreuses que le temps me manquerait pour les mentionner en détail. Ces princes disposaient de gibier en abondance, d'un appareil parfait, des ressources nécessaires. Mais je n'ai jamais vu de chasses comparables à celles de mon père (qu'Allâh l'ait en pitié !). Et j'ignore si je le voyais avec l'œil de l'affection, comme a dit le poète :

Et tout ce que fait l'être aimé est aimable.

Je ne sais si mon observation ne s'appuyait pas plutôt sur la réalité. Et je vais raconter à son sujet ce qui permettra à qui en prendra connaissance de porter un jugement sur ce point.

Mon père (qu'Allâh l'ait en pitié !) occupait tout son temps, pendant le jour, à réciter le Coran, à jeûner et à chasser; la nuit, il transcrivait le Livre d'Allâh le Très Haut. Il en avait transcrit quarante-six exemplaires, avec des conclusions de sa main, dont deux exemplaires complets, d'un bout à l'autre, en or. De deux jours l'un, il chevauchait vers la chasse et le lendemain il se reposait dans des jeûnes continuels.

Or, nous avions à Schaizar deux endroits propices aux chasses : l'un sur la montagne, au sud de la ville, où abon daient les perdrix et les lièvres; l'autre sur les bords du fleuve, dans les cannaies, à l'ouest de Schaizar, où l'on rencontrait les oiseaux aquatiques, les francolins, les lièvres et les gazelles.

Mon père se préoccupait d'envoyer quelques-uns de ses compagnons dans les contrées pour y acheter des faucons. Il se fit venir des faucons d'aussi loin que de Constantinople (*Al-Ḳousṭanṭîniyya*). Ses écuyers apportèrent avec les faucons la quantité de colombes qu'ils jugèrent suffisante pour les nourrir sur la route. Mais la mer se déchaîna contre eux et ils furent retardés au point que leurs provisions pour l'entretien des faucons s'épuisèrent. Ils en furent réduits à leur faire manger de la chair de poisson. Ce qui laissa des traces sur les ailes des faucons, dont les plumes se brisaient et se cassaient. Lorsque les écuyers apportèrent à Schaizar leurs acquisitions, on y remarqua cependant des faucons exceptionnels.

Il y avait au service de mon père un fauconnier, nommé Ganâ'im, qui avait la main longue pour dresser et soigner les faucons. Celui-ci rejoignit les plumes détachées, chassa avec les nouveaux venus et en fit muer quelques-uns chez lui. L'endroit, où il allait quérir et où il achetait à grands frais la plupart des faucons, était la Vallée (*woâdî*) d'Ibn Aḥmar. Ganâ'im fit venir dans ce but des habitants de la montagne qui avoisinait Schaizar, des gens de Baschîlâ, de Yasmâlikh et de Ḥillat 'Ârâ. Il les engagea à établir dans leurs villages des lieux de chasse au faucon, leur donna des présents et des vêtements et les décida à partir pour organiser des stations de chasse, où ils attrapèrent nombre de faucons avant et après la mue, ainsi que des éperviers blancs. Ils apportèrent leur butin à mon père, auquel ils dirent : « O mon maître, nous avons négligé nos moyens d'existence et nos champs ensemencés pour ton service. Nous désirons que tu t'engages à prendre tout le produit de nos chasses et que tu nous fixes un prix que nous connaîtrons, sur lequel il n'y aura pas de contestation. » Mon père fixa le prix du faucon niais à quinze dînârs, celui du jeune épervier blanc à la moitié, celui du faucon ayant mué à dix dînârs, celui de l'épervier blanc après la mue à la moitié.

Il s'ouvrit ainsi pour ces montagnards une source de revenus en dînârs, sans effort et sans fatigue. Il suffisait à chacun d'eux de se bâtir une maisonnette en pierres, à hauteur de sa taille, de la couvrir avec des branches et de la dissimuler sous des touffes de paille et d'herbe sèche. Il y perçait une ouverture, prenait une colombe dont il rapprochait et liait les deux pieds sur une branche sans feuilles, puis la faisait sortir par cette ouverture, en agitant le morceau de bois. L'oiseau, mis en mouvement, ouvrait ses ailes, le faucon l'apercevait et s'élançait sur lui pour le prendre. Aussitôt que le chasseur sentait la présence du faucon, il tirait la branche vers l'ouverture, étendait la main, saisissait les deux pieds du faucon qui serrait la colombe, se l'appropriait, lui sillait les yeux ; puis, le lendemain matin, se rendait chez nous pour recevoir le prix convenu et rentrait chez lui deux jours après. Les chasseurs se multiplièrent et les faucons devinrent chez nous aussi nombreux que les poulets. Il y en avait que l'on utilisait à la chasse, tandis que d'autres mouraient sur les perchoirs, à cause de leur nombre excessif.

Le service de mon père (qu'Allâh l'ait en pitié !) comprenait des fauconniers, des valets maniant les sacres et des valets de chiens. Il avait enseigné à un personnel de mamloûks l'art de dresser les faucons. Plusieurs y excellèrent. Quant à lui, il sortait pour la chasse, accompagné de ses quatre fils, nous-mêmes amenant avec nous nos écuyers, nos montures tenues en laisse et nos armes. Car nous n'étions pas en sécurité par rapport aux Francs, à cause de leur voisinage. Avec nous sortaient de nombreux faucons, plus d'une dizaine. Dans son équipage l'on voyait encore deux valets maniant les sacres, deux guépardiers et deux valets de chiens, l'un avec les lévriers, l'autre avec les chiens braques.

Mon père se proposait-il de se diriger vers la montagne pour chasser les perdrix, il était à distance de son but qu'il nous disait sur la route : « Dispersez-vous. Que quiconque n'a pas encore accompli sa lecture du Coran remplisse son obligation ! » Alors nous, ses fils, qui savions le Coran par cœur, nous nous séparions les uns des autres et nous récitions jusqu'à ce qu'il fût arrivé au rendez-vous de chasse. Il nous faisait aussitôt appeler et nous interrogeait sur la portion qu'avait récitée chacun de nous. Une fois renseigné, il nous disait : « J'ai récité cent versets, ou quelque chose d'approchant. » Mon père (qu'Allâh l'ait en pitié!) lisait le Coran tel qu'il a été révélé.

Lorsque nous étions parvenus à l'endroit de la chasse, mon père donnait ses ordres aux écuyers, dont un groupe le quittait pour se joindre aux fauconniers. Là-bas, on observait le vol de la perdrix, afin de lancer un faucon sur elle. Auprès de mon père restaient, d'entre ses mamloûks et ses compagnons, quarante cavaliers, les chasseurs les plus expérimentés. A peine un oiseau volait-il, un lièvre, une gazelle soulevaient-ils la poussière, nous leur faisions la chasse. Nous parvenions au sommet de la montagne. La chasse se prolongeait jusque tard dans l'après-midi. Puis, nous nous en retournions, ayant fait paître les faucons et les ayant plongés dans les étangs de la montagne, où ils avaient bu et où ils s'étaient baignés. Nous rentrions à Schaizar après le premier tiers de la nuit.

Lorsque nous montions à cheval vers la région des oiseaux aquatiques et des francolins, c'était pour nous un jour de distraction. Nous partions pour la chasse par la porte de la ville pour parvenir ensuite aux cannaies, les guépards et les sacres étant maintenus au dehors, et nous n'entrions sur le terrain marécageux qu'avec les faucons. Si un francolin volait, le faucon le liait; si un lièvre sautait, nous lancions sur lui un faucon qui le liait ou qui le renvoyait vers les guépards que l'on lançait contre lui. Une gazelle bondissait-elle de manière à sortir vers les guépards, on les lançait contre elle. Parfois ils s'en emparaient. Dans le cas contraire, on lançait sur elle les sacres. Rarement un gibier nous échappait, si ce n'est par un caprice du destin.

Dans les cannaies marécageuses, il y a aussi nombre de sangliers. Nous sortions au galop pour les combattre et les tuer. Notre joie de les avoir tués était plus intense que la distraction procurée par la chasse.

Mon père possédait un talent d'organiser la chasse, comme s'il s'agissait de la bataille, de l'affaire la plus urgente. Sous sa direction, personne ne s'occupait de converser avec son compagnon. Le seul souci était d'étudier le terrain, pour apercevoir les lièvres ou les nids des oiseaux.

Il s'était établi entre mon père et les descendants de Roûpen (*Roûbâl*), Theodoros (*Taroûs*) et Léon (*Lâwoun*), les Arméniens, seigneurs d'Al-Maṣṣîṣa, d'Anṭarṭoûs, d'Adhana et des Défilés (*ad-douroûb*), des relations d'amitié et un échange de lettres, dont le sujet principal était la passion de mon père pour les faucons. Ces princes lui adressaient chaque année dix faucons environ, sur les poings de fauconniers Arméniens qui venaient à pied. L'envoi comprenait aussi nombre de chiens braques. De son côté, mon père leur faisait parvenir des chevaux, des parfums et des vêtements d'Égypte. Il nous arrivait de chez eux des faucons magnifiques, d'espèces rares. Dans une certaine année, il s'accumula chez nous des faucons originaires des Défilés, parmi lesquels un jeune faucon, grand comme un aigle, et d'autres faucons un peu plus petits, auxquels vinrent s'ajouter plusieurs faucons apportés de la montagne, dont l'un, encore tout jeune, était large comme s'il était un sacre. Le fauconnier Ganâ'im disait de ce dernier : « Ce faucon, nommé Al-Yaḥschoûr, n'a pas son pareil entre tous les faucons. Il ne laisse aucun gibier qu'il n'atteigne. » Nous mettions en doute son assertion.

Ganâ'im dressa ce faucon, qui fut tel qu'il se l'était figuré, un des plus agiles, des plus rapides au vol et des plus rusés. Il mua chez nous et sortit de la mue, supérieur à ce qu'il était auparavant. Ce faucon vécut et mua chez nous pendant treize années. Il était devenu comme un des habitants de la maison. Il faisait la chasse pour servir son maître et n'imitait pas les oiseaux de proie, qui d'habitude font la chasse pour eux-mêmes.

Al-Yaḥschoûr séjournait près de mon père (qu'Allâh l'ait en pitié !), qui ne le laissait pas au fauconnier. Car celui-ci ne porte le faucon que pendant la nuit et l'essime pour obtenir de lui un meilleur concours. Mais ce faucon suffisait à sa tâche de lui-même et faisait tout ce qu'on attendait de lui. Or, nous sortions pour chasser les perdrix, ayant avec nous pas mal de faucons. Alors mon père confiait Al-Yaḥschoûr à l'un des fauconniers, en disant : « Tiens-toi à l'écart avec lui. Abstiens-toi de le lancer avec ceux qui font l'attaque. Mais promène-toi en permanence sur la montagne. »

Lorsque, un jour, le fauconnier et Al-Yaḥschoûr se furent

retirés, on aperçut une perdrix qui se blottissait au pied d'un arbre. On en avait informé mon père qui dit : « Apportez Al-Yaḥschoûr. » A peine mon père eut-il soulevé la main pour tenir le faucon que celui-ci s'envola de sur la main du fauconnier pour tomber sur la sienne, sans autre appel, puis, dressant la tête et le cou, considéra la perdrix endormie. Mon père ayant frappé celle-ci avec un bâton qu'il portait à la main, afin qu'elle s'envolât, on lança Al-Yaḥschoûr sur elle à une distance de dix coudées et il la saisit. Le fauconnier descendit vers lui, lui enveloppa les pieds dans sa robe et le rapporta. Mon père dit de nouveau : « Tiens-toi à l'écart avec lui. » Puis, voyait-on une autre perdrix se blottir, Al-Yaḥschoûr opérait de même, jusqu'à ce qu'il eût chassé ainsi cinq à six perdrix dont il venait à bout à une distance de dix coudées.

Mon père disait ensuite au fauconnier : « Fais-le paître. » — Le fauconnier répondait : « Ne nous laisseras-tu pas l'employer à la chasse? » — Mon père répliquait : « O mon cher fils, nous avons avec nous dix faucons préparés pour nos chasses. Celui-ci a fourni toutes ces courses. Il risque d'abréger son existence. » Le fauconnier lui donnait alors le pât et le tenait à l'écart.

Lorsque la partie était terminée, que nous avions fait paître les faucons, que nous les avions posés près de l'eau, qu'ils avaient bu et qu'ils s'étaient baignés, Al-Yaḥschoûr restait sur la main du fauconnier. Mais, aussitôt que nous nous dirigions vers Schaizar, au retour de la montagne, mon père disait : « Apporte Al-Yaḥschoûr », le prenait sur sa main et partait. En route, si une perdrix volait devant lui, le faucon était lancé sur elle et lui faisait la chasse, au point qu'il recommençait dix fois ou plus encore, selon qu'il rencontrait plus ou moins de perdrix dans leur vol. Rassasié comme il l'était, il n'enfonçait son bec dans la gorge d'aucune des perdrix et ne buvait pas leur sang.

Après notre rentrée à la maison, mon père disait : « Apportez-moi une écuelle pleine d'eau. » On apportait une écuelle contenant de l'eau, on l'approchait du faucon qui, placé sur la main de mon père (qu'Allâh l'ait en pitié!), y buvait. S'il voulait se baigner, il agitait son bec dans l'eau, afin de faire connaître son désir. Alors mon père ordonnait qu'on fît venir une grande cuve avec de l'eau et qu'on l'avançât vers le faucon. Celui-ci volait, descendait au milieu de la cuve, battait des ailes dans l'eau, jusqu'à ce qu'il eût suffisamment nagé. Ensuite, il remontait, et mon père le faisait reposer sur un gant en bois fabriqué pour lui, de grande taille, et approchait de lui un brasier allumé; puis il était peigné et frotté d'huile pour sécher son plumage, et l'on disposait pour lui une pelisse enroulée, vers laquelle il descendait, sur laquelle il dormait. Il ne cessait pas de se reposer au milieu de nous sur cette pelisse jusque fort avant dans la nuit. Mon père voulait-il entrer dans le gynécée, il disait à l'un de nous : « Emporte le faucon », et il était emporté, endormi dans la pelisse comme il était, pour être déposé sur le côté de la couche de mon père (qu'Allâh l'ait en pitié !).

Les traits merveilleux de ce faucon sont fort nombreux; mais je ne citerai que ceux dont le souvenir m'est encore présent, un long temps s'étant écoulé depuis lors et les années m'ayant fait oublier quantité de ses particularités. Voici l'une d'elles. Il y avait dans la maison de mon père des colombes, des oiseaux aquatiques au plumage vert avec leurs femelles, et aussi des poules [1], de celles qui circulent au milieu des bœufs pour attraper les mouches de la maison. Mon père entrait, avec ce faucon sur le poing, s'asseyait sur une estrade à l'intérieur, tandis que le faucon était perché à son côté. Il ne poursuivait aucun de ces oiseaux et ne sautait sur aucun d'eux, comme s'il n'avait pas eu l'habitude de leur faire la chasse.

Pendant l'hiver, les eaux débordaient dans la banlieue de Schaizar, et des flaques, placées hors de son enceinte, devenaient de véritables puits, dans l'eau desquels il y avait des oiseaux aquatiques. Mon père ordonnait alors au fauconnier et à un écuyer qui l'accompagnaient de s'avancer à proximité de ces oiseaux. Lui-même, il prenait Al-Yaḥschoûr sur sa main et se tenait avec lui sur la citadelle, pour lui montrer les oiseaux. Il était à l'est, les oiseaux étant

1. Traduit par conjecture, le texte portant *al-bîḍâniyyât*, mot à mot « les couveuses d'œufs ».

à l'ouest de Schaizar. Dès que le faucon les avait aperçus, mon père le lançait; le faucon descendait, planait au-dessus de la ville jusqu'à ce qu'il en fût sorti, et parvenait jusqu'aux oiseaux. Le fauconnier faisait entendre un roulement de tambour; les oiseaux s'envolaient et Al-Yaḥschoûr prenait son butin parmi eux. Et cependant, entre eux et l'endroit où il avait été lancé, la distance était considérable.

Nous sortions pour aller à la chasse des oiseaux aquatiques et des francolins; puis nous rentrions après le premier tiers de la nuit, en écoutant des oiseaux chanter dans de grands cours d'eau voisins de Schaizar. Mon père réclamait Al-Yaḥschoûr, saisissait le faucon rassasié et s'avançait vers les oiseaux qui, au roulement du tambour, s'envolaient. Il lançait Al-Yaḥschoûr à leur poursuite. Si sa chasse était heureuse, le faucon retombait au milieu de nous. Le fauconnier descendait vers lui, lui enveloppait le pied dans sa robe et le rapportait en haut. En cas d'insuccès, le faucon allait se réfugier dans une des cavernes du fleuve, nous ne le voyions pas et nous ignorions le lieu de sa retraite. Sans nous occuper de lui, nous rentrions dans la ville. Le lendemain matin, à l'aube, le fauconnier sortait à sa recherche, le saisissait et le faisait remonter vers la citadelle, auprès de mon père (qu'Allâh l'ait en pitié) auquel il disait : « O mon maître, le givre a couvert d'une gelée blanche le manteau de son plumage pendant la durée de la nuit et, le lendemain matin, il aurait réussi à couper les rasoirs. Monte à cheval, examine ce que nous devons faire aujourd'hui. »

Aucun gibier n'échappait à ce faucon, depuis les cailles jusqu'aux oies au plumage isabelle et jusqu'aux lièvres. Le fauconnier désirait l'employer pour chasser les grues et les sauteuses (?). Mais mon père n'y consentait pas et disait : « Les sauteuses (?) et les grues, tu te serviras contre elles des sacres. »

Une certaine année, ce faucon se montra inférieur pour la chasse à lui-même, au point que, si on le lançait et s'il manquait son but, il ne revenait pas à l'appel. Ses forces s'affaiblissaient et il ne se baignait plus. Nous ne savions ce qu'il avait. Ensuite il se remit de son infériorité et recommença à chasser.

Un jour, il se baigna. Le fauconnier le releva de l'eau avec les plumes séparées de ses flancs par l'humidité. Or, voici qu'il avait sur le côté une excroissance, de la taille d'une amande. Le fauconnier l'apporta à mon père et dit : « O mon maître, cet abcès est ce qui a réduit le faucon à l'impuissance et a failli le tuer. » Mon père saisit le faucon et pressa l'abcès qui sortit sec comme une amande. La plaie se ferma et Al-Yaḥschoûr sortit vers les oiseaux, comme auxiliaire de l'épée pour tuer et de la natte pour manger [1].

Schihâb ad-Dîn Maḥmoûd, fils de Ḳarâdjâ, seigneur de Ḥamâ à cette époque, envoyait chaque année chercher le faucon Al-Yaḥschoûr, qu'on lui faisait parvenir avec un fauconnier et qui restait chez lui vingt jours pour servir à ses chasses. Le fauconnier le reprenait ensuite et revenait. Le faucon mourut à Schaizar.

Il arriva que j'avais rendu visite à Schihâb ad-Dîn dans Ḥamâ. Je m'y trouvais un certain matin, lorsque se montrèrent les lecteurs du Coran, les pleureurs qui criaient *Allâh Akbar*, et une foule nombreuse d'entre les habitants de la ville. Je demandai qui était mort. On me répondit : « Une fille de Schihâb ad-Dîn. » Je voulus suivre l'enterrement. Mais Schihâb ad-Dîn s'y opposa et me l'interdit. On sortit et l'on enterra le mort sur la Colline (*tell*) de Ṣaḳroûn. Lorsque l'on revint, Schihâb ad-Dîn me dit : « Sais-tu quel était le mort ? » — Je répondis : « Un de tes enfants, à ce que l'on m'a rapporté. » — Il répliqua : « Non, par Allâh ; c'était le faucon Al-Yaḥschoûr. J'ai appris qu'il était mort, j'ai envoyé le prendre, j'ai commandé pour lui un cercueil et des funérailles, et je l'ai enterré. Car il méritait bien cela ! »

Mon père (qu'Allâh l'ait en pitié !) avait un guépard, qui était parmi les guépards ce qu'était Al-Yaḥschoûr parmi les faucons. On dressa pour la chasse ce guépard qui était de nature sauvage, l'un des plus grands de son espèce. Le guépardier le prit, le garrotta et l'apprivoisa. Il se laissait monter sur le cheval, mais ne voulait pas faire la chasse. Il avait des attaques d'épilepsie, comme en a l'homme atteint dans son intelligence, et jetait de l'écume. Lui présentait-on de la viande de jeunes gazelles, il ne la happait pas et n'en voulait

1. Traduction incertaine.

qu'après l'avoir flairée et y avoir mordu. Cet état dura longtemps, une année environ.

Un jour que nous étions sortis vers les cannaies et que j'avais pénétré dans la cannaie sur la montagne, sans pourtant dépasser la lisière, le guépardier se tenait dans mon voisinage avec ce guépard. On vit surgir de la cannaie une gazelle qui s'avança vers moi. Je lançai mon cheval, un magnifique coursier qui me portait, afin de rejeter la gazelle vers le guépard. Mon cheval l'eut bientôt rejointe, renversée avec son poitrail et jetée à terre. Le guépard sauta sur elle et lui fit la chasse. Il paraissait un dormeur, réveillé subitement, qui disait : « Prenez autant de gibier que vous le désirerez. » Depuis lors, toutes les fois que ce guépard voyait paraître une gazelle, il la saisissait, et, sans que le guépardier pût le contenir, la tirait à lui, la terrassait, et ne s'arrêtait pas, à la manière des guépards, dans sa chasse ; mais, au moment où son dresseur disait : « Elle a fait halte », il se remettait à courir et ressaisissait la gazelle.

Nous chassions à Schaizar la gazelle au poil brun clair, et c'est une gazelle de grande taille.

Lorsque nous emportions ce guépard exceptionnel vers la hauteur du côté de l'est, où étaient les gazelles blanches, nous ne laissions pas le guépardier galoper avec le guépard en croupe, afin qu'il les conquît, sans qu'il tirât à lui une gazelle et ne la renversât, sans qu'il s'attaquât aux autres gazelles, comme s'il les prenait pour des animaux nouveau-nés, tant les gazelles sont petites !

Ce guépard était le seul qui séjournât dans la maison de mon père (qu'Allâh l'ait en pitié !). Celui-ci avait chargé une servante de le soigner. Pour le guépard, on avait disposé sur le côté de la maison une couverture ployée, sous laquelle était de l'herbe sèche, et l'on avait ouvert dans le mur une brèche par laquelle le guépardier venait, au sortir de la chasse, jusqu'au seuil de la maison, placer la bête, qui y trouvait l'estrade, qui se dirigeait à l'intérieur vers l'endroit où sa couche était préparée et qui y dormait. La servante venait à sa rencontre, pour lui mettre ses entraves, jusqu'à la brèche ouverte dans le mur.

Dans la maison de mon père, il y avait, par Allâh, environ

vingt gazelles au poil brun clair et au poil blanc, des étalons, des chèvres et des faons de gazelle nés chez lui. Ce guépard ne les poursuivait pas et ne les effrayait pas. Il ne bougeait pas de sa place et rentrait dans la maison, en les laissant paître librement, sans faire attention même aux gazelles.

J'étais présent, lorsque la servante, chargée de veiller sur lui, lissait ses poils avec le peigne. Il ne s'y opposait pas et ne cherchait pas à s'enfuir.

Un jour, je vis cette même servante, alors que le guépard avait uriné sur cette couverture étendue pour lui, le secouer et le battre pour cet acte de malpropreté, sans que le guépard fît entendre des hurlements contre elle et sans qu'il la battît.

J'ai été témoin de ce qui se passa un jour que deux lièvres avaient soulevé la poussière devant le guépardier. Le guépard s'attacha à l'un d'eux qu'il prit et qu'il mordit avec sa gueule. L'autre le suivait de près. Le guépard s'accrocha à lui et se mit à le frapper avec ses deux pattes de devant, tandis que sa gueule était occupée à ne pas lâcher le premier lièvre. Il ne se dessaisit du second et ne le laissa s'éloigner qu'après lui avoir donné nombre de coups avec ses pattes de devant.

Parmi les chasseurs de notre entourage ce jour-là était le schaikh, le savant Aboû 'Abd Allâh de Tolède (*Aṭ-Ṭoulaiṭilî*), le grammairien (qu'Allâh l'ait en pitié). Il était en grammaire le Sîbawaihi de son époque. J'ai étudié la grammaire sous sa direction pendant près de dix ans. Il avait longtemps été préposé au Palais de la science (*dâr al-'ilm*) de Tripoli. Lorsque les Francs se furent emparés de cette ville [1], mon père et mon oncle paternel (qu'Allâh les ait tous deux en pitié!) confisquèrent à leur profit ce schaikh Aboû 'Abd Allâh, ainsi que Yânis le copiste. Celui-ci était familier avec l'écriture des manuscrits, et, comme calligraphe, son talent se rapprochait de celui d'Ibn Al-Bawwâb. Yânis resta auprès de nous à Schaizar pendant longtemps et copia pour mon père deux Corans entiers; puis il se rendit à Miṣr où il mourut.

J'ai vu merveille du schaikh Aboû 'Abd Allâh. J'entrai un jour chez lui pour lire sous sa direction. Je le trouvai, ayant devant lui les principaux traités de grammaire : le Livre de

1. Le 12 juillet 1109.

Sîbawaihi, les Particularités d'Ibn Djinnî, l'Élucidation d'Aboû 'Alî Al-Fârisî, les Parterres fleuris, les Propositions. Je lui dis : « O schaikh Aboû 'Abd Allâh, as-tu vraiment lu tous ces livres? » — Il répondit : « Oui, je les ai lus; ou plutôt, par Allâh, je les ai transcrits sur mes tablettes et je les ai appris par cœur. Veux-tu t'en convaincre? Prends un fascicule quelconque, ouvre-le et lis-moi une ligne du premier feuillet. » Je pris un fascicule, je l'ouvris, j'y lus une ligne. Il continua de mémoire, jusqu'à ce qu'il eût épuisé toute la collection des fascicules. J'ai vu là un phénomène remarquable, qu'il n'est pas en la puissance des hommes de produire.

C'est une parenthèse étrangère à la liaison de ma narration.

J'ai vu Aboû 'Abd Allâh assister à la chasse de ce guépard. Il était à cheval, avec les pieds enveloppés dans des linges de couleur[1], de nombreuses épines, placées au-dessus du sol, lui ayant déchiré les pieds et les ayant fait saigner, tandis qu'il était absorbé dans la contemplation de la chasse de ce guépard. Il ne sentait pas sa douleur, tant il était occupé à voir ce guépard se lancer furtivement sur les gazelles, leur courir sus et leur faire une belle chasse!

Mon père (qu'Allâh l'ait en pitié!) était enchanté des oiseaux de proie exceptionnels, excellents, qui montraient leur supériorité sur les autres, d'ailleurs fort nombreux chez lui. Dans une certaine année il possédait un faucon, qui avait mué dans sa maison, aux yeux rouges, d'une agilité remarquable. Il arriva de Miṣr une lettre de mon oncle paternel, la Couronne des émirs (*tâdj al-oumarâ*) Aboû 'l-Moutawwadj Mouḳallad (qu'Allâh l'ait en pitié!), qui y séjournait au service d'Al-Âmir bi-aḥkâm Allâh[2]. Il disait dans cette lettre : « Dans la salle d'audience d'Al-Afḍal, j'ai entendu parler du faucon aux yeux rouges, alors qu'Al-Afḍal s'informait de ce qu'on en racontait et de ses talents à la chasse. » Mon père (qu'Allâh l'ait en pitié!) l'envoya chez Al-Afḍal avec un fauconnier. Lorsqu'il eut été introduit devant Al-Afḍal, celui-ci dit : « Est-ce bien le faucon aux yeux rouges? » — « Oui, répondit-il, ô mon maître. » — « Que chasse-t-il? », demanda Al-Afḍal. —

1. Traduction incertaine, d'après une lecture conjecturale *afdâm*, le manuscrit ne donnant aucun des points diacritiques.

2. Après 1102.

Le fauconnier répliqua : « Les cailles, les sauteuses (?) et d'autres bêtes du même genre. » Ce faucon resta quelque temps à Miṣr, puis il s'échappa et partit, resta une année dans le désert au milieu des sycomores et mua dans le désert. Puis on l'employa de nouveau à la chasse. Nous reçûmes une nouvelle lettre de mon oncle paternel (qu'Allâh l'ait en pitié!), où il disait : « Le faucon aux yeux rouges avait été égaré. Il a mué au milieu des sycomores; on l'a employé de nouveau à la chasse, et l'on a organisé des parties avec son concours. Il a fait éprouver aux oiseaux une catastrophe terrible. »

Nous étions un jour auprès de mon père (qu'Allâh l'ait en pitié!), lorsque vint à lui un homme d'entre les laboureurs (*fallâḥ*) de Ma'arrat an-No'mân, apportant un faucon dressé, avec des plumes brisées aux ailes et à la queue. Ce faucon avait la taille du plus grand aigle. Jamais je n'avais vu faucon pareil. Le laboureur dit : « O mon maître, je tendais mon arçon à laine comme filet pour prendre les ramiers, lorsque ce faucon heurta un ramier pris dans l'arçon. Je pris le faucon et je te l'apportai. » Mon père accepta le cadeau et se montra généreux envers celui qui le lui avait fait. Le fauconnier rapprocha de nouveau les ailes de l'oiseau, le prit avec lui et l'apprivoisa. Ce faucon était accoutumé à la chasse, bien conformé, ayant mué dans une maison. Il s'était enfui de chez les Francs, avait mué alors sur la montagne qui domine Ma'arrat an-No'mân. Peu d'oiseaux de proie pouvaient lui être comparés pour l'agilité et pour l'adresse.

J'ai assisté à une partie de chasse avec mon père (qu'Allâh l'ait en pitié!). A distance apparut un homme qui s'avançait vers nous, porteur d'un objet que nous ne distinguions pas. Lorsqu'il s'approcha, voici que c'était un petit de gerfaut, remarquable par sa taille et par sa beauté, qui lui avait déchiré les mains tandis qu'il le portait. Il relâcha ses liens et ne retint que les deux entraves de ses pieds, de sorte que le gerfaut, un peu dégagé, pouvait déployer ses ailes. Lorsque cet homme nous eut rejoint, il dit : « O mon maître, j'ai atteint à la chasse cet oiseau et je te l'ai apporté. » Mon père confia le gerfaut au fauconnier, qui le remit en état et répara celles de ses plumes qui avaient été brisées. Mais sa renommée ne répondit pas à son apparence. Le chasseur l'avait perdu par sa maladresse à le manier. Le gerfaut, en effet, ressemble à la balance, que le moindre accident fausse et gâte. Quant au fauconnier, c'était un spécialiste supérieur dans l'art de dresser les gerfauts.

Nous sortions par la porte de Schaizar pour nous rendre à la chasse, avec tout l'appareil nécessaire, jusques y compris les filets, les haches, les pelles et les harpons pour le gibier qui se réfugierait dans ses antres. Nous amenions les oiseaux de proie, les faucons, les sacres, les gerfauts et les chiens. Dès notre sortie, mon père faisait tournoyer deux gerfauts qui ne cessaient pas de planer au-dessus de l'équipage. Si l'un d'eux déviait du but, le fauconnier toussait à dessein et indiquait avec sa main la direction où il tendait. Aussitôt, par Allâh, le gerfaut reprenait cette direction.

J'étais présent, lorsque mon père fit tournoyer un gerfaut au-dessus d'une troupe de pigeons ramiers, qui reposaient au milieu d'un marécage. Lorsque le gerfaut eut pris position, on frappa sur le tambour pour faire envoler les ramiers. Le gerfaut décrivit des cercles au-dessus d'eux, heurta la tête d'un ramier, la trancha, saisit l'oiseau et descendit. Par Allâh, nous recherchâmes en tous sens cette tête sans la trouver. Sa trace nous apparut à distance dans l'eau, l'endroit où nous étions avoisinant le fleuve.

Un jeune homme, nommé Aḥmad ibn Moudjîr, qui ne chevauchait pas dans l'escorte de mon père, lui dit un jour : « O mon maître, je désirerais être admis à ta chasse. » — « Avancez, dit mon père, un cheval pour Aḥmad. Il le montera et sortira avec nous. » Nous sortîmes pour chasser les francolins. Un mâle se mit à voler et agita ses ailes comme il en avait l'habitude. Sur la main de mon père (qu'Allâh l'ait en pitié !), était le faucon Al-Yaḥschoûr, que mon père lança sur le francolin. Le faucon vola à fleur de terre, les herbes lui battant la poitrine, tandis que le francolin s'était élevé à une grande hauteur. Aḥmad dit à mon père : « O mon maître, par ta vie, le faucon joue avec sa proie avant de la saisir. »

Mon père recevait du pays des Grecs (*Ar-Roûm*) des chiens braques excellents, mâles et femelles. Ils se multipliaient ensuite chez nous. La chasse aux oiseaux leur est naturelle.

J'ai vu un petit de braque tout jeune, qui était sorti derrière les chiens conduits par le valet. Celui-ci lança un faucon sur un francolin qui rappelait dans les broussailles situées sur la rive du fleuve. On lança les chiens dans les broussailles, afin que le francolin s'envolât, le jeune braque restant immobile sur la rive. Dès que l'oiseau s'envola, le jeune braque quitta la rive pour sauter à sa poursuite et tomba au milieu du fleuve. Il ne savait rien de la chasse et c'était sa première tentative.

J'ai encore vu l'un de ces chiens braques, alors qu'une perdrix avait rappelé sur la montagne, dans des touffes de jusquiame inextricables. Le chien avait pénétré jusqu'à elle et s'y était attardé. Puis, nous entendîmes un bruit violent à l'intérieur des touffes de jusquiame. Mon père (qu'Allâh l'ait en pitié!) dit : « Il doit y avoir dans ces touffes une bête fauve qui aura tué le chien. » Puis, au bout d'un certain temps, le chien sortit, traînant par le pied un chacal qu'il y avait rencontré, qu'il avait tué, traîné et apporté jusqu'à nous.

Mon père (qu'Allâh l'ait en pitié!) avait voyagé jusqu'à Ispahan, jusqu'au palais du sultan Malik-Schâh (qu'Allâh l'ait en pitié!) [1]. Il m'a raconté ce qui suit : « Lorsque mes affaires furent réglées avec le sultan et que je me disposai à partir, je voulus me munir de quelques oiseaux de proie pour me divertir pendant la route. On m'accorda des faucons et une belette savante qui attirait les oiseaux à sortir des touffes de jusquiame. Je pris aussi des sacres qui s'attaquent aux lièvres et aux outardes. Les soins qu'il fallut donner aux faucons ajoutèrent beaucoup pour moi aux embarras de cette pérégrination. »

Il y avait également chez mon père (qu'Allâh l'ait en pitié!) des lévriers parfaits. Un jour, mon père lançait les sacres contre les gazelles sur le sol gras de boue après une pluie. J'étais avec lui, adolescent monté sur une mazette, mon bien ; tandis que les autres chevaux avaient fait halte, ne pouvant galoper dans la boue, ma rosse, grâce à la légèreté de mon corps, triomphait des difficultés. Les sacres et les chiens avaient terrassé une gazelle. Mon père me dit : « O Ousâma,

1. Vers 1085.

va rejoindre la gazelle, descends de cheval, retiens-la par les pieds jusqu'à notre arrivée. » J'obéis. Il arriva ensuite (qu'Allâh l'ait en pitié!) et égorgea la gazelle.

Mon père avait avec lui une chienne au poil jaunâtre, pleine d'audace, que l'on nommait la Ḥamâtite (*al-ḥamawiyya*) et qui avait terrassé la gazelle. Elle était en arrêt, lorsqu'une troupe de gazelles, que nous avions décimée, passa devant nous en s'en retournant. Mon père (qu'Allâh l'ait en pitié!) prit le collier de la Ḥamâtite et l'emporta d'un pas régulier pour indiquer les gazelles à la chienne qu'il lança sur la troupe. La chienne attrapa une seconde gazelle.

Malgré la lourdeur de son corps, malgré son grand âge, malgré sa persévérance à jeûner, mon père (qu'Allâh l'ait en pitié!) galopait toute la journée et ne chassait que sur un cheval de race ou sur un bon petit cheval. Nous étions avec lui, ses quatre fils, fatigués et épuisés, tandis qu'il n'était affaibli, ni par épuisement, ni par fatigue. Il n'autorisait aucun serviteur, aucun écuyer de monture tenue en laisse, aucun porteur d'armes, à ralentir le galop à la poursuite du gibier.

J'avais à mon service un jeune homme, nommé Yoûsouf, qui portait ma lance et mon bouclier, qui maintenait sur le côté mon cheval, qui, pour ne pas le fatiguer, s'abstenait de trotter à la poursuite du gibier. Mon père ne cessait pas de s'irriter contre lui à ce sujet. Yoûsouf lui dit : « O mon maître, aucun des assistants (et le recours est vers Allâh!) ne te rend autant de services que ton fils Ousâma. Laisse-moi rester à sa suite, avec son cheval et ses armes. Si tu as besoin de lui, tu le trouveras. Et tiens compte que moi, je ne suis pas avec vous. » Mon père renonça à le blâmer et à lui adresser des reproches sur ce qu'il ne galopait pas à la poursuite du gibier.

Le prince d'Antioche [1] campa pour nous combattre et se retira sans qu'il y eût de réconciliation. Aussitôt mon père (qu'Allâh l'ait en pitié!) monta à cheval pour aller à la chasse, sans attendre que l'arrière-garde des Francs se fût éloignée de Schaizar. Nos cavaliers poursuivirent l'ennemi qui se retourna contre eux. Quant à mon père, il était déjà loin quand

1. Tancrède, en 1108.

les Francs parvinrent jusqu'à la ville. Il était monté sur le Tell Sikkîn, d'où il les voyait occupant l'espace situé entre lui et la ville. Il ne cessa pas de se tenir sur la colline jusqu'à ce que les Francs se fussent éloignés de la ville et que lui, il fût retourné à la chasse.

Mon père (qu'Allâh l'ait en pitié !) poursuivait les chevreuils sur le territoire de la Citadelle du pont (*housn al-djisr*). Il en renversa un certain jour cinq ou six, étant monté sur une jument cap de more, qui lui appartenait, nommée la jument de Kourdjî d'après son ancien propriétaire qui la lui avait vendue et à qui il l'avait achetée pour trois cent vingt dînârs. Après qu'il eut attaqué le dernier de ces chevreuils, les pieds de devant de la jument tombèrent dans une fosse, comme l'on en creuse pour les sangliers; la jument se renversa sur lui, lui brisa la clavicule, puis se releva et galopa sur un espace de vingt coudées, tandis qu'il était étendu sur le sol, revint ensuite se tenir près de sa tête en gémissant et en hennissant, jusqu'à ce qu'il se relevât à son tour et que ses écuyers vinssent le hisser sur sa monture. Voici comment agissent les chevaux arabes.

Je sortis avec mon père (qu'Allâh l'ait en pitié !) dans la direction de la montagne, pour aller chasser les perdrix. Un de ses écuyers, nommé Lou'lou' (qu'Allâh l'ait en pitié !), nous quitta pour une affaire personnelle, alors que nous étions dans le voisinage de Schaizar. Il était monté sur un cheval de bât, qui, en voyant l'ombre du carquois de son cavalier courir en avant, le jeta à terre et se renversa. Je partis au galop, par Allâh, pour atteindre le cheval, moi et un écuyer, depuis l'aube jusque tard dans l'après-midi. A la fin, nous le mîmes à l'abri auprès d'un possesseur d'écurie, dans une des cannaies. Les palefreniers s'occupèrent de l'attacher avec des cordes et prirent possession de lui, comme l'on prend possession des bêtes fauves. Je le pris et je m'en retournai, tandis que mon père (qu'Allâh l'ait en pitié !) se tenait en dehors de la ville pour m'attendre, ne chassant plus, ne rentrant pas encore dans sa demeure. Les chevaux de bât, en effet, ressemblent plus aux fauves qu'aux coursiers.

Mon père (qu'Allâh l'ait en pitié !) m'a rapporté en propres termes : « Je sortais pour aller à la chasse, et avec moi sortait le chef (*ar-ra'îs*) Aboû Tourâb Ḥaidara, fils de Ḳaṭrama (qu'Allâh l'ait en pitié !). » Or, il avait été son précepteur (*schaikh*), sous la direction duquel mon père avait appris par cœur le Coran et étudié la langue arabe. Mon père poursuivit : « Lorsque nous arrivions au rendez-vous de chasse, il descendait de cheval, s'asseyait sur un rocher et lisait le Coran, pendant que nous chassions aux alentours. Puis, lorsque nous avions fini notre expédition, il remontait à cheval et partait avec nous.

« Il me dit un jour : « O notre seigneur, j'étais assis sur un rocher, quand une petite perdrix vint en hâte, en dépit de sa lassitude, jusqu'à ce rocher dans le creux duquel elle entra. Et voici que le faucon arriva à ses trousses, mais fondit à distance, et descendit en face de moi, tandis que Lou'lou' criait : « Prends garde à toi, prends garde à toi, ô notre maître. » Lou'lou' vint au galop au moment où je disais : « O Allâh, cache la perdrix. » Alors, il dit : « O notre maître, où est la perdrix? ». — Je répondis : « Je n'ai rien vu, elle n'a point paru ici. » Lou'lou' mit pied à terre, tourna autour du rocher, regarda au-dessous, aperçut la perdrix et dit : « J'affirme qu'elle est ici ; toi, tu prétends que non. » Il la saisit, ô notre seigneur, lui brisa les deux pieds et la jeta au faucon. Son sort me brisait le cœur. »

Ce Lou'lou' (qu'Allâh l'ait en pitié!) était le plus expérimenté des chasseurs. J'étais à ses côtés un jour que des lièvres nous étaient arrivés, sans se dissimuler, du désert. Nous sortions pour faire un butin considérable de ces lièvres, petits, au poil rouge. Je l'aperçus un autre jour où il avait découvert dix lièvres, dont il frappa et saisit neuf à l'aide de ses faucons Nablî. Pour ce qui était du dixième, mon père (qu'Allâh l'ait en pitié!) lui dit : « Réserve-le aux chiens ; il sera pour eux une distraction. » On le réserva et on lança sur lui les chiens. Le lièvre prit les devants et s'échappa. Lou'lou' dit alors : « O mon maître, si tu m'avais laissé libre, je l'aurais frappé et saisi. »

J'ai aperçu un jour un lièvre que nous avions fait sortir de son gîte et sur lequel nous avions lancé les chiens. Il rentra dans son antre, sur le territoire d'Al-Ḥoubaiba. Une chienne noire pénétra à sa suite dans le repaire, puis en ressortit immédiatement, toute transformée, tomba et mourut. Nous ne la quittâmes pas, avant que ses poils fussent tombés, qu'elle fût morte et qu'on l'eût dépecée. Son mal provenait de ce qu'elle avait été mordue par un serpent dans le repaire.

Parmi les spectacles merveilleux de la chasse au faucon que j'ai vus, je me rappelle être sorti avec mon père (qu'Allâh l'ait en pitié!), après des pluies successives qui nous avaient, pendant plusieurs jours, empêchés de monter à cheval. La pluie s'étant arrêtée, nous emportâmes les faucons, afin d'attaquer les oiseaux aquatiques. Sous nos yeux, des oiseaux barbotaient dans un marécage au-dessous d'une hauteur. Mon père (qu'Allâh l'ait en pitié!) ordonna qu'on lançât sur eux un faucon domestiqué, qui monta avec les oiseaux, en atteignit quelques-uns et redescendit. Il ne paraissait en possession d'aucune proie. Nous étant approchés de lui, nous pûmes constater qu'il avait fait la chasse à un étourneau, qu'il l'avait enveloppé de sa main, sans être blessé, ni endommagé. Le fauconnier survint alors et dégagea le faucon qui était sain et sauf.

J'ai remarqué chez l'oie au plumage isabelle [1] une ardeur et une bravoure pareilles à l'ardeur et à la bravoure des hommes. C'est ainsi que nous lançâmes les sacres sur une bande d'oies au plumage isabelle, qu'au roulement de nos tambours, la bande prit sa volée, les sacres lièrent une oie qu'ils portèrent bas, loin de ses compagnes. Nous étions à distance. L'oie cria. Alors cinq ou six oies se dirigèrent vers elle pour frapper les sacres de leurs ailes. Si nous n'étions pas accourus, elles auraient dégagé l'oie et brisé les ailes des sacres avec leurs becs.

L'ardeur de l'outarde est toute différente. Car, lorsque le sacre s'approche d'elle, elle descend vers le sol; et, selon les tours que le sacre décrit autour d'elle, l'outarde l'accueille avec sa queue; s'il vient près d'elle, elle lui jette ses excréments, lui asperge les plumes, lui remplit les deux yeux et s'envole. Mais, si elle le manque avec ce qu'elle fait, il s'empare d'elle.

Parmi les chasses au faucon les plus extraordinaires qu'ait dirigées mon père (qu'Allâh l'ait en pitié!), je raconterai qu'il avait sur la main un faucon sor, à l'allure fière. Au-dessus d'un

1. Traduction douteuse de *wazz samand*: peut-être l'oie casarka; de même, p. 196.

cours d'eau il y avait une *'aima*, oiseau de grande taille, de la même couleur que le héron, plus haut que la grue, large de quatorze empans de l'extrémité d'une de ses ailes à l'extrémité de l'autre. Mon père mit le faucon en position, pour qu'il poursuivît la *'aima*, et le lança sur elle. Au roulement du tambour, l'oiseau s'envola, le faucon l'atteignit, le saisit et tous deux tombèrent dans l'eau. Ce fut pour le faucon une cause de salut. Car, autrement, la *'aima* l'aurait tué avec son bec. L'un de nos écuyers se jeta à l'eau avec ses vêtements et ses armes, saisit la *'aima* et la fit remonter à la surface. Lorsqu'elle fut sur la terre ferme, le faucon se mit à la regarder, à crier et à voler à distance, sans jamais plus se présenter à elle. Je n'ai du reste jamais vu faucon, excepté celui-là, qui ait chassé la *'aima;* car on peut dire d'elle ce qu'Aboû 'l-'Alâ, fils de Soulaimân, a dit du griffon :

Je considère le griffon comme trop grand pour être chassé.

Mon père (qu'Allâh l'ait en pitié!) se rendait aussi à la Citadelle du pont (*houṣn al-djisr*), région très giboyeuse, où il restait plusieurs jours de suite et où nous faisions avec lui la chasse aux perdrix, aux francolins, aux oiseaux aquatiques, aux chevreuils et aux lièvres. Il y alla un jour et nous montâmes à cheval pour chasser les francolins. Il lança un faucon, que portait et que dressait l'un de ses mamloûks, nommé Nicolas (*Niḳoûlâ*), sur un francolin. Nicolas le poursuivit en galopant, tandis que le francolin avait rappelé au milieu des broussailles. Tout à coup, les cris de Nicolas nous remplirent les oreilles et il revint en galopant. Nous lui dîmes : « Qu'as-tu? » — Il répondit : « Le lion est sorti des broussailles, dans lesquelles le francolin s'était abattu. J'ai abandonné le faucon et je me suis enfui. » Or, voici que le lion lui-même avait été aussi lâche que Nicolas. Dès qu'il avait entendu le son produit par le cri du faucon, il était sorti des broussailles pour s'enfuir vers les bas-fonds (*al-yâb*).

Nous allions à la chasse et, au retour, nous faisions halte auprès du Boûschamîr, petite rivière voisine du château fort, nous envoyions chercher les pêcheurs et nous voyions merveilles de leur habileté. C'est ainsi que l'un d'eux avait un roseau terminé par une lame entrée dans le creux du manche, le tout ressemblant à une pique, sinon que de ce même creux se détachaient trois branches en fer, d'une étendue chacune d'une coudée. A l'extrémité du roseau avait été passé un fil long, attaché à la main du pêcheur. Celui-ci se tenait sur la berge étroite de la rivière, regardait le poisson, le pointait avec le roseau muni de fer, ne le manquait pas, puis le tirait à lui grâce au fil. Le roseau remontait, chargé de poisson. Un autre pêcheur avait avec lui un bois, de la grosseur du poing, terminé d'un côté par un croc et de l'autre par un fil attaché à la main du pêcheur. Celui-ci descendait dans l'eau, y nageait, regardait le poisson, lui enfonçait son fer crochu qu'il laissait dans son corps, remontait, tirait son butin par ce fil, faisant ainsi remonter la pointe et le poisson. Un troisième pêcheur descendait dans la rivière, nageait et faisait passer ses mains à travers les saules des rives sur le poisson, auquel il parvenait à entrer ses doigts sous les cartilages des ouïes, de sorte que le poisson ne pouvait ni remuer, ni s'échapper. Alors il le prenait et remontait.

Ces hommes nous procuraient des distractions comme celles dont nous jouissions par la chasse au faucon.

La pluie et les coups de vent se succédèrent, à notre détriment, pendant plusieurs jours, alors que nous étions dans la Citadelle du pont (*housn al-djisr*). Ensuite la pluie se calma un moment. Ganâ'im le fauconnier vint à nous et dit à mon père : « Les faucons sont essimés et excellents pour la chasse. Il fait beau temps et la pluie a cessé. Ne monteras-tu pas à cheval? » — « Mais si », répondit-il. Nous montâmes à cheval. Mais nous étions à peine sortis vers la plaine que les portes du ciel s'ouvrirent et lancèrent la pluie. Nous dîmes à Ganâ'im : « Tu avais prétendu qu'il faisait beau et que le ciel était serein. Tu as réussi à nous faire sortir par cette pluie. » — Il répondit : « N'avez-vous pas des yeux pour voir les nuages et les indices de la pluie? Vous auriez dû me dire : Tu mens dans ta barbe. Il ne fait pas beau et le ciel n'est pas serein. »

Ce Ganâ'im était un spécialiste excellent dans l'art de dresser les gerfauts et les faucons, ayant l'expérience des oiseaux de proie. Il était de plus un causeur spirituel, un compagnon agréable. Devant lui avaient passé, en fait d'oiseaux de proie, et les plus remarquables et les moins dignes d'être connus.

Un jour, nous avions quitté pour la chasse la citadelle de Schaizar. Nous vîmes quelque chose près du Moulin Al-Djalâlî. Voici que c'était une grue étendue sur le sol. Un écuyer descendit de cheval et la retourna. Elle était morte, mais elle était chaude et son corps ne s'était pas encore refroidi. Ganâ'im la vit et dit : « Elle a été la victime du faucon Al-Lazîḳ. Inspecte le dessous de son aile. » Le côté de la grue présentait une brèche et son cœur avait été mangé. Ganâ'im reprit : « Al-Lazîḳ est un oiseau de proie, comme le faucon Al-'Ausaḳ [1]. Il s'attache à la grue, se cramponne au-dessous de son aile, perce une brèche dans ses côtes et lui mange le cœur. »

Allâh (gloire à lui !) décréta que je passerais au service de l'atâbek Zenguî (qu'Allâh l'ait en pitié !) [2]. On lui apporta un oiseau de proie qui, comme le faucon Al-'Ausaḳ, avait le bec, les pieds et les paupières rouges. Cet oiseau de proie magnifique, qui était, dit-on, Al-Lazîḳ, ne resta chez lui que peu de jours ; il rongea ses lanières avec son bec et s'envola.

Mon père (qu'Allâh l'ait en pitié !) sortit un jour pour chasser les gazelles. J'étais avec lui, presque enfant. Il parvint à la Vallée des ponts (*wâdî al-ḳanâṭir*), où se trouvaient des individus, des vauriens qui interceptaient les routes. Il mit la main sur eux, les garotta et les confia à quelques-uns de ses écuyers, pour les faire conduire en prison à Schaizar. Quant à moi, je pris à l'un des brigands une pique et nous partîmes en chasse.

Voici qu'apparut une troupe d'ânes sauvages. Je dis à mon père : « O mon maître, je n'ai jamais vu auparavant d'ânes sauvages. Ordonne, et je partirai au galop pour les regarder. » — « Fais », répondit-il. J'avais sous moi une jument alezane excellente : je galopai, tenant dans la main cette pique, que j'avais enlevée aux brigands, et j'arrivai au milieu de la troupe. J'isolai un âne et je m'efforçai de le pointer avec cette pique, mais sans qu'elle lui fît aucun mal, soit parce que ma main était trop faible, soit parce que la pointe n'était pas assez

1. J'ai considéré Al-Lazîḳ et Al-'Ausaḳ comme les noms de deux faucons célèbres. Peut-être sont-ce les désignations de deux espèces.

2. Vers 1130.

tranchante. Je poussai l'âne devant moi jusqu'à ce que je l'eusse entraîné vers mes compagnons, qui le prirent. Mon père et son entourage s'étonnèrent de la course fournie par cette jument.

Allâh (gloire à lui!) décréta que je sortirais un jour pour me distraire sur les bords du fleuve de Schaizar [1]. J'étais monté sur cette jument. J'avais avec moi un professeur qui, tantôt récitait des poésies, tantôt psalmodiait des passages du Coran, tantôt chantait. Je descendis m'asseoir sous un arbre et je laissai la jument à un écuyer qui lui mit des entraves, au bord du fleuve. Elle s'enfuit et tomba sur le flanc dans l'eau. Toutes les fois qu'elle voulait remonter, elle retombait à cause des entraves. L'écuyer était tout jeune, incapable de la dégager. Nous ne savions rien, nous ignorions tout. Lorsque la jument fut sur le point de mourir, elle nous appela par ses cris. A notre arrivée, elle rendit le dernier soupir. Nous coupâmes les entraves et nous la fîmes remonter. Elle était morte, bien que l'eau dans laquelle elle s'était noyée ne lui arrivât pas jusqu'à l'épaule. C'étaient les entraves seules qui l'avaient tuée.

Un jour, mon père (qu'Allâh l'ait en pitié!) partit pour la chasse [2] et amena avec lui un émir qu'on appelait Ṣamṣâm ad-Daula (*Aṣ-Ṣamṣâm*), ancien compagnon d'armes de Fakhr al-Moulḳ Ibn 'Ammâr, seigneur de Tripoli, qu'il avait servi. C'était un chasseur peu expérimenté. Mon père lança sur des oiseaux aquatiques un faucon qui lia l'un d'eux et tomba au milieu du fleuve. Ṣamṣâm ad-Daula se mit à se frapper une main contre l'autre et à dire : « Il n'y a de force et de puissance qu'en Allâh. Pourquoi suis-je sorti aujourd'hui? » — Je lui dis : « O Ṣamṣâm ad-Daula, crains-tu que le faucon se noie? » — « Oui », répondit-il. — Je repris : « Lui, il a noyé un canard, ce qui l'a fait se jeter à l'eau, mais non se noyer. » Je ris et j'ajoutai : « A l'instant même, il va remonter. » En effet, le faucon avait saisi la tête de l'oiseau et avait nagé en l'emportant, puis l'avait ramené captif. Ṣamṣâm ad-Daulâ resta dans l'admiration de ce que le faucon avait échappé, et dit : « Gloire à Allâh! » et « Louange à Allâh! ».

1. L'Oronte.
2. Vers 1109.

Les animaux ne meurent pas tous de la même manière. Mon père (qu'Allâh l'ait en pitié!) avait lancé un épervier blanc sur un francolin. Celui-ci s'abattit dans des broussailles, où l'épervier entra avec lui. Dans ces broussailles était un renard qui saisit l'épervier et lui coupa la tête. Or, c'était un des oiseaux de proie les plus vaillants et les plus agiles.

J'ai vu mourir bien des oiseaux de proie. Un jour, j'étais monté à cheval, et devant moi était un de mes serviteurs ayant avec lui un épervier blanc. Lancé sur des passereaux, il en prit un. Le serviteur vint, enveloppa dans sa robe le passereau suspendu au pied de l'épervier, qui secoua la tête, vomit du sang et tomba mort, tandis que le passereau, cause de sa mort, était égorgé. Gloire à Celui qui détermine l'époque des trépas!

Je passai un jour devant une porte que nous avions ouverte dans la citadelle pour une construction placée là. J'avais avec moi une sarbacane. Je vis un passereau sur un mur au-dessous duquel je me tenais; je le visai avec une balle qui le manqua; le passereau s'envola, tandis que mes yeux suivaient la balle qui descendit le long du mur. Or, le passereau avait passé sa tête par une brèche dans le mur. La balle tomba sur sa tête et le tua. Il vint tomber devant moi et je l'égorgeai. Cette manière de l'atteindre n'était, ni avec préméditation, ni de propos délibéré.

Mon père (qu'Allâh l'ait en pitié!) lança un jour le faucon sur un lièvre qui s'était montré à nous dans une cannaie très épineuse. Le faucon le saisit, mais il réussit à lui échapper Le faucon s'assit sur le sol; le lièvre était parti. Je me mis à galoper moi-même sur une jument cap de more, une bête excellente, pour faire rebrousser chemin au lièvre. Les pieds de devant de ma jument se prirent dans un trou; elle se retourna sur moi et remplit mes mains, ainsi que mon visage, de ces épines, pendant que ses pieds de derrière étaient disloqués. Puis le faucon se releva du sol après que le lièvre se fut éloigné, le rejoignit et lui fit la chasse. On eût dit que son but était de faire périr ma jument et de me nuire par ma chute au milieu des épines.

Un matin, le premier de radjab, nous jeûnions. Je dis à mon père (qu'Allâh l'ait en pitié!) : « J'aimerais sortir et m'occuper exclusivement de la chasse, au lieu de jeûner. » —

Mon père répondit : « Soit. » Je sortis aussitôt, moi et mon frère Bahâ ad-Daula Aboû 'l-Mougouîth Mounkidh (qu'Allâh l'ait en pitié !), emportant un faucon, vers les cannaies. Nous venions de pénétrer dans des plants de réglisse, lorsque se dressa devant nous un sanglier mâle. Mon frère le frappa et le blessa. Le sanglier s'en retourna vers les réglisses. Mon frère dit : « Sa blessure le fera revenir et il ressortira. J'irai à sa rencontre, je le frapperai, je le tuerai. » — Je répondis : « Ne le fais pas ! Il frappera ta jument et la tuera. » Nous nous entretenions ainsi, lorsque le sanglier sortit pour gagner une autre cannaie. Mon frère s'avança vers lui, le frappa sur la saillie de son dos, où se brisa la pointe de la lance avec laquelle il l'avait frappé. Ce sanglier s'introduisit au-dessous d'une jument alezane, que mon frère montait, jument pleine depuis dix mois, au pelage blanc des pieds et de la queue, la frappa, la renversa et le renversa à terre. Quant à la jument, sa cuisse fut disloquée et elle périt. Pour ce qui est de mon frère, l'un de ses petits doigts fut détaché et son cachet fut brisé. Je galopai à la poursuite du sanglier, qui entra dans un plant de réglisse fertile et dans un champ d'asphodèles, où dormaient des bœufs, que je ne voyais pas du marécage où j'étais. Un des taureaux se leva et s'attaqua au poitrail de mon cheval, qu'il jeta à terre. Je tombai et mon cheval tomba, son mors ayant été brisé. Je me levai, je saisis ma lance, je montai à cheval et je poursuivis le taureau qui s'était précipité dans la rivière. De la berge où je m'étais arrêté, je le pointai avec ma lance qui s'enfonça dans son corps et s'y brisa sur une longueur de deux coudées. Le fer y resta après que la lance s'y fut brisée. Le taureau nagea vers l'autre rive. Nous appelâmes à grands cris des gens qui, de ce côté-là, frappaient sur des briques de terre destinées à la construction de maisons dans un village que possédait mon oncle paternel. Ils vinrent, se tinrent en observation, aperçurent le taureau sous une berge par laquelle il tentait en vain de remonter et se mirent à l'assommer avec des pierres immenses, jusqu'à ce qu'ils l'eussent tué. Je dis à l'un de mes aides de camp : « Descends vers lui. » Il se débarrassa de son équipement, se déshabilla, prit son épée et nagea jusqu'à lui, l'acheva, le tira par le pied et apporta sa dépouille, en disant : « Puisse Allâh vous faire connaître les bénédictions du jeûne de radjab, que nous avons inauguré par la souillure du sanglier! »

Si le sanglier avait des griffes et des dents canines semblables à celle du lion, il ferait plus de mal que lui. J'ai vu, en effet, une femelle de sanglier que nous avions séparée de ses petits. L'un d'eux frappait avec son grouin le sabot d'un cheval monté par un écuyer qui m'accompagnait. A la taille il semblait le petit d'un chat. Mon écuyer tira de son carquois une flèche en bois, s'inclina vers le petit du sanglier, l'en perça et le tint en l'air sur sa flèche. Je m'étonnai de l'audace à combattre et à frapper un sabot de cheval chez un petit qu'on portait sur la flèche d'un archer.

Parmi les merveilles de la chasse, il est que nous sortions vers la montagne pour traquer les perdrix, à l'aide de dix faucons que nous occupions toute la journée, tandis que les fauconniers se dispersaient dans la montagne. Chaque fauconnier avait avec lui deux ou trois cavaliers d'entre les mamloûks. Avec nous, étaient deux valets dont l'un se nommait Pierre (*Boutrous*) et l'autre Zarzoûr Bâdiya. Toutes les fois que le fauconnier lançait le faucon sur une perdrix et qu'elle rappelait, on criait : « O Pierre »; il accourait vers eux, rapide comme le dromadaire; et ainsi, tout le jour, il courait d'une montagne à l'autre, lui et son camarade. Puis, lorsque nous avions fait paître les faucons et que nous étions revenus, Pierre prenait un gros caillou, courait à la poursuite d'un mamloûk et l'en frappait. Le serviteur prenait un gros caillou et frappait Pierre. Les serviteurs ne cessaient pas de se combattre, eux à cheval, lui à pied, et de se lancer de gros cailloux de la montagne jusqu'à leur arrivée à la porte de Schaizar. Pierre n'avait pas l'air d'avoir passé la journée entière à courir d'une montagne à l'autre.

Parmi les merveilles des chiens braques, je raconterai qu'ils ne mangent pas les oiseaux, sauf pourtant les têtes et les pieds, où il n'y a pas de chair, ainsi que les os dont les faucons ont mangé la viande. Mon père (qu'Allâh l'ait en pitié !) possédait une chienne noire braque, sur la tête de laquelle les serviteurs posaient pendant la nuit le luminaire. Ils s'asseyaient ensuite pour jouer aux échecs, tandis que cette chienne restait immobile. Elle ne s'éloignait pas jusqu'à ce que ses yeux devinssent chassieux. Mon père (qu'Allâh l'ait en pitié) s'irritait contre ses serviteurs et disait : « Vous avez aveuglé cette chienne » ; mais eux, ils ne se laissaient pas dissuader.

L'émir Schihâb ad-Dîn Mâlik, fils de Sâlim, fils de Mâlik, seigneur de Ḳal'at Dja'bar, conduisit à mon père une chienne savante qu'on lançait au-dessous des sacres sur les gazelles. Nous voyions merveille de cette chienne, la chasse avec les sacres étant bien organisée. Celui d'entre eux qui occupait le premier rang était lancé d'abord, s'accrochait à l'oreille d'une gazelle, lui portait un coup. L'auxiliaire était lancé après le premier sacre et frappait une autre gazelle. Le deuxième auxiliaire était lancé et en faisait autant. Enfin, un quatrième sacre était lancé dans les mêmes conditions. Chacun de ces sacres frappait une gazelle. Le premier d'entre eux saisissait l'oreille d'une gazelle qu'il isolait de ses compagnes. Alors les autres sacres venaient tous le rejoindre et lâchaient les gazelles qu'ils étaient en train de frapper. Quant à la chienne, placée au-dessous des sacres, elle ne s'inquiétait d'aucune gazelle sur laquelle il n'y eût pas un sacre. Si par hasard l'aigle se montrait, les sacres s'éloignaient des gazelles devenues libres de s'enfuir et se remettaient à tournoyer. Nous voyions alors la chienne s'éloigner des gazelles, en même temps que les sacres, et décrire sur le sol au-dessous des sacres les mêmes tours circulaires que ceux-ci décrivaient dans l'air. La chienne ne cessait pas ses mouvements de rotation sous les sacres jusqu'à ce qu'ils descendissent à l'appel. Elle s'arrêtait alors et suivait les chevaux.

Il y avait entre Schihâb ad-Dîn et mon père (qu'Allâh les ait tous deux en pitié !) une amitié, des relations par correspondance et par des messages. Schihâb ad-Dîn envoya un jour dire à mon père : « Je suis sorti pour chasser les gazelles. Nous avons attrapé trois mille petits en un jour. »

Et cela provient de ce que les gazelles abondent chez eux, sur le territoire de Ḳal'at Dja'bar. Ils font campagne contre elles, à cheval et à pied, à l'époque où les gazelles mettent bas, pour prendre ce qui vient d'être enfanté dans cette dernière nuit, dans la précédente, et deux ou trois nuits auparavant. On les ramasse comme on ramasse le bois à brûler et l'herbe.

Les francolins pullulent chez eux dans les cannaies, sur les bords de l'Euphrate. Lorsque l'on fend le ventre du francolin, qu'on le vide et qu'on le bourre de poils, son odeur ne s'altère pas pendant nombre de jours. Il m'est arrivé de voir un francolin, dont on avait fendu le ventre et dont on avait sorti l'estomac. Il contenait un serpent, long d'un empan environ, qu'il avait mangé.

Nous tuâmes un jour à la chasse un serpent, du ventre duquel sortit un autre serpent qu'il avait avalé, qui s'échappa au-dessous de lui, à peu près bien portant.

Dans les natures de tous les êtres vivants, existe l'hostilité du fort contre le faible.

L'injustice est un des caractères distinctifs des âmes. Si tu trouves quelqu'un qui s'en abstient, c'est qu'il a un motif pour ne pas nuire.

Il serait impossible d'énumérer toutes les chasses auxquelles j'ai assisté pendant soixante-dix années de ma vie ; je n'y parviendrais pas. Et d'ailleurs, perdre son temps à des futilités est parmi les accidents les plus redoutables. Pour ma part, je demande pardon à Allâh le Très Haut de gaspiller le peu qui reste de mon existence, en l'employant à autre chose qu'à la soumission, qu'à la conquête d'une rétribution et d'une récompense. Et Allâh (qu'il soit béni et exalté !) pardonnera le péché et prodiguera les trésors de sa miséricorde. Il est le Noble qui ne trompe pas quiconque met son espoir en lui, qui ne repousse pas quiconque l'implore.

On lisait à la fin du livre en propres termes [1] : « J'ai lu ce livre d'un bout à l'autre en quelques séances, sous la direction de mon maître, mon grand-père, l'émir éminent, le savant supérieur, le chef parfait, 'Adoud ad-Dîn, le familier des rois et des sultans, l'autorité reconnue par les Arabes, l'homme plein d'un attachement pur pour l'émir des croyants (puisse Allâh prolonger sa félicité !). Et je lui ai demandé d'attester que j'avais exactement reproduit la tradition dont il est détenteur. Il y consentit en ma faveur et apposa son attestation autographe le jeudi 13 de safar, en l'an 610 [2] : c'est la rédaction authentique ; je l'affirme, moi, son grand-père, Mourhaf, fils d'Ousâma, en glorifiant Allâh et en lui adressant mes prières. »

1. Ce n'est plus l'Autobiographie, c'est la souscription du manuscrit.
2. Le 4 juillet 1213.

APPENDICE

A. Extrait de la préface de l'Autobiographie d'Ousâma, d'après l'Histoire de l'islamisme, par Adh-Dhahabî [1].

J'ai assisté à des batailles et à des combats dont le danger était redoutable, j'ai été brûlé par la flamme de leur feu, j'ai connu la guerre dès l'âge de quinze ans jusqu'à ce que je fusse parvenu à la limite des quatre-vingt-dix années; et, resté parmi les derniers, je suis devenu l'ami de ma demeure, me tenant à l'écart des guerres, n'étant plus compté pour rien à cause de mes soucis, n'étant plus convoqué à cause du débordement de mes malheurs, après avoir été le premier que les petits doigts se pliaient pour montrer, le plus parfaitement équipé pour écarter les dangers, le premier qui s'avançait vers l'étendard lorsque ses compagnons attaquaient l'ennemi, le dernier qui dégaînait dans la lutte pour défendre les derrières de l'armée :

De combien de combats j'ai été le témoin; plût au ciel que, dans l'un d'eux, j'eusse été tué avant que mon corps fût renversé!

Car, être tué est plus beau, plus brillant pour le héros, avant que le temps ne s'évanouisse et ne l'épuise.

Aussi vrai que tu as un père, je ne me suis jamais abstenu d'affronter la mort sur le champ de bataille; mon sabre apportera ce témoignage en ma faveur.

Mais la décision d'Allâh m'a retardé jusqu'au terme fixé pour mon trépas. Que me reste-t-il donc à faire?

Voici quelles sont les grandes batailles auxquelles j'ai assisté. Parmi elles, je signalerai le combat entre nous et les

1. Adh-Dhahabi, *Ta'rîkh al-islâm*, manuscrit 753 de l'ancien fonds arabe de la Bibliothèque nationale, fol. 15 r° et v°; manuscrit Or. 52 du Musée britannique, fol. 18 v°; *Vie d'Ousâma*, p. 601-602.

Ismaéliens, dans la citadelle de Schaizar, lorsqu'ils assaillirent la forteresse en 507 [1]; la lutte entre l'armée de Ḥamâ et l'armée de Ḥomṣ en 525 [2]; la bataille de Takrît entre l'atâbek Zenguî, fils d'Âḳ Sonḳor, et Ḳarâdjâ, seigneur du Fârs, en 526 [3]; la bataille entre Al-Moustarschid Billâh et l'atâbek Zenguî devant Bagdâdh en 527 [4]; la bataille entre l'atâbek Zenguî et les Ortoḳides unis au seigneur d'Âmid devant Âmid en 528 [5]; la bataille de Rafaniyya entre l'atâbek Zenguî et les Francs, en 531 [6]; la bataille de Ḳinnasrîn entre l'atâbek et les Francs en 532 [7]; un combat entre les Egyptiens et Roudwân Al-Walakhschî en 542 [8]; un combat entre les nègres de Miṣr, sous le règne d'Al-Ḥâfiṭh, en 544 [9]; un combat qui fut livré entre Al-Malik Al-'Âdil Ibn As-Sallâr et les partisans d'Ibn Maṣâl, dans cette même année; un autre combat entre les partisans d'Al-'Âdil et Ibn Maṣâl, dans cette même année également, à Dalâṣ; une sédition où fut tué Al-'Âdil Ibn As-Sallâr en 548 [10]; une sédition où furent tués Aṭh-Ṭhâfir, ses deux frères et son cousin, en 549 [11]; la rébellion des gens de Miṣr et de 'Abbâs, fils d'Aboû 'l-Foutoûḥ, dans la même année; une autre rébellion un mois plus tard, lorsque l'armée se souleva contre lui; un combat entre nous et les Francs dans cette même année.

1. Entre le 18 juin 1113 et le 6 juin 1114.
2. Entre le 4 décembre 1130 et le 22 novembre 1131.
3. Entre le 23 novembre 1131 et le 11 novembre 1132.
4. Entre le 12 novembre 1132 et le 31 octobre 1133.
5. Entre le 1er novembre 1133 et le 21 octobre 1134.
6. Entre le 29 septembre 1136 et le 18 septembre 1137.
7. Entre le 19 septembre 1137 et le 7 septembre 1138.
8. Entre le 2 juin 1147 et le 21 mai 1148.
9. Entre le 22 mai 1148, et le 10 mai 1149.
10. Entre le 29 mars 1153 et le 17 mars 1154.
11. Entre le 18 mars 1154 et le 6 mars 1155.

B. Fragment de l'Autobiographie d'Ousâma, d'après l'Histoire des atâbeks de Mauṣil, par Ibn Al-Athîr [1].

On savait parmi les hommes combien j'étais hardi et entreprenant. Pendant que je me trouvais à Schaizar, quelqu'un vint m'informer qu'auprès d'un puits voisin de sa demeure s'agitait un lion féroce [2]. Je montai à cheval, je saisis mon épée et je me dirigeai vers l'animal pour le tuer. Je n'avais révélé mon intention à personne pour ne pas être contrecarré dans mon projet. Arrivé près du lion, je mis pied à terre, j'attachai ma monture et je marchai droit sur lui. Quand il m'aperçut, il chercha à m'atteindre, s'élança sur moi, et je lui fendis la tête d'un coup d'épée. Après l'avoir achevé, je coupai la tête du lion, et, l'ayant mise dans le sac à fourrages de mon cheval, je m'en retournai à Schaizar.

J'entrai chez ma mère et je déposai la tête à ses pieds, en lui racontant ce qui s'était passé. Elle me dit : « O mon cher fils, fais tes préparatifs pour quitter Schaizar ; car, par Allâh, ton oncle ne t'autorisera plus, ni toi ni aucun de tes frères, à y séjourner. Vous êtes trop hardis et trop entreprenants. » Le lendemain matin, mon oncle ordonna notre expulsion et décida qu'il y serait procédé sans répit. Il nous fallut nous disperser dans les contrées.

1. Ibn Al-Athir, dans *Historiens orientaux des croisades*, II, II, p. 199.
2. En juillet 1138.

C. Morceau de l'Autobiographie d'Ousâma, d'après le Livre des deux jardins, par Aboû Schâma [1].

Je me rencontrai avec Djamâl ad-Dîn, vizir de Mauṣil [2], dans cette ville, en l'an 555 [3], alors que je me dirigeais vers le lieu du pèlerinage. Nous étions liés tous deux par un passé, remontant bien haut, d'amitié, de relations suivies et d'intimité. Il mit à ma disposition une maison, à l'intérieur de Mauṣil. Mais je refusai, et je campai sous ma tente, sur la rive du fleuve. Aussi longtemps que j'y restai, il chevauchait chaque jour, passant sur le pont dans la direction de Ninève, tandis que l'atâbek Ḳoṭb ad-Dîn [4] dirigeait sa promenade vers l'hippodrome. Djamâl ad-Dîn me faisait dire : « Monte à cheval, car je fais halte pour t'attendre. » Je montais à cheval, je sortais avec lui, et nous causions.

Un jour, je me trouvai en tête à tête avec lui sans mes compagnons, et je lui dis : « J'ai sur le cœur une chose qui me hante depuis que nous nous sommes retrouvés, et que je voulais toujours te dire, mais jamais je ne réussissais à être seul avec toi. Voici enfin l'occasion qui se présente aujourd'hui. » — « Parle », dit le vizir. — Je répondis : « Je te répéterai la parole d'Asch-Scharîf Ar-Riḍâ :

« *La conduite, que t'ont dictée envers quelqu'un les secrets penchants de ton affection, n'aurait pas dû t'attirer les désagréments d'un blâme ;*

« *Mon affection pour toi repousse tes bontés pour moi, afin que je ne te voie jamais trébucher.*

« Or, tu as ouvert largement ta main pour dépenser ton bien en aumônes, en bonnes œuvres et en bienfaits, tandis que les

1. Aboû Schâma, *Kitâb ar-raudatain* (édition du Caire), I, p. 138, l. 32-139, l. 6.
2. Djamâl ad-Dîn Aboû Dja'far Moḥammad, fils de 'Alî, d'Ispahan.
3. Entre le 12 janvier et le 30 décembre 1160.
4. Ḳoṭb ad-Dîn Mandoûd, fils de Zengui, frère de Noûr ad-Dîn.

sultans reculent devant de telles dépenses et ne savent pas s'y résigner. Que doivent-ils ressentir, si un particulier prend tout cela sur sa fortune personnelle? C'est ce qui autrefois a perdu les Barmécides. Réfléchis, pour ton bien, à la façon dont tu pourras sortir de la voie où tu es entré. » Il garda le silence un bon moment, puis il me dit : « Puisse Allâh te récompenser! J'ai su éviter ce que tu redoutes. »

Je pris congé de lui, je me rendis dans le Ḥidjâz, et je revins de La Mecque par la route de la Syrie. Djâmâl ad-Dîn fut destitué et mourut en prison.

INDEX ALPHABÉTIQUE DES NOMS PROPRES

CITÉS DANS L'AUTOBIOGRAPHIE D'OUSÂMA [1]

Un n., placé à côté d'un nombre, renvoie aux notes de la page indiquée. Les noms géographiques sont imprimés en italique.

A ('A)

Roukn ad-Dîn 'Abbâs, fils d'Aboû 'l-Foutoûḥ, fils de Tamîm, fils de Bâdîs, beau-fils de 'Alî Ibn As-Sallâr, 6, 7, 16-29, 33, 94, 218.

Aboû 'Abd Allâh ibn Hâschim, 156, 157.

'Abd Allâh Al-Mouschrif, 94.

Aboû 'Abd Allâh, de Tolède, 199, 200.

'Abd ar-Raḥmân Al-Ḥalḥoûlî, 95.

'Abs, tribu, 39.

Abyssins, 34.

Acre (*'Akkâ*), 35, 83, 134, 187.

Adam, 183, 186.

Sire Adam, chevalier Franc, 109.

Adhana, 193.

'Adhrâ, 147.

Al-'Âdil, voyez Noûr ad-Dîn Maḥmoûd et Ibn As-Sallâr.

'Aḍoud ad-Daula, voyez Mourhaf.

'Aḍoud ad-Dîn, voyez Mourhaf.

1. Le dépouillement de ma traduction française pour y recueillir les éléments de l'Index alphabétique est dû à l'un de mes élèves les plus distingués, M. Arthur Guy.

Al-Afḍal, fils de Badr Al-Djamâlî, l'Émir des armées, vizir d'Egypte, 4, 200.
Aḥmad ibn Ma'bad ibn Aḥmad, le Kinânite, 143.
Aḥmad ibn Moudjîr, 202.
Schihâb ad-Dîn Aḥmad, fils de Ṣalâḥ ad-Dîn Moḥammad, gouverneur de Ḥamâ, 1, 98.
La Vallée d'Ibn Aḥmar, 190.
Ibn-al-Aḥmar, 85.
'Ain ad-Daula, voyez Al-Yâroukî.
La maison d'Al-'Aḳîḳî, 31.
'Akkâ, voyez *Acre*.
Al-Aḳmar, mosquée au Caire, 32.
Al-Aḳṣâ, mosquée à Jérusalem, 131.
Âḳ Sonḳor, 30, 183, 188.
Abou'l-'Alâ, fils de Soulaimân, 208.
'Alân, fils de Fâris, le Kurde, 96, 97.
'Alawân ibn Ḥarâr (?), 121.
'Alawân al-'Irâḳî, 102.
Alep (*Ḥalab*), 31, 53, 54, 77, 93, 176, 178-180, 189.
Alépins, 110, 126, 142.
Alexandrie, 23.
Alexandrins (Les), 4.
'Alî, le khalife, 164 n., 169, 174.
La mosquée de 'Alî, 178, 179.
Abou 'Alî, 172.
'Alî 'Abd Ibn Abî-'r-Raidâ, 124, 125.
'Alî ibn Ad-Doûdawaihi, 45, 46.
Aboû 'l-Ḥasan 'Alî ibn Faradj, 43.
'Alî, fils de 'Îsâ, vizir du khalife 'Abbaside Al-Mouḳtadir Billâh, 171, 172.
Zain ad-Dîn 'Alî Koûdschek, 153, 173, 174.
'Alam ad-Dîn 'Alî Kourd, seigneur de Ḥamâ, 78, 79, 189.
'Alî ibn Maḥboûb, le Kurde, 120.
Sadîd Al-Moulk Aboû 'l-Ḥasan 'Alî ibn Mouḳallad ibn Naṣr Ibn Mounḳidh, grand-père d'Ousâma, 54, 179, 181.
'Izz ad-Daula Aboû 'l-Ḥasan 'Alî, fils de Mourschid, frère d'Ousâma, 15, 16, 97.
Kamâl ad-Dîn 'Alî ibn Nîsân, 84.
'Alî ibn Salâm, le Noumairite, 38.
'Alî ibn Schams ad-Daula Sâlim ibn Mâlik, 99.
'Alî Ibn As-Sallâr, voyez Ibn As-Sallâr.
Allemands (*Alamân*), 95.
Schams al-Khawâṣṣ Âltoûntâsch, 78.
Aboû 'l-Amâna, voyez Djibril.
Âmid, 83, 84, 152, 218.
Amîn ad-Daula, voyez Goumouschtakîn.
Amîn al-Moulk, 21.
Al-Âmir bi-aḥkâm Allâh, khalife Fâṭimide, 4 n., 200.
Fakhr al-Moulk Ibn 'Ammâr,

seigneur de Tripoli, 96, 211.
Iftikhâr ad-Daula Abou 'l-Foutoûḥ Ibn 'Amroûn, émir de Boûḳoubais, 115, 116.
Mou'în ad-Dîn Anar, 3, 4, 30, 44, 45, 82, 83, 106, 132, 134, 136, 137, 149, 150, 187, 188.
'Anâz le Kurde, 114.
'Anbar, voyez 'Antar.
Al-Anbâr, 72, 168, 169.
Les Anṣâr, 49.
Antar (le poète), ou 'Anṭara ibn Schaddâd, 39.
'Antar le grand (peut-être 'Anbar), 23, 24.
Anṭarṭoûs, 193.
Antioche (*Anṭâkiya*), 40, 43, 57, 61, 63, 64, 66, 68-71, 76, 77, 88, 97, 113, 116-119, 130, 137, 204.
Apamée (*Afâmiya*), 39, 40, 46, 48, 52, 58, 68, 69, 88, 91, 117, 126, 128, 138, 148, 149.
Arabes, 6, 25, 26, 28, 36, 37, 40, 52, 177, 178, 216.
Arméniens, 102, 105, 193.
Le ḳâ'id Asad, 142.
As'ad, fils de Mas'oûd, fils de Bakhtakîn, fils de Sabouktakîn, 168.
Asad ad-Dîn, voyez Schîrkoûh.
Aboû 'l-'Asâkir, voyez Soulṭân.
Ascalon (*'Asḳalân*), 9, 14-16, 126.
Asfoûnâ, 96.
Al-'Âṣî, voyez *L'Oronte*.
Ibn Al-Athîr, 119.
'Attâb, 43.
Al-Auḥad, frère de Rouḍwân Ibn Al-Walakhschî, 30.
Al-'Ausaḳ, nom d'un faucon, 210.
Nadjm ad-Dîn Ayyoûb, 13 n.

B

Badî ibn Talîl Al-Ḳouschairî, 42, 43.
Badlîs, 90
Badr le Kurde, 114.
Badrân, fils de l'émir Schihâb ad-Dîn Mâlik, 127.
Badrhawâ, chevalier Franc, 68.
Bagdâdh, 132, 154, 163 n., 165, 171, 177, 178, 218.
Bagdâdhien, 174.
Bahâ ad-Dîn, 188.
Bait Djibrîl, 15, 91.
Aboû 'l-Baḳâ, neveu du khalife Aṭh-Ṭhâfir, 20, 21.
Bakhtakîn, fils de Sabouktakîn, 168.
Zahr ad Daula Bakhtiyâr Al-Ḳarṣî, 87.
Baḳiyya, fils d'Al-Ouṣaitir, 120.
Noûr ad-Daula Balak, 118.
Al-Balâṭ, 39.
Balâṭounous, 117.
Ba'lbek, 30, 80, 99, 151.
Balkh, 73, 137.
Bandar Ḳanîn, 64.
Bâniyâs, voyez *Panéas*.

Barâk Az-Zoubaidî, 14.
M. Barbier de Meynard, v.
Al-Bâri'a, 153.
Barmécides (Les), 221.
Barra, 180.
Bâsahrâ, 60.
Baschîlâ, 190.
Baṣra, 165.
Baschtakîn Garza, 123.
Baṭéniens, voyez Ismaéliens.
Baudouin Ier, roi de Jérusalem, 112 n.
Baudouin II (Baudouin du Bourg, Bagdawîn), roi de Jérusalem, 43 n., 82 n., 102, 116-118.
Baudouin III, roi de Jérusalem, 9 n., 34.
Ibn Al-Bawwâb, 199.
Bédouins, 40, 81.
Aboû Bekr le khalife, 36, 37, 164 n.
Bektimour, 73.
Bernard (*Barnâd*), chevalier Franc, 130.
Berschek, 13.
Bilbîs, 16, 26.
Ibn Bischr, 1.
La Vallée de Boémond (*wâdî aboû 'l-maimoûn*), 40.
Boémond Ier (*Maimoûn* et *Ibn Maimoûn*), prince d'Antioche, 64, 66.
Boémond II (*Ibn Maimoûn*), prince d'Antioche, 118, 119.
Boṣrâ, 13.
Youḥannâ Ibn Boṭlân, médecin d'Alep, 178-180.
Boûkoubais, 115, 116.
Bouraika, 120.
Bourhân ad-Dîn de Balkh, 137.
Tâdj al-Mouloûk Boûrî, fils de Ṭogtakîn, 82, 183, 185.
Boursouk, fils de Boursouk, 73, 76, 77, 91, 117.
Boûschamîr, rivière, 208.
Boûyides (Les), 168.

C

Le Caire (*Al-Kâhira*), 4 n., 6, 7, 17, 21, 22, 24, 28, 32, voyez *Miṣr*.
Le Château des khalifes, voyez *Le Palais des khalifes*.
Cerdagne, voyez Guillaume Jourdain.
La Citadelle du pont, voyez *Ḥouṣn al-djisr*
La Colline des Karmaṭes, voyez Karmaṭes.
Comnène, voyez Jean Comnène.
Conrad III, empereur d'Allemagne, 95.
Constantinople (*Al-Kousṭanṭîniyya*), 93, 190.
Coran (Le), 19, 24, 36, 53, 54, 56, 126, 137, 164 n., 166, 167, 169, 171, 174, 184, 189, 191, 192, 197, 199, 206, 211.

D (Ḍ)

Dabîk, 9, 159.
Ibn Ad-Dakîk, chevalier Franc, 1.

Dalâs, 7, 218.
Damas (*Dimaschk*), 3, 11, 13, 15, 24, 28, 30, 31, 65, 70, 80, 82, 94, 95, 98, 99, 106, 112, 114, 115, 136, 137, 147, 149, 151, 157, 174, 183, 185, 188.
Damiette (*Dimyâṭ*), 9, 34, 168.
Dânîth, 39 n., 76, 77, 117.
Dârayyâ, 99.
Darmâ, tribu, 24.
Dâwoud, fils de Soḳmân, l'Ortoḳide, 152.
Madjd ad-Dîn Aboû Soulaimân Dâwoud, fils de Moḥammad, fils d'Al-Ḥasan, fils de Khâlid, Al-Khâlidî, 170.
Les Défilés (*Ad-Douroûb*), 193.
Le Désert des fils d'Israël (*Tîh banî Isrâ'îl*), 12.
Adh-Dhahabî, 217.
Ḥousâm ad-Daula Ibn Dilmâdj, seigneur de Badlîs, 89, 90.
Le Diyâr-Bekr, 88, 183.
Djabala, 96.
Dja'far, tribu, 24.
Al-Djafr, 9, 10.
Al-Djalâlî (*Le Moulin*), 62, 63, 210.
Aboû Maḥmoûd Djam'a le Noumairite, 35, 36, 57, 58-65, 68.
Djamâl ad-Dîn (Le vizir), voyez Moḥammad, fils de 'Alî, d'Ispahan.
Djâmi', 115.
Djaubân al-Khail, 105.
Djawâd, 157.
Al-Djazîra, voyez *Mésopotamie*.
Aboû 'l-Amâna Djibrîl, fils du khalife Aṭh-Ṭhâfir, 20, 21.
Ibn Djinnî, 200.
Al-Djisr, voyez *La Ville du Pont*.
Djizziyya, 11.
Djouyoûsch-Bek, voyez Uzbek.
Djouyoûschites (Les), 4, 5.
Djoudhâm, tribu, 24.
Le Dôme de La Roche (*Aṣ-Ṣakhra*), 132.
Doubaïs, 139.
Aboû-Bakr Ad-Doubaisî, 153.
Doumair, 100.

E

Édesse, 113.
Égypte, 3, 22, 23, 26, 29-31, 80, 174, 193.
Égyptiens, 218.
L'Élucidation d'Aboû 'Alî Al-Fârisî, 200.
Émesse, voyez *Ḥomṣ*.
L'Escurial, v.
L'Euphrate (*Al-Fourât*), 31, 53, 90, 168, 215.

F

Faḍl, fils d'Aboû 'l-Haidjâ, seigneur d'Irbil, 88.
Banoû Fahîd, 27, 28.
Fakhr ad-Dîn, voyez Ḳarâ Arslân et Schâfi'.
Fakhr al-Moulk, voyez Ibn 'Ammâr.

Fanoûn, 122.
Aboû 'l-Faradj de Bagdâdh, 165.
Farḥites (Les), 5.
Fâris, le Kurde, 95, 96.
Fâris ibn Zimâm, 38, 39.
Aboû 'Alî Al-Fârisî, 200.
Le Fârs, 218.
Aboû 'l-Fatḥ, 130.
Aboû 'l-Fawâris, voyez Mourhaf.
Fête des victimes (La), 11.
Al-Find Az-Zimmânî, 50.
Al-Findalâwî, 95.
Foulques d'Anjou, quatrième roi de Jérusalem, 65, 66, 82, 128, 130, 135, 187, 188.
Al-Foustouḳa, 147.
Francs (Les), 1, 9, 13-15, 17, 23, 26-29, 33, 34, 36, 40-45, 47-49, 51, 52, 56-60, 62, 64-69, 71, 72, 74-78, 80-82, 86, 87, 91-93, 95-97, 102, 109, 110, 112-115, 117, 119, 120, 125-132, 134, 136-140, 142, 144-149, 160, 161, 184, 187, 191, 199, 201, 204, 205, 218.

G

Ganâ'im, 190, 193, 209, 210.
Aboû 'l-Gârât, voyez Ṭalâ'i'.
Ibn Gâzî le Balafré, 161.
Gâzî At-Toullî, 63, 98.
Gazza, 9, 16, 28.
Génois, 187, 188.
Gizéh, 32.
Amîn ad-Daula Goumouschtakîn, 30, 31.
Gounaim, 60, 61.
Goutte de rosée (*Ḳaṭr an-nidâ*), fille de Rouḍwân Ibn Al-Walakhschî, 29.
Les Grecs (*Ar-Roûm*), 1 n., 93, 111, 112, 156, 174, 202.
Guillaume de Bures, seigneur de Tibériade, 134.
Guillaume Djîbâ, 82, 83.
Guillaume Jourdain, comte de Cerdagne (*As-Sardânî*), seigneur de Tripoli, 50, 51.

H (Ḥ)

Aboû 'l-Ḥabasch, Kurde, 146, 147.
Ḥaḍr At-Toût, 63.
Al-Ḥâfiḍh li-dîn Allâh 'Abd al-Madjid Aboû 'l-Maimoûn, khalife Fâṭimide, 4, 5, 21, 29, 32, 80, 186, 187, 218.
M. Hagenmeyer, v.
Aboû Tourâb Ḥaidara, fils de Ḳaṭrama, 206.
Aboû 'l-Haidjâ, 88.
Ḥaifa, 110.
Ḥaizân, 94.
Ḥalab, voyez *Alep*.
Ḥalboûn, 150.
Ḥamâ, 35, 36, 44-46, 48, 62, 63, 77, 79, 80, 86, 87, 91, 98, 101, 113, 114, 139, 140, 151, 166, 168, 188, 197, 218.
Ḥamadât, le Kurde, 49-51.
Ḥamâtîte (La chienne), 204.
Hammâm Al-Ḥâdjdj, 114-115.
Banoû Ḥanîfa, 37.

Harim, 134.
Ḥâritha An-Noumairî, 48, 68.
Ḥasan Az-Zâhid, 92.
Ḥasanoûn, le Kurde, 66, 67.
Ḥauf (Le), 6.
L'Hermès (Al-Hirmâs), 185.
Ḥidjâz (Le), 221.
Ḥillat 'Ârâ, 190.
Ḥoms (Emesse), 44, 46 n., 80, 98, 101-103, 139, 140, 151, 154, 218.
Al-Ḥoubaiba, 206.
Ḥoudjdjat ad-Dîn, voyez Moḥammad ibn Moḥammad Ibn Ṭhafar.
Ḥoundâḳ, 109, 110.
Ḥousâm ad-Daula, voyez Ibn Dilmâdj et Mousâfir.
Ḥousâm ad-Dîn, voyez Timourtâsch.
Ḥousâm al-Moulk, fils de Roukn ad-Dîn 'Abbâs, 26-29.
Ḥouṣn al-djisr (La Citadelle du Pont ou *La Forteresse du Pont)*, 85, 91, 103, 143, 145, 205, 208, 209.
Ḥouṣn Kaifâ, 166, 167, 170, 172, 188.
Hurso ('Ours), chevalier Franc, 138.

I (Î)

Aboû Ṭâhir Ibrâhîm, 165.
Nadjm ad-Dîn Îlgâzî, l'Ortoḳide, 39, 40, 42, 91, 117, 118, 153.
'Îsâ, 79.
Is'ird, 165.
Ismaéliens, 114, 115, 121, 122, 156, 157, 159, 160, 218.
Ismâ'îl de Balkh, 73.
Zain ad-Dîn Ismâ'îl ibn 'Omar ibn Bakhtiyâr, 140.
Ispahan, 49, 51, 103, 190 n.
'Izz ad-Daula, voyez 'Alî et Naṣr.
'Izz ad-Dîn, voyez Soulṭân.

J

Jean Comnène, empereur des Grecs, 1, 93.
Jérusalem (Al-Ḳouds, Bait al-maḳdis et *Al-Bait al-mouḳaddas)*, 9 n., 34 n., 65 n., 82, 88, 102, 112 n., 116-118, 126, 131, 135 n., 136.
Josselin Ier *(Djoûslîn)*, seigneur de Tell Bâschir, 90, 91, 113.

K (Ḳ)

La Ka'ba, 174.
Al-Ḳadmoûs, 110.
Kafarnaboûdhâ, 85.
Kafarṭâb, 52, 59, 74, 76-78, 85, 97, 113, 114, 125, 140, 148, 149, 177.
Ḳafdjâḳ, 154, 156.
Al-Kahf, 13.
Al-Ḳâhira, voyez *Le Caire*.
Ḳaimâz, 32.

Ḳais ibn Al-Khaṭîm, 49. — *Kaisoûn*, 35.
Ḳal'at Dja'bar, 90, 127, 215.
Nâṣir ad-Daula Kâmil, fils de Mouḳallad, cousin d'Ousâma, 94.
Kâmil Al-Maschṭoûb, le Kurde, 66, 67, 97.
Fakhr ad-Dîn Ḳarâ Arslân, fils de Souḳmân, l'Ortoḳide, 83, 84, 152, 183, 188.
Ḳarâdjâ, seigneur de Ḥamâ, 35, 37, 46, 47, 86 n., 197.
Ḳarâdjâ, seigneur du Fârs, 218.
Ḳarâḥiṣâr, 188.
Ibn Ḳardoûs, 93.
Al-Karkhînî, 96.
La Colline des Ḳarmaṭes (*râbiyat Al-Ḳarâmiṭa*), 65, 140.
Ḳaṭr an-nidâ, voyez Goutte de rosée.
Khafâdja, tribu, 67.
Saif ad-Daula Khalaf ibn Moulâ'ib Al-Aschbahî, seigneur d'Apamée, 52, 55, 95, 96, 124.
Al-Kharba, 79, 81.
Aboû 'l-Ḳâsim Al-Khiḍr, fils de Mouslim, Ibn Ḳousaim, de Ḥamâ, 166, 168.
Al-Khiḍr (*La mosquée d'*) à Ḥouṣn Kaifâ, 167.
Khilâṭ, 89, 90.
Ṣamṣâm ad-Dîn Khîrkhân, fils de Ḳarâdjâ, seigneur de Ḥoms, 46, 86, 101, 102.
Dhakhîrat ad-Daula Aboû 'l-Ḳanâ Khiṭâm, cousin d'Ousâma, 59, 60.
Khorasan (Le), 74, 155.
Ḳoṭb ad-Dîn Khosroû ibn Talîl, de Ḥamâ, 151.
Khoṭlokh, généralissime, 63.
Khoṭlokh, mamloûk, 111.
Kinâna, tribu, 85, 142, 143.
Ḳinnasrîn, 218.
Ḳoudougadî (L'émir), 73.
Ḳoṭb ad-Dîn, voyez Khosroû et Maudoûd.
Koûfa, 166.
Koûhistân (Le), 154.
Koûm Aschfîn, 25.
Ḳounaib, fils de Mâlik, 113.
Kourdjî, 205.
Ibn Ḳousaim, voyez Al-Khiḍr.
Al-Ḳouṣair, 147.
Al-Ḳouṭayyifa, 147.
Kurdes, 36, 48, 84, 114, 148, 155.

L

Al-Lâdhiḳiyya, voyez *Laodicée*.
Lakroûn, 5.
Laodicée (*Al-Lâdhiḳiyya*), 96, 107.
Lawâta, tribu, 6, 24, 32.
Al-Lazîḳ, faucon, 210.
Léon (Lâwoun), roi d'Arménie, 193.
Liban (Le), 80.
Le Livre de Sîbawaihi, 199, 200.
Lou'lou', seigneur d'Alep, 77.
Lou'lou', mamloûk, 139, 205, 206.

Lou'lou'a, 181.

M

Ma'arrat an-No'mân, 133, 168, 201.

Schoudjâ' ad-Daula Mâdî, 62, 63.

Madinat al-djisr, voyez *La Ville du Pont.*

Abou 'l-Madjd, fils de Madjâdjou, 104.

Abou 'l-Madjd ibn Soumayya, 92.

Madjd ad-Dîn, voyez Dâwoud el Mourschid.

Madjâdjou, 104.

Maḥmoûd ibn Al-Baldâdjî (lisez ainsi, au lieu de Baldâdji), 63.

Schihâb ad-Dîn Maḥmoûd, fils de Tâdj al-Moulouk Boûrî, fils de Ṭogtakîn, prince de Damas, 3, 98.

Maḥmoûd, fils de Djam'a, 157, 162, 163.

Schihâb ad-Dîn Maḥmoûd, fils de Ḳarâdjâ, seigneur de Ḥamâ, 35, 37-39, 46 n., 47, 48, 56, 98, 101, 183, 185, 186, 197.

Maḥmoûd Al-Moustarschidî, 3.

Maḥmoûd, fils de Ṣâliḥ, seigneur d'Alep, 93.

Al-Malik Al-'Âdil Noûr ad-Dîn Abou 'l-Mouthaffar Maḥmoûd, fils de l'atâbek Zenguî, 8, 9, 13, 22, 33-35, 151, 183, 188, 189.

Ibn Maimoûn, voyez Boémond.

Al-Malik Al-'Âdil, voyez Noûr ad-Dîn Maḥmoûd et Ibn As-Sallâr.

Al Malik Al-Afḍal, voyez Rouḍwân Ibn Al-Walakhschî.

Mâlik, fils de 'Ayyâḍ, 177.

Mâlik ibn Al-Ḥârith Al-Aschtar, 36, 37.

Al-Malik An-Nâṣir, voyez Ṣalâḥ ad-Dîn Yoûsouf.

Al-Malik Aṣ-Ṣâliḥ, voyez Ṭalâ'i'.

Schihâb ad-Dîn Nadjm ad-Daula Mâlik ibn Sâlim ibn Mâlik, seigneur de Ḳal'at Dja'bar, 90 (où Nadjm ad-Dîn doit être corrigé en Nadjm ad-Daula), 91, 99, 127, 215.

Mou'izz ad-Dîn Malik-Schâh, sultan Seldjouḳide, 69, 88, 170, 171, 203.

Al-Manda, 107.

Manṣoûr, fils de Guidafi, 27.

Le Marché des fabricants d'épées (*soûḳ as-souyoûfiyyîn*), au Caire, 19.

Ibn Al-Mardjî, 79.

Marie (La Vierge), 132.

Ibn Marwân, seigneur du Diyâr-Bekr, 88, 89.

Nadjm ad-Dîn Ibn Maṣâl, 5-7, 218.

Mas'oûd (Le roi), 3.

Mas'oûd, fils de Bakhtakîn, fils de Sabouktakîn, 168.

Mâsourra, 154.
Al-Maṣṣîṣa, 193.
Maṣyâth (lisez ainsi), 144, 145.
Maudoûd (Le généralissime), 69, 70.
Ḳoṭb ad-Dîn Maudoûd, fils de Zengui, frère de Noûr ad-Dîn, 220.
Mauṣil, 2, 72, 73, 154, 168, 184, 218, 220.
Mayyâḥ, Kurde, 49.
Mazyad, 153.
La Mecque, 33, 131 n., 156, 176, 221.
Mélisende, 82.
Mésopotamie, 60.
Le Messie, 132.
Mîkâ'îl le Kurde, 119.
Miṣr, 4, 6, 8, 9, 16, 20-22, 24, 25, 27, 29, 32, 33, 34, 80, 93, 126, 158, 183, 186, 199-201, 218. Voyez aussi *Le Caire*.
Moḍar, tribu, 27.
Moḥammad (Le Prophète), 49, 94, 95, 164, 166, 171, 172, 182.
Nadjm ad-Daula Aboû 'Abd Allâh Moḥammad, frère d'Ousâma, 27.
Aboû Bakr Moḥammad, fils de 'Abd al-Bâḳi, fils de Mohammad, Al-Anṣârî Al-Fourḍî, 174.
Moḥammad Al-'Adjamî, 141, 142.
Djamâl ad-Dîn Aboû Dja'far Moḥammad, fils de 'Alî, d'Ispahan, 220, 221.
Moḥammad, fils de 'Alî, fils de Moḥammad, fils de Mâma, 173.
Ṣalâḥ ad-Dîn Moḥammad, fils d'Ayyoûb, Al-Yâguisiyânî, 1, 2, 15, 79, 90, 95, 98-101, 147, 148, 154-156.
Aboû 'Abd Allâh Moḥammad, de Baṣra, 165, 166.
Djamâl ad-Dîn Moḥammad, fils de Tâdj al-Moulouk Boûrî, 82, 99.
Aboû 'Abd Allâh Moḥammad Al-Boustî, 167.
Aboû 'Abd Allâh Moḥammad, fils de Fâtik, 171.
Moḥammad, fils de Mis'ar, 168.
Ḥoudjdjat ad-Dîn Aboû Hâschim Moḥammad ibn Moḥammad Ibn Ṭhafar, 110.
Moḥammad As-Sammâ', 167.
Moḥammad, fils de Sarâyâ, 91.
Moḥammad-Schâh, fils de Malik-Schâh, sultan Seldjoûḳide, 73.
Moḥammad, fils de Yoûsouf, voyez Ibn Al-Mounîra.
La Vallée de Moïse (*wâdî Moûsâ*), 27.
Al-Mou'ayyad, 72.
Mou'arzaf, 109.
Aboû Bakr Ibn Moudjâhid, 171, 172.
Mouḥarrar, 110.
Mouḥâsin, fils de Madjâdjoû, 104.
Mou'în ad-Dîn, voyez Anar.

Mou'izz ad-Daula le Boûyide, 168.
Mou'izz de Naplouse, 132.
Tâdj al-oumarâ Aboû 'l-Moutawwadj Mouḳallad, oncle d'Ousâma, 200, 201.
Aboû 'l-Moutawwadj Mouḳallad ibn Naṣr Ibn Mounḳidh, arrière-grand-père d'Ousâma, 165, 179.
Mouḳbil (Le ḳâ'id), 29.
Al-Mouḳtadir Billâh, khalife 'Abbaside, 171 n.
Al-Mouḳtafî li-amr Allâh, khalife 'Abbaside, 168-170.
Le Moulin du pont, à Schaizar, 104.
Mounaiṭira, 129.
Ibn Al-Mounira. Aboû 'Abd Allâh Moḥammad, fils de Yoûsouf, connu sous le nom d'Ibn Al-Mounîra, 85, 86.
Bahâ ad-Daula Aboû 'l-Mougîth Mounḳidh, frère d'Ousâma, 102, 103, 105, 213.
'Aḍoud ad-Daula (ou 'Aḍoud ad-Dîn) Aboû 'l-Fawâris Mourhaf, fils d'Ousâma, 2, 128, 216.
Madjd ad-Dîn Aboû Salâma Mourschid, fils de 'Alî, père d'Ousâma, 41, 48, 51-53, 55, 56, 61, 67, 73, 76, 77, 79, 96, 102, 103, 115, 118, 120, 122-124, 126, 133, 139-142, 144, 145, 181, 183, 184, 189, 190, 191-215.
Mourtafi', fils de Faḥl, 19.
Ḥousâm ad-Daula Mousâfir, 43.
Aboû Mousaika Al-Iyâdî, 36, 37.
Al-Moustaḍî', khalife 'Abbaside, 163.
Al-Moustandjid Billâh, khalife 'Abbaside, 72.
Al-Moustarschid Billâh, khalife 'Abbaside, 218.
Al-Moustaṭhhir Billâh, khalife 'Abbaside, 169.
Al-Mou'taman, fils d'Aboû Ramâda, 22.
Mouṭhaffar, fils de 'Ayyâḍ, 177, 178.
Schihâb ad Dîn Aboû 'l-Fatḥ Al-Mouṭhaffar, fils d'As'ad, fils de Mas'oûd, fils de Bakhtakîn, fils de Sabouktakîn, 168.
Al-Mouwailiḥ, 26, 28.

N

Nadî As-Soulaiḥî, 126.
Nadjm ad-Dîn, voyez Ayyoûb, Îlgâzî, Mâlik, Ibn Maṣâl et Aboû Ṭâlib.
Naḍra, fille de Boûzarmâṭ, 126.
Naplouse, 132, 135, 136.
Nâṣir ad-Daula, voyez Kâmil et Yâḳoût.
Naṣr, fils de Bouraika, 120.
'Izz ad-Daula Aboû 'l-Mourhaf Naṣr, oncle paternel d'Ousâma, 53-57, 107, 116.
Nâṣir ad-Dîn Naṣr, fils de

Roukn ad-Dîn 'Abbâs, 17, 19, 21, 23, 26, 28, 29, 94.
Nicolas, 208.
Nil (Le), 6, 32, 187.
Ninève, 220.
Nisibis (Naṣibîn), 185.
Noumair, tribu, 57.
Noumair 'Al-'Allâroûzi, 78.
Noûr ad-Daula, voyez Balak.
Noûr ad-Dîn, voyez Maḥmoûd.

O ('O)

'Omar (Le khalife), 164 n.
'Omar (Le général), 140.
Aboû 'l-Khaṭṭâb 'Omar, fils de Moḥammad, fils de 'Abd Allâh, fils de Ma'mar, Al-'Oulaimî, 174.
L'*Oronte (Al-'Âṣî)*, 63, 85, 92, 119, 145.
Les Ortoḳides, 218.
'Othmân (Le khalife), 164 n.
Oubayy, tribu, 10.
Al-'Ouḳâb, 70.
Ibn Al-'Ouraiḳ, 152, 153.
Ousioân, 33, 34.

P

Le Palais de la schâboûra, au Caire, 19.
Le Palais de la science (dâr al-'ilm), à Tripoli, 197.
Le Palais des khalifes, au Caire, 20, 21, 29, 32, 33.
Le Palais du Salut (dâr as-salâm), au Caire, 17.
Le Palais du vizirat, au Caire, 6, 17.
Palmyre (Tadmour), 70.
Panéas (Bâniyâs), 65, 87, 185.
Les Parterres fleuris, titre de livre, 200.
Les Particularités, d'Ibn Djinnî, 200.
Philippe (Le chevalier), 12.
Pierre (*Bouṭrous*), 214.
La Porte de la Victoire (bâb an-naṣr), au Caire, 24, 25.
Les Propositions, titre de livre, 200.

R

Ra'bân, 35.
Rabî'a, tribu, 27.
Radjab, 101.
Rafaniyya, 46, 78, 88, 126, 218.
Râfi' Al-Kilâbî, 46.
Râfi', fils de Soûtakîn, 47.
Rafoûl, fille d'Aboû 'l-Ḥabasch, 146.
Raḥaba, 73.
Raiḥânites (Les), 4, 5.
Ar-Raḳîm, 13.
Ar-Raḳḳa, 90, 99.
Raoul, 128.
Ar-Râschid Billâh, khalife 'Abbaside, 1.
Renier, surnommé Brus, seigneur de Panéas, 65 n.
Ar-Riḍâ, voyez Asch-Scharîf Ar-Riḍâ.
Robert le Lépreux, prince de Ṣihyaun, 117, 118.
Roger, prince d'Antioche, 39, 40, 77, 88, 113, 116, 117.

Banoû 'r-Rou'âm, 107.
Ar-Roûdj, 69, 78.
Rouḍwân (Le roi), fils de Tâdj ad-Daula Toutousch, 53-55.
Rouḍwân Ibn Al-Walakhschî, surnommé Al-Malik Al-Afḍal, 29-33, 218.
Ar-Roûm, voyez Les Grecs.
Roupen (Roûbâl), roi d'Arménie, 193.
Ibn Rouzzîk, voyez Ṭalâ'i'.

S (Ṣ, Sch)

Sâbiḳ ibn Wathâb ibn Maḥmoûd ibn Ṣâliḥ, 104.
Sabouktakîn, 168.
Sa'd Allâh Asch-Schaibânî, 105.
Sadîd al-Moulk, voyez 'Alî.
Sahl, fils d'Aboû Gânim, Kurde, 68.
Sahrî (Ar-ra'îs), 78.
Sa'îd ad-Daula, 19.
Saint-Gilles (Raimond de), 50 n.
Aṣ-Ṣakhra, voyez *Le Dôme de La Roche*.
Ṣaḳroûn (*La Colline de*), 197.
Saladin, voyez Yoûsouf.
Ṣalâḥ ad-Dîn, voyez Moḥammad, fils d'Ayyoûb, et Yoûsouf, fils d'Ayyoûb.
Aboû Salâma, voyez Mourschid.
Sâlim le baigneur, 133.
Sâlim Al-'Idjâzî, 124, 125.
Aboû 'l-Mardja' Sâlim ibn Ḳânit, 142.
Salkhad, 29, 30.
Ibn As-Sallâr. — Al-Malik Al-'Âdil Saif ad-Dîn Aboû 'l-Ḥasan 'Alî Ibn As-Sallâr, 5-9, 12, 16, 17, 19, 218.
As-Samâwa, 177.
Ṣamṣâm ad-Daula (Aṣ-Ṣamṣâm), 211.
Ṣandoûdiyâ, 168.
Ṣandoûḳ, 138.
Aṣ-Ṣaur, 152.
As-Sardânî, voyez Guillaume Jourdain.
Saumân, 44.
Sawindj, 49.
Sâya (?) ibn Ḳounaib, 48.
Sinân ad-Daula Schabîb ibn Ḥâmid ibn Ḥoumaid, cousin d'Ousâma, 121.
Schâdhî, 13 n.
Fakhr ad-Dîn Aboû Kâmil Schâfi', oncle d'Ousâma, 126.
Schâhânschâh, 176, 177.
Schaizar, v, 1, 2, 40, 41, 44, 45, 47, 49, 56, 57, 64, 68, 69, 71, 77, 78, 80, 86-88, 92, 93, 98, 101, 102, 104, 106, 107, 109, 111, 112, 114, 116, 118, 120, 122, 125-127, 130, 139-142, 145, 146, 156, 159, 161, 177, 180, 183, 189, 190, 192, 194, 197, 202, 204-206, 210, 211, 214, 218, 219.
Aboû Schâma, 220.
Schammâs, 104, 105.
Schams al-Khawâṣṣ, voyez Âltoûntâsch.
Asch-Scharîf Ar-Riḍâ, 220.
Schâroûf, rivière, 101.

Schihâb ad-Dîn, voyez Aḥmad, Maḥmoûd, Mâlik et Al-Mouthaffar.
Mouwaffaḳ ad-Daula Schim'oûn, 53-55.
Asad ad-Dîn Schîrkoûh, fils de Schâdhî, 13.
Sîbawaihi, 199, 200.
Ṣihyaun, 117.
Sinbis, tribu, 24.
Sindjâr, 185.
Le Sommeil et les rêves, par Ousâma, 181.
Naṣîr ad-Dîn Sonḳor, 154.
Sonḳor Dirâz, 73.
Souḳmân, l'Ortoḳide, 83.
'Izz ad-Dîn Aboû 'l-'Asâkir Soulṭân, émir de Schaizar, oncle paternel d'Ousâma, 40, 48-51, 53, 58, 64, 66, 69, 71, 72, 88, 96, 101, 102, 105, 107, 109, 112, 118, 123, 126, 138, 140, 144-146, 148, 149, 157, 160, 163.
Ṣoûr, voyez *Tyr*.
Sourhanak, fils d'Aboû Manṣoûr, 36, 63.
Soûtakîn, 47.
As-Souwaidiyya, 118.
Saif ad-Dîn Souwâr, 139, 140.
Syrie, 1, 22, 23, 28, 29, 31, 57, 88, 91, 95, 113, 117, 147, 159, 168, 221.

T (Ṭ)

Tâdj ad-Daula, voyez Toutousch.
Tâdj al-Mouloûk, voyez Boûrî.
Tâdj al-oumarâ, voyez Mouḳallad.
Tadmour, voyez *Palmyre*.
Takrît, 218.
Al-Malik Aṣ-Ṣâliḥ Aboû 'l-Gârât Ṭalâ'i' Ibn Rouzzîk 21-23, 26, 33, 34.
Ṭalḥa, tribu, 24.
Aboû Ṭâlib, père du khalife 'Alî, 169.
Nadjm ad-Dîn Aboû Ṭâlib, fils de 'Alî Kourd, 189.
Aboû 'l-Wafâ Tamîm le médecin, 180, 181.
Tamîrek, 73.
Tancrède (Dinḳarî), prince d'Antioche, 66, 67, 69-71, 96, 204.
Ṭayyites, 10, 27.
Tell Bâschir, 113.
Tell Milḥ, 55, 57.
Tell Moudjâhid, 98.
Tell Sikkîn, 204.
Tell at-Tirmasî, 69.
Tell at-Touloûl, 69.
Les Templiers, 9 n., 131, 132.
Thâbit, médecin chrétien, 129.
Ibn Thafar, voyez Moḥammad ibn Moḥammad.
Ath-Thâfir bi-amr Allâh, fils d'Al-Ḥâfith, khalife Fâṭimide, 5-7, 17-20, 28, 218.
Theodoros (Taroûs), roi d'Arménie, 193.
Theodoros Sophianos (*Ta'odoros ibn Aṣ-Ṣafî*), 137.

Théophile le Franc, seigneur de Kafarṭâb, 74, 125.
Tibériade, 9, 134.
Le Tigre, 188.
Tîh banî Isrâ'îl. Voyez *Le Désert des fils d'Israël*.
Ḥouṣâm ad-Dîn Timourtâsch, fils d'Îlgâzî, 102, 118, 153.
Ṭirâd ibn Wahib le Noumairite, 99.
Ṭogtakîn, atâbek de Damas, 82 n., 91, 117, 118.
Tolède, 199.
At-Touloûl, 105.
Aṭ-Ṭoûr, 80, 81.
Aboû Tourâb, voyez Ḥaidara.
Tâdj ad-Daula Toutousch, 53-55, 144.
Tripoli, 50, 56, 80, 199, 211.
Turcomans, 31, 46, 104, 118.
Turcopoles, 51.
Turcs, 24, 25, 72, 73, 75, 76, 94, 186.
Tyr (*Soûr*), 133.

U

Uzbek, surnommé Djouyoûsch-Bek « l'émir des armées », atâbek de Mauṣil, 73, 77.
La Vallée des Ponts (*wâdî al-ḳanâṭir*), 210.
La Ville du Pont (*madînat al-djisr*), 145, 146.

W

Wâdî Ibn Aḥmar, voyez Ibn Aḥmar.
Wâdî al-ḳanâṭir, voyez *La Vallée des ponts*.
Wâdî aboû maimoûn, voyez Boémond.
Wâdî Moûsâ, voyez Moïse.
M. Wellhausen, v.

Y

Al-Yaḥschoûr, nom d'un faucon, 193-197, 202.
Yaḥyâ, 112.
Laith ad-Daula Yaḥyâ, fils de Mâlik, fils de Ḥoumaid, cousin d'Ousâma, 38, 39, 43, 119, 121.
Yaḥyâ, fils de Ṣâfî Al-A'sar, 68.
Yâḳoût le Long, 51.
Nâṣir ad-Daula Yâḳoût, gouverneur d'Ascalon, 14.
Yâroûḳ, 84.
Yânis le copiste, 199.
'Ain ad-Daula Al-Yârouḳî, 13.
Yasmâlikh, 190.
Youbnâ, 16.
Youḥannâ, voyez Ibn Boṭlân.
Yoûnân, le chrétien, 80.
Yoûsouf, écuyer d'Ousâma, 141, 204.
Yoûsouf, fils d'Aboû 'l-Garîb, 111.
Yoûsouf (L'émir), fils du khalife Fâṭimide Al-Ḥâfiṭh, 20, 21.
Al Malik an-Nâṣir Ṣalâḥ ad-Dîn Aboû 'l-Mouṭhaffar Yoûsouf, fils d'Ayyoûb (Saladin), 13 n., 163, 164.

Z

Zaid le chirurgien, 52, 53, 55.
Zain ad-Dîn, voyez 'Alî Koûdschek et Ismâ'îl.
Zalîn, 71.
Az-Zamarrakal, 44, 45.
Zarḳâ Al-Yamâma, 124.
Zarzoûr Bâdiya, 214.
Zenguî (L'atâbek), fils d'Âḳ Sonḳor, 1-3, 8 n., 30, 46 n., 60, 80, 89, 90, 99, 104, 147, 148, 152, 154, 183, 185, 210, 218.
Zenguî, fils de Boursouḳ, 73.
Saif ad-Daula Zenguî, fils de Ḳarâdjâ, 176.
Az-Zimmânî, voyez Al-Find.
Zohair, 134 n.
Zouraiḳ, tribu, 24.

P. S. — Le deuxième supplément, exclusivement consacré aux souvenirs de chasses, présentait pour le traducteur des difficultés techniques, qu'il n'aurait pas pu surmonter sans le concours d'un spécialiste. M. Pierre-Amédée Pichot, directeur de la *Revue Britannique*, m'a prêté l'appui de sa compétence et de son érudition, rehaussées chez lui par une sagacité et une pénétration héréditaires, dont mon travail a profité plus que je ne saurais dire.

Le Puy. — Imprimerie R. Marchessou, boulevard Carnot, 23.

www.ingramcontent.com/pod-product-compliance
Lightning Source LLC
Chambersburg PA
CBHW071900160426
43198CB00011B/1173
* 9 7 8 2 0 1 2 6 2 6 5 1 5 *